台灣西方文明初體驗

陳柔縉・著

生活變遷史的重現

國史館館長——張炎憲

每天我們都被政治新聞或社會新聞所包圍，重大事件和大人物的一舉一動成為新聞的焦點。我們在耳濡目染下，幾乎被鎖定在某些範圍的思考，而失去反省的能力。

我們每天過的日子，最有關係的就是食衣住行育樂，比如說習慣逛百貨店買東西，卻不知百貨店是怎麼來的？喝咖啡喝習慣了，卻不知咖啡店什麼時候傳入台灣？這些看起來是日常瑣事，其實是大事情，是近代文明所帶來的新事物，它改變了我們的生活習慣，也改變了我們的思維方式。

陳柔縉小姐非常有心，將平日司空見慣的事情，逐條列出，從回憶錄中找出見證，說明昔日使用這些新生事物的實況。其中有台灣人的創新慾望、好奇心、求知慾、經驗和虛榮。

一八六八年日本明治維新之後，努力學習歐洲文化，形成「文明開化」的風潮，導入新興事物，改變了日本的形貌。一八九五年日本領有台灣之後，也極力傳入歐洲文明與日本文化，逐漸去除清國的文化，使台灣與日本同時並進，吸取近代文明。這本書所提到的飲食、教育、交通工具、體育活動、裝扮、生活用品等幾乎都是日本統治時代傳入的。日本人自信心極強，經營台灣做為南進基地，做為殖民地的楷模，因此日本有什麼，台灣就會導入什麼。台灣在日本的特意經營下，逐漸形成近代國家與國民的觀念，同時也邁入近代社會。

回顧往日的生活情景，喚起歷史記憶，是瞭解台灣社會文化變遷的最佳方式。但生活形態的變遷卻常常被忽視，而缺乏記載。作者卻能以史料與回憶錄，旁徵博引，細說往事，文字淺顯易懂，令人讀之有趣，讓我們重新發現過去，拉近了與祖父、父親那一世代的感情，而更瞭解台灣文化。這本書處處可見作者獨具慧心之處，很值得一讀。

有趣的「世相史」

台大歷史系教授——吳密察

清末隨著開港通商、洋務建設或基督教傳教，而有一些西方的制度、器物、觀念，也隨之進入台灣，但畢竟有限，影響不深。一八九五年台灣成為日本的殖民地，日本在台灣建立了一個近代的殖民地政府，也將一些西洋的器物、風俗導入台灣，這是台灣進入「近代」的開始。一九一〇年代中期以後，日本內地由於第一次大戰帶來的戰爭景氣，出現了爆發性的工商繁榮，都會文化出現了。就在日本「大正文化」頂峰時代，一九二五年，台北市人口超過二十萬，也初具台灣「都會」樣相。以後，台北市人口數一路攀升快速增加（一九三〇年，二十四萬；一九三五年，二十八・三萬；一九四〇年三十五・三萬；一九四三年，三十九・七萬），就像一九三二年底，台灣第一家百貨公司「菊元」出現在台北市榮町（今衡陽路）一樣，台北各方面都表現出台灣最先端面貌的「島都」模樣。

台灣在日本統治之後，逐步出現諸多西洋的制度、機關、設施、觀念、器物、裝扮、飲食、生活方式。如果對照著時間來看，它就幾乎是隨著二十世紀世界的西洋化與科技進展相連動的發展。這真是一場世界性的劇目。近代的學院歷史學傾向於分析式的歷史研究，因此常將歷史概念化，對於制度、機關、思想往往著墨較多，相對的對於器物、裝扮、飲食、生活方式，則有將之視為博物館學對象之勢。但是，仔細思考，器物、裝扮、飲食，生活方式也莫不是歷史的一部分，甚至它們反而是歷史最具體的呈現呢。因此，日本有一種稱為「世相史」的歷史寫作，就是在以社會中的器物、觀念、生活重現歷史的發展。

陳柔縉的這本書從飲食、生活用品、社會生活、交通工具、裝扮、休閒、教育、體育各方面逐項追索台灣如何與西方文明相接觸的同時，也讓我們從中看到了「台灣毛斷（modern，摩登）」。讀者在讀了這本書之後，不妨想像一下，一個一九三〇年代中期的台北人所處的台北是個什麼樣的城市，它們過的是什麼樣的生活。歷史原來也可以如此有趣。

有趣的人來讀有趣的書

作家——李南衡

「你即個囝仔，及人無仝款！」（你這個小孩，跟人不一樣！）記得小時候，最常聽到父母親或師長罵我們的就是這一句話。言外之意好像「跟人一樣」是做人做事的最高準則，而「跟人不一樣」是罪大惡極似的。學校畢業「踏入社會」之後，慢慢發現「跟人一樣」是所謂的「普通人」，「普通人」並沒有什麼不好，是安份守己一天過一天的人，一個社會的穩定安定，就靠許許多多的普通人。另一個發現是，無論那一個行業、那一個領域，出人頭地的都是「跟人不一樣的」人。當然，並不是說「跟人不一樣」的人都能有成就，這就如同說：所有成功的人都是很努力的，但並不意味所有很努力的人都會成功。「跟人不一樣」的人，可以說是改變社會、使人類不停進步的一群人。

做個泛泛之輩「跟人一樣」的普通人沒什麼問題，還是可以過得很幸福快樂。可是寫文章就不可以「跟人一樣」，別說太深的學問，你的文章第一關在雜誌或報紙的編輯眼裡就通不過，就給丟進垃圾筒了，誰有興趣看呢？「跟人不一樣」的文章才可能獲得編輯的青睞，無論主題或筆法，也就是說，你寫的文章是：別人不曾寫過的、別人寫不出來的、或別人不敢寫的。

我一直喜歡看陳柔縉女士的文章，就是這個道理。

比方說怎麼寫台灣史，史明先生的《台灣四百年史》照時間先後，從四百年前到現代，好好把台灣史說一遍。禁書時代買的、用心唸完的人一定不少。解禁後，除非是唸台灣史或與台灣史相關的，否則要好好唸完那上下兩大本厚一千五百四十頁的人，可能不很多。有人會把它當成百科或辭典，想查什麼資料才去翻閱它，等而下之把它供在客廳櫃子上當成白蘭地威士忌等洋酒的替代品，翻都不去翻它，有意無意讓朋友誤會他很關心台灣歷史；李筱峰教授就說，很多人買了他編著的台灣史，查問之下，才知道好好閱讀的人並不多，讓他有點難過。為了讓更多人瞭解台灣史，他才又編寫出版了《六十分鐘快讀台灣史》這本小書，要你一生當中花個一小時來關心台灣史不算苛求吧？如果再說沒有時間看台灣史，那恐怕臉上會流汗吧？臉上流汗文言文叫作「汗顏」。

台灣史雖然只有四百年，但是好好寫起來，兩三千頁內容仍嫌不足。於是有人從不同的角度切入。像周憲文先生的《台灣經濟史》、葉榮鐘先生的《台灣民族運動史》、謝里法先生的《台灣美術運動史》……還有什麼台灣社會運動史、台灣教育史、台灣天然災害史等等，也有人以事件來看歷史，像李筱峰先生的《台灣史100件大事》、有也透過人物來看歷史，像楊雲萍先生的《台灣史上的人物》、林衡哲先生的《廿世紀台灣代表性人物》大都專業且嚴肅。來點輕鬆有趣的如何？

陳柔縉女士就是從「跟人不一樣」的角度切入台灣史。乍看這本《台灣西方文明初體驗》書名，好像也有點嚴肅，但是只要翻開書來讀，就會很輕鬆地欣賞台灣是怎麼近代化的，怎麼變變變而變成今天這個樣子。她從飲食、日常生活用品、社會生活公共事物、交通工具、體育活動、教育、裝扮、兩性關係幾大類，來介紹百年來台灣是怎麼近代化的。今天，我們習以為常的事與物，像自來水、電話、報紙、法院、馬路、游泳、幼稚園、西裝、自由戀愛等等，背後都有一大段有趣的演化過程和一些趣聞。

每篇讀到最後一個字時，你才發覺：這篇怎麼就結束了？讀完整本書，你才驚訝：這本書怎麼就讀完了？用文言文來說是「意猶未盡」。我期待陳柔縉女士繼續寫下去，從稍遠的寫到更近的事物，像電梯、高速公路、高鐵、摩托車、冷氣、冰箱、電腦、傳真、博物館、博覽會、預防注射、抽水馬桶、絲襪、觀光旅行團……寫出第二本、第三本，一直寫下去，讀者必定會大喊「福氣啦！」

很可能是她把每一篇文字都設定在二千五百字左右、不會過於冗長，讓你讀起來沒有負擔。但是，我認為最主要的原因是每篇文章讀起來都那麼有趣。你讀起來輕鬆愉快，其實還是可以看出陳柔縉女士下過相當的功夫，每一件物都認真的考證過、所說的都是有來由的。如果還有人半信半疑，請看當年的圖片，讓你不能不服不信。要去找這些舊照片，才真會累死人呢！

在《高爾夫球》這篇，陳柔縉女士提到「一九三四年十一月四日在淡水球場，陳啟川打出台灣人第一個一桿進洞。」我可以補充說明一下，一九七七年我曾經和陳啟川先生在台北有一面之緣，他提及早在日本慶應大學唸書時，就開始打高爾夫球了，是第一個打高爾夫球的台灣人。可惜當時沒有問他，當時的他幾歲？一個大學生想必是在二十歲左右，一八九九年出生的陳啟川先生，應該是在一九二〇年前後開始打高爾夫球吧！台灣當時在日本殖民統治下，也理所當然以譯音go-lu-fu來稱呼golf。而在稍晚的一九二六年十二月，上海商務印書館發行的《袖珍英華字典》golf的中文解釋是「名詞」，打球戲。當年中國還沒有「高爾夫」這個外來語。

在《汽車》一文中也提到陳啟川先生：『高雄陳家年輕的第二代陳啟川〈戰後曾任高雄市長〉就買了克萊斯勒，汽車雜誌曾刊登他站在自家門前和愛車的合照，並稱他是「頂尖車主」。』陳柔縉女士是看資料說的，這一點，我可以印證一下，也是一九七七年和陳啟川先生見面時，談及他當時是中央銀行、中國商業銀行、交通銀行、農民銀行所謂「中中交農」四大銀行的常務董事，每次來往台北高雄非常辛苦，每次開會他一定坐自家車，因為他在國內一向不搭乘飛機，才會扯到日治時代，他的車子比當時台灣總督的車子還拉風！

《鬍子》一文，我稍稍有點不同的看法，我不認為台灣人不留鬍子。台灣人不分髭、鬚、髯、鬍，倒是真的，一律稱為「嘴鬚」，簡稱「鬚」。三十年前有幾位老人告訴我，從前台灣人年過五十才可以留「鬚」。我相信台灣人的確有留「鬚」的風俗，不僅從祖父、曾祖父留下來的畫像看出來，而且早在大正三年（一九一四年）平澤平七編著、台灣總督府出版的《台灣俚諺集覽》就收有一條「無日不知畫、無鬚不知老。」意思是說沒有太陽的日子，不容易察覺時近中午，沒留鬍子的人，常常不自知年紀已老矣。

歷史也可以寫得這麼有趣，這正是陳柔縉女士「跟人不一樣」的地方，這麼有趣的書，當然是寫給有趣的人讀的，你如果是個有趣的人，一定會喜歡這本書。如果你翻閱一下，覺得這本書沒趣，那表示你是個無趣的人，可以去找一些無趣的書來閱讀，因為無趣的人，可能和這本有趣的書無緣，不是什麼奇怪的事。

時代記憶的修復者

中天書坊主持人——陳浩

我從小生長的嘉南小鎮，國校老師講過一則故事，不遠的隔壁鎮鹽水，原來比新營熱鬧繁榮，有一年要興建火車路，鹽水的望族鄉紳比較有力，反對火車經過破壞風水，結果火車路改途新營，造成鹽水的沒落。

我小時候更喜歡這個沒落鹽水的街道，因為可以看到許多西式典雅的小樓，雕飾細緻，童年的想像有如到了異國。老師說那些建築都是日據時代留下的，至於日本人為何留下歐風的建築，就像童年時聽到所有關於日本時代的事，都半隱半晦。小時候看到，但都不知道。

就像陪我渡過童年的兩條穿過農田、通往遠方的想像的路，一條是運甘蔗的小鐵道，一條是像大水溝的嘉南大圳，我走過無數次，童年的步伐都沒能找到盡頭，卻也不曾想過它們的歷史。

嘉南平原為密集的糖廠，廠區整潔，街道寬廣，有大樹遮蔭，曰式住宅庭院深深，榻榻米的房間可以翻滾，小時夢想最大的幸福就是能住在裡面。

小鎮街道的市集常傳來東洋風的音樂，生病的時候，總是到街上一間小小的日式房子裡看醫生，父親總與老醫生講著日文，疾病像是一件痛苦且深奧神祕的事。

除了看醫生，沒聽過父親說日文。童年的知識僅止於知道父親和老醫生都受過日本教育，而父親生長於中國的東北。書本、課堂和家庭教育裡的日本，都是我們民族不幸戰亂離散的一大根源，我也從不曾懷疑過。只是，生活裡不少日本的痕跡，都若隱若現，彷彿只等待我們忘記為止。

等離開了家鄉小鎮，到了都市，到了中年，時代走了好幾十年才到了可以平平靜靜、清清楚楚看到過去歷史的年月。在燈下讀著陳柔縉「台灣西方文明初體驗」的書稿，縷縷細述三十年代以來台灣庶民生活裡日常器物活動的細節與來歷，我的第一個感想竟是，多麼希望這本書早出現至少三十年，能在我童年生活裡產生日常疑問時，就能如斯親切地幫我解答。

革命、戰爭、殖民統治、威權的（去殖民）統治、政治清洗運動……都是造成「不連續時代」、「不連續社會」的原因，人們描述記憶，記得一些，忘記部分，經常都受非自然的力量影響，不免吞吞吐吐，有很多顧忌。

他們的下一代，從小聽到的故事，受到的教育，就有許多細節模糊、段落跳空，前情後續不大接得上。如果碰巧這下一代的人生，又被干擾得像脫磁的影帶那般品質粗糙，聽多了胡言亂語，誰會來修復這些不連續時代裡的記憶斷裂呢？

電影M.I.B（星際戰警）裡的黑衣人有一隻厲害的手電筒，閃一下就可以洗掉老百姓的前一段記憶，忘記他們看過外星人，地球的秩序就可以維持。（電影裡沒有解釋為什麼非得用洗掉記憶的方式才能維持秩序！）在第二集裡，總部被壞外星人佔領的黑衣戰警要恢復記憶，只找到一台原始的機器，藉著如酷刑般的振動、撞擊加電擊的搞笑過程，恍惚的男主角奔到黑夜的街上，衣衫襤褸的路人露出了一截尾巴，腳底下沒踩到的蟑螂跟他說了聲謝謝，他恢復了「正常」，他又看得見外星人了！

我當然不能怪柔縉的書出得太晚，她也是在生活與知識間，對時代的不連續有太多的疑問，原來希望別人能幫忙解答，多年等待盼望之不耐，終於自己動筆，幾年沉浸翻找，沒有一篇一節不是花了大力氣，不管是寫牙刷、牙膏、名片、銅像、鬍子、西服，還是自由戀愛、西服、英語，讀來都像身歷其境。她像是精密計時器的製造工匠，細膩堅定又充滿工作熱情，在每一篇故事裡都可以感覺到字裡行間有作者發現之旅裡的歡欣愉悅。讀罷全書，你一定會同意我的斷語：陳柔縉是我們的時代裡最優秀的生活記憶的修復者。全書的筆法動人，故事引人，她像是一幅織錦的畫家，一經一緯的細細編織一個差點被遺忘的時代的日常面貌。她不是故紙堆裡爬梳史料的學究，更不可能是拿著大旗揮舞的意識型態教徒，她更像是坐進時光穿梭機的新聞記者，帶領讀者走入一個迷人的記憶時空。

她在書裡找來不少的插畫寫真，只讀她的文字時雖已覺精采完足，但添加影像後的驚艷，卻又覺得必不能少，這真是作者的慧心。

讀完這本書，我才深刻感受，如果沒有這本書，我們生活的時代記憶，將有多大的缺憾。

自序

作者——陳柔縉

這本書的每一篇，我都寫得非常興奮。編輯主編看完草稿忍不住說：「寫得好辛苦哦？！」我馬上搖頭，「不會，寫得很興奮！像大熱天舉起冰啤酒一樣滿足！」

翻開七十年前的齒科雜誌廣告，看到牙刷長得比現在還觀念進步，我就心裡暗叫不可思議。找到一百年前的報紙邊邊上擠著幾排字，說台灣人的名片，開始受日本影響而棄紅用白，我就跺腳高興，想頒給自己獎狀。哦！還有淡水那個大鬍子牧師馬偕醫生竟然不贊成過耶誕節。哦！日本時代投票選議員，要用毛筆寫上候選人名字，寫錯別字也沒關係，算有效票。旁聽熱門的訟案，竟然要花錢買票，才能坐進法庭。第一套高爾夫球桿球具，是日本人從菲律賓坐船帶來的。台灣人第一個超級手氣好，打出一桿進洞的居然是前高雄市長陳啟川。發現六十年前的男學生已經穿丁字褲進游泳池，八十年前的咖啡店有嬌媚的女侍陪坐，供客人扶腰摸腕，驚訝之餘，難免也一陣竊笑。

一年半來，差不多就在這樣的驚奇與趣味中渡過。

這本書可以說是台灣近代文明史的另一種書寫，四十三個主題雖然不能涵蓋一切，卻已能道盡五六。相關主題還有許多，但像是鐵路、棒球、學校和博覽會，已有專書或一般瞭解已經很多，就捨棄不再贅述。至於牙刷、名片、汽車、銅像、巧克力等等，則是為滿足自己的好奇，所發掘的新題目。

我並不是很主張用「生活史」的概念來點出這本書的主題。生活史的概念過大，我並沒有重現農村衣食住行的傳統生活風貌，或者早期台灣人都怎麼過端午、如何普渡，我著意的是那些近代西方文明事物如何進入台灣社會，引發生活與見識的轉變。

台灣和西方近代新文明的接觸，還是以日本統治時期為最主要，所以，這本書的敘述以日治五十年為範圍。

過去關於台灣歷史的書寫，多少存有「為台灣人而寫」的民族精神，要藉此建立台灣人的自尊和自我認同。然而，台灣人的歷史並不當然等於台灣的歷史。以「咖啡店」為例，一九三一年台灣人在臺北太平町首開的「維特」常跳上史書，但在此之前近二十年，咖啡香已從今天的二二八公園內的「獅子」咖啡店飄溢了。單以「台灣人」的書寫角度，絕對無法窺探真實台灣社會生活變化的全貌；咖啡店發展歷史如此，球類運動史、交通史、教育史亦復如此。這本書選擇以「台灣社會」為書寫背景，希望能更準確說明台灣這塊土地所發生過關於這些主題的最初經驗。

如此的書寫範圍和背景，必然會大量遇上日本人在台灣土地的活動。或許正因這種結果，這些題目才會被冷落這麼多年。戰後這六十年，日本曾經是個禁忌。國民黨政府把抗日戰爭的仇怨移植台灣，在兩蔣統治的時代，台灣史談得少，日本統治台灣的歷史，更簡化成被「兩端處理」的政治史。一端是日治初期，台灣人武力抗日，遭受鎮壓屠殺；另一端點是日治末期的戰爭狀態，軍國主義、皇民化運動、經濟統制，大約就是這些字眼。兩端合起來，便是所謂的日本統治史。

浸在這樣的教育裡，以我自己為例，一九六四年生，長期想當然爾，認定國民黨來，台灣才開始建設，誤以為那是這個社會起步的原點。幾年前，英國國家廣播公司中文網站就有跟我同年齡層的專欄作家指稱，戰後台灣才有了第一次選舉。許多歷史發展的寫法，例如航空史，都是從戰前的中國，轉彎橫接在台灣的發展，日本時代被視同不存在，難怪中年世代會吸收不全的知識，產生錯誤認知。

然而，是歷史事實，就是歷史事實，沒甚麼好選擇講或不講的。日本時代的歷史並不僅屬於日本人，台灣人也在其中，更沒有必要避而不談。

小孩子都喜歡問爸爸媽媽，「你小時候甚麼樣子？」那是人的原始好奇，好奇他何所來，他和時間脈絡的關連。希望這本書能滿足讀者對台灣現代化社會的「小時候」探索的原始好奇，獲得趣味。如果在此之上，還想追尋意義，我建議透過瞭解上幾代台灣人領受的時代氣氛和文明生活，來瞭解他們的思想與行動，甚至藉此推敲台灣省籍問題的根源。

有個故事常在我心裡。國民黨退到台灣之初，大陸來的阿兵哥看見有個東西插在牆上，水會自己跑出來。他也去五金行買一個，照樣往牆壁一插，但神奇的水一滴也沒有。阿兵哥很生氣，跑去興師問罪，罵老闆為什麼賣他一個壞掉的水龍頭。

已不記得第一次聽這個故事是甚麼時候了，但是，後來又聽過、讀過很多次。這種帶著些許鄙視的故事，最常被放在二二八事件的背景說明裡，並常一起和國民黨軍隊穿著草鞋、扛著破鍋子的場景被提出來。說故事的人不外要強調當時台灣人何等的失望。

當時台灣人為什麼對如此殘破軍容和不知水龍頭為何物失望？假如台灣就是一個百姓普遍不知水龍頭的社會，和中國大陸絕大多數城鄉一樣，台灣人何從失望起？那位我所認識的台南籍台大醫學院教授還會抱怨，國民黨來台灣根本像是大家千金被迫嫁給流氓老粗嗎？假如，那時候兩岸的文明經驗相當，戰後初期的省籍隔閡還會烈火灼燒，引爆二二八嗎？之後再把省籍對立未燃盡的炸彈深埋數十年嗎？

寫政治評論專欄超過十五年了，這個疑問一直在我心底。究竟台灣人在太陽旗下五十年，體驗了甚麼樣的生活文明，這個問題也一直在我心裡。

十一年前，尋找台灣上層政商家族的親戚關係網絡，寫成「總統是我家親戚」一書時，讀了不少回憶錄和歷史著作，我開始順手把有關早期台灣人對文明事物的體驗做成檔案。當初實在沒想到有朝一日會派上用場。七、八年前，我還在報紙專欄表達自己對這個題目的高度興趣，希望有人能寫。兩年前，開始對台灣政治畏而遠之，逐漸放棄政論專欄，這個題目就佔住我的心思了。

很感謝新新聞週刊，接受我的新題進入專欄。特別是副總主筆郭宏治，他是我每週必須報到交稿的「郭大人」，他博學多聞，深知這個主題的意義，經他鼓勵刺激，我一時斗膽，忽的就跳進這個無垠的主題來。這個題目非常大，所幸每週被他逼稿，逼成一個一個頗有次序的小主題來。現在回頭想，如果沒有他不准我貪懶，這本書的初稿可能還在我的頭腦裡打瞌睡。

對本書主題而言，日本時代的報紙簡直是寶庫，但其中的日文卻設下寶庫前的重重難關。我兩三年的日文程度，明顯不足以應付。很感謝廣島來的洲澤朱美小姐幫忙。雖然深知日本人對臨時的約定非常不安，但幾次情急之下，還是硬著頭皮冒然求援了。

書成之後，承蒙國史館張炎憲館長、臺大歷史系吳密察教授、文化界前輩李南衡先生和中天電視陳浩執行副總經理賜序，台灣史界前輩莊永明先生和中國時報浮世繪版主編夏瑞紅小姐並賜推薦讚詞，我由衷感謝。不論在學或在文化新聞界，他們都一致認為這本書很有趣，讓我也由衷高興與滿足。

這本書最後面世，特別感謝主編蕭秀琴小姐的催生，她的鼓勵與耐煩給我很大的穩定力量。蔡盈珠小姐對編輯內容的建議也令人難忘與受用。鄭宇斌對圖片處理方式，兼具反映史實與創意，我非常喜歡，都非常謝謝。

目次

THE CONTENTS

第一部

飲食

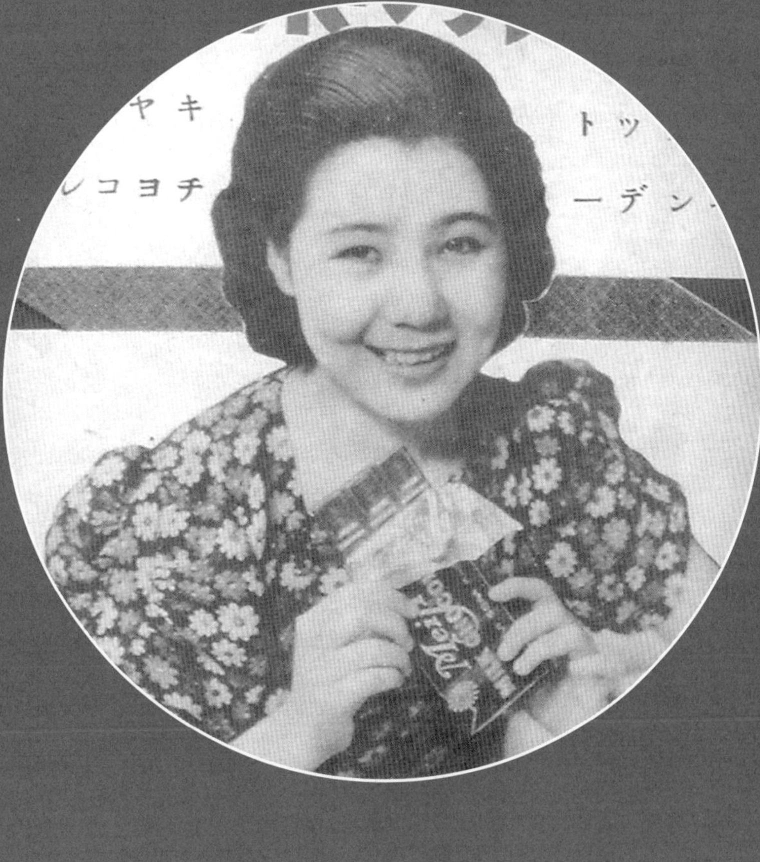

咖啡店

如果無線上網是當今咖啡店的特色，有妙齡女郎陪喝咖啡，情色與咖啡同香，就是七、八十年前咖啡廳教人瞠目的所在。

昭和十一年（一九三六年）版的臺北州「電話帖」，也就是當時的電話簿，跟現在一樣，上頭刊登各種公司行號的電話號碼。其中，以「カフヱー」起頭的店名超過二十家。「カフヱー」就是「カフェ」，法文「Café」的日本外來語，中文翻譯成「咖啡店」。

老電話簿上，這些咖啡店的名字有「胡蝶」、「處女林」、「美人座」、「紅蘭」，似乎更像燈紅酒綠巷弄中的夜店，而不是咖啡店。「吉乃」這種咖啡店名更足以教現代的日本人發笑；日本人一見「吉乃」、「玉乃」，直覺就是個藝伎。咖啡店取名「日活」，也有催笑效果。「日活」從戰前以來，就是日本有名的電影公司，拍大眾娛樂片，也拍挑逗煽情的黃色電影，日本人會以「日活浪漫色情片」來代表同類型影片。

咖啡店取這樣的名字不是沒有道理，這也是日治時代的咖啡店與現在不同的所在。據《江戶東京學事典》指出，從大正初年（大正元年即一九一二年）開始，「咖啡店」取代「啤酒屋」，變成有西洋風味酒店的專稱。在這樣的咖啡屋裡，穿和服的女侍（專稱為「女給」）端送食物和飲料，免費陪客人同席。一九三〇年前後，這種型態的咖啡店愈發流行，最盛時，東京有六萬咖啡店的廣告會自稱「燈綠酒紅」，是一九三〇年代Café的特點。

人做咖啡店女侍的工作。

咖啡店流風也吹入台灣。純粹以中文書寫的臺南風月報紙「三六九小報」第二八二號（一九三三年）載有：「……尋芳買醉。現已舍酒樓而趨珈琲店矣。燈紅酒綠。粉膩脂香。燕瘦環肥。左宜右有。群花招展。肉屏風也。蠻腰巧折。天魔舞也。唱片妙響。流行曲也。心身陶醉。五色酒也。

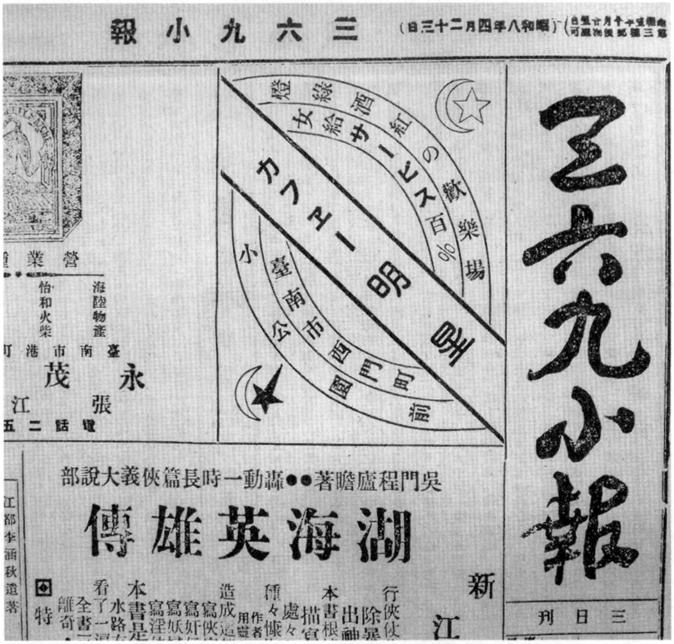
三六九小報
（昭和八年四月二十三日）
三日刊
燈綠酒紅の女給サービス
歡樂場百%
カフエー 明星
臺南市西門町公園前
營業
海陸物產
怡和火柴
臺南市港町
永茂
張江
吳門程瞻廬著●●轟動一時長篇俠義大說部
湖海英雄傳

時代人之官能。於是乎享樂之亂舞。盛哉珈琲店。尖端時代之寵兒也。」文言文的書寫讀起來，風味十足，引人發想，但較難一目瞭然。若改看日治時期文學界老前輩楊雲萍的小說《加里飯》，就白話清楚多了。一九二七年，楊雲萍描寫窮青年逛

右：戰前東京銀座一度充斥「女給」陪坐談笑的Café。
左：咖啡廳往往也是藝文場所；一九一七年，新公園的Lion樓上就舉辦臺北素人寫真會（業餘攝影展）。

咖啡店，「他偷般的瞧那兩個學生和三個公司裡的用員。他們正自在地和女招待戲謔。有的握她們的粉腕，有的抱她們的細腰。」古今咖啡店最大不同，可說是供顧客握腕抱腰的「女給」（女侍）了。

昭和初年，風月文藝報紙「三六九小報」第二八三號曾有署名「黛峰過來人」，寫他體驗的台南王牌咖啡店「明星加扶」（「加扶」即音譯自「カフヱー」），就更露骨而明白了。他說，全店有二十三名女給，其中一位叫豔子的，「自言彼尚未經風雨。猶是處女身分。」聽來叫他想笑。

在《臺灣ゴルフ倶樂部二十年史》書中，有張往來淡水火車站和淡水高爾夫球場之間船隻的照片，下頭文字解釋相片上遠遠的三個女人身影；說是大正十年十月十六日當天為歡送兩個日本人，舉辦了高爾夫球賽，而從「ライオン」（即英文「Lion」，獅子）咖啡店請來出差的「女給」。可見咖啡店女給也有出場的工作內容。

「カフェ・ライオン」（Café Lion）既是臺北最早的咖啡店，也是大正時期知名的文藝風雅之所。「ライオン」咖啡店位於現在二二八紀念公園內，建築早已不存。原址在日本治領台灣四十年的紀念博覽會第二會場的迎賓館，也就是現在二二八公園的露天音樂臺和兒童遊樂區之間。「ライオン」咖啡店的老闆篠塚初太郎何時創建這家店，不得而知，但早在大正二年（一九一

日本文人雅士在新公園建立奉祀文藝之神的「天滿宮」。

三年）即見相關報導。「臺灣日日新報」在該年年初報導第一次「番茶會」在公園ライオン舉行。日文「番茶」意指粗茶，番茶會由知名畫家石川欽一郎發起，找來官員、建築師和醫生等有專技且有能力消費「文藝」的日本人，定期喝茶吃餅，熱鬧漫談。番茶會員後來在「ライオン」的庭園裡建了奉祀文藝之神的天滿宮，吸引了一些老師帶學生前去參拜祈福。所謂「咖啡店」有此作用，以今天的眼光看，著實匪夷所思。

不過，作家濱田隼雄在小說《公園之圖》中形容，日本來台年輕官員和銀行員把「ライオン」當成「感傷的出水孔」，仍然點出帶著西方風情的咖啡店根骨裡的作用；不論喝茶、飲酒或啜咖啡，在咖啡店的招牌下，人們消費的不只是杯中之物，也消費空氣中的氛圍。

第一個台灣人開設以Café為名的店，應是一九三一年在台北市太平町的「維特」咖啡廳（Café Werther），店名取自歌德小說《少年維特的煩惱》。據《陳逸松回憶錄》，「維特」初始是一家「純吃茶店」，生意清淡，隔年「改為酒家，美女如雲，服務親切，成為台灣人開設的第一家高級酒家。於是文人墨客、青年士子趨之若鶩……。」陳逸松當時是東京的律師，偶回台北，也會去「參觀領略一番」。

「獅子」咖啡店在報上的廣告。

跟現代的咖啡店內涵最相近的，日本時代叫「喫茶店」。茶店喝咖啡，一點兒也不奇怪，日本第一家咖啡店就叫「可否（讀作kahi）茶館」，還是一個留美的中國人鄭永慶開的。

相對於「咖啡店」的風月，「喫茶店」就清純許多。一九三四年的「臺灣婦人界」雜誌上有一篇〈臺北喫茶店巡禮〉的報導，記者走訪了十三家臺北著名的喫茶店，並細數各自的優缺點與特色。「明治製菓」最具知名度，記者說，當「明治」的霓虹招牌一閃一閃照耀著榮町（今衡陽路），臺北別的喫茶店實在可以關門大吉了。明治製菓店的顧客有上班族、學生和婦人，每天座無虛席。一位「明治」迷還說：「邊喝咖啡，邊聽唱片，非常愉快！」

喫茶店除了賣咖啡，「明治製菓」三層樓的店面上，橫著大大的招牌字「明治チョコレート」（日語之「巧克力」）。七十年前的記者筆下，「パルマ」

上：明治製菓販賣店的三樓，可供小型聚會。
下：明治製菓販賣店的陳設，以今天的眼光看，還有些許現代感。

（Parma，義大利北部的城市）喫茶店裡，瀟灑的紳士正在喝紅茶、看報紙；「新高」多家族光顧，那裡有壽司和冰汽水；「光食堂」則有斗大的招牌寫著「冰淇淋」。

七、八十年前能到喫茶店品嚐冰淇淋的台灣人似乎不多。各種回憶錄只見屏東望族之女藍敏說，她就讀北一女時，嫁到豪族基隆顏家的大姐去找她，她們總是先到「森永喫茶店」喝茶，再去吃壽司、看電影，「散場後再回森永喫茶店吃冰淇淋，然後回基隆，這是我每星期最快樂的一天。」

當時喫茶店所以時髦，除了飲料食物的洋味之外，先進的內裝設備也是原因。顧客多知識份子的「ブリュー・バード」（青鳥）喫茶店，裝了冷氣；「明治製菓」有蕾絲窗簾。紅藍相間的霓虹燈、唱機放出輕音樂、西式桌椅、漂亮的壁紙、綠色盆栽，則是一般喫茶店的基本配置。當然，吸管和牆上的心型圖案，都能激盪出喫茶店的氣氛。

現代的咖啡店仍叫Café，卻沒有陪坐的「女給」；喫茶店的名稱也被取代，幾乎消失在台北街頭。然而，喝咖啡也喝時髦氣氛的本質，卻是數十年如一。

巧克力

約七十年前，台灣最好的中學「臺北高等學校」裡，黃天益邀同學蔡西坤到台南家裡玩。名為到同學家玩，實則暗藏計畫，要藉機介紹蔡西坤給黃家作女婿。

黃家是台南的大戶，在東門圓環邊坐擁一個大庭園，取了個優雅的名字叫「固園」，時有文人騷客來往作詩唱酬。固園主人黃欣是日本時代著名的政商人物，一九二一年總督府初立評議會，攏納台籍士紳階層，第一任九位台籍評議員，黃欣也在其中，且久任至日本戰敗為止。黃欣的生意做得很大，在上海、天津、廈門都有洋行。

來自屏東的蔡西坤家境平平，當他形容黃家「家道殷實，許多排場和享受是我沒見識過的」時，他以一顆小小的巧克力來說明。「從沒吃過巧克力的我只敢用舌頭舔，舔了半天，覺得苦苦的，也不怎麼好吃。有人就告訴我這巧克力糖裡面包威士忌，很好吃，要我咬著吃。」豈料一咬，威士忌噴了他一身，弄髒了唯一的一件學生制服，大家就笑他土。

藍錦綿的父親藍高川，也曾是總督府評議員。她就讀「三高女」（現台北中山女高前身）時，基隆煤礦鉅富家族的第二代顏德潤（一九〇五年生）由叔父陪同，像當時許多台籍富家公子一樣，到「三高女」請校長介紹合適的結婚對象。小野正雄校長把藍錦綿找來見顏家叔侄，顏德潤非常中意。但藍家以女兒求學中為由婉拒了。顏家少爺卻緊追不捨，一次藍錦綿同父親搭船東渡，他聞風而來，也「跳船追趕」，在甲板上要小錦綿十二歲的妹妹藍敏轉送一盒巧克力和一束花給她。顏德潤終得美人歸，而訂婚時，顏家長輩送藍錦綿一對鑽石耳環。

基隆顏家被認為是日治台灣時期第一個財閥家族，經營煤礦開採致富，與板橋林家、霧峰林家之擁土地、以收地租保富的情形不盡相同。巧克力作為顏家公子八十年前表情意的禮物，它的身價自非今天能比。

杜淑純（一九二三年生）的爸爸杜聰明是台灣第一個博士，她自己是台灣大學第一個女學生，在一片陽剛綠色的校園裡，像一朵偶然飛進的蝴蝶。不時有男學生尾隨跟蹤她，杜淑純也常在小巷子裡繞路，試圖擺脫，不讓他們知道她住哪裡。關於那樣的日子，杜淑純卻以一個微甜的巧克力回憶結尾；「有一位從韓國來的日本男生，人長得帥氣又斯文，暑假收假從韓國帶來幾盒巧克力向我示好，巧克力糖在當時是很珍貴的禮物。」

巧克力在西方，直到十九世紀才普及。早先十七世紀從墨西哥經西班牙傳入法國時，巧克力還屬一種飲料。一八四七年才有英國「佛賴伊父子商行」加糖和可可脂，做成可咀嚼的甜巧克力。一八七六年瑞士人則開始在巧克力裡頭包進煉乳。到十九世紀末期，雖然現代型的巧克力面市已超過半世紀，

上：水月堂廣告新產品——巧克力饅頭。
下：明治製菓的店面招牌寫著斗大的「チョコレート」（巧克力）。

又雖然一八六九年，台灣南部有一位葡萄牙人，很熱忱接待初到的天主教年輕神父一杯熱巧克力，但直到日本時代，巧克力才真正以零食界嬌貴的公主之姿，進入台灣社會。

明治初年，一八七〇年代初期，東京兩國地區的「凮月堂」，最早製造與販賣巧克力。雖然是稀奇東西，卻有牛油臭味，日本人仍然敬而遠之。一八九九年，森永太一郎從美國學得技術歸來，在東京赤坂溜池設立「森永商店」，製造的巧克力獲得皇宮青睞，接著大阪博覽會又受獎，巧克力才漸次普遍。大正末年到昭和初期，森永開始賣片裝巧克力，巧克力就急速大賣了。

顯然也就在此時，日本巧克力的熱潮來敲台灣的門。開啟日本巧克力歷史的「森永」，於大正十四年（一九二五年）才在台北設立「森永製品臺灣販賣株式會社」。另一有名的巧克力品牌「明治」，則於大正九年、一九二〇年在台北設立。昭和年代（一九二六年起）以後，有關巧克力的廣告就多了。「森永」在台北繁榮的表町（館前路一帶）一丁目的菓子店，三層樓高的店面立面兩側，垂掛兩列長長的看板，一邊寫著「森永ミルクチョコレート」，意即「森永牛奶巧克力」。報紙上廣告也屢見不鮮，推銷巧克力的廣告詞各式各樣，有「健康和營養的糧食」、「健康的必需品」，也有「一片巧克力、健康加倍」。

依一九三二年報紙的廣告所示，牙膏軟管裝的森永巧克力，「一個十錢」，牛奶巧克力有「一個五錢」，也有「一個十錢」的。雖然不算太貴，約一般傳統零嘴的十倍上下，但可能性屬都市稀奇之物，庶民又停留求溫飽的階段，巧克力仍是珍貴零食。

一九三四年森永巧克力廣告；片裝價格五錢、十錢，軟管裝稍貴，要價十錢和三十錢。

吃甚麼零嘴點心，足以吃出階級不同，自古即然。

和收到韓國人巧克力的杜淑純大約同年代的吳耀庭（一九二六年生），後來創辦了高雄「大統百貨公司」、「華王大飯店」，童年住台南貧瘠的海邊，那一帶「連一根草都長不出來」。他說，絕大多數人三餐都吃蕃薯簽干，比較有錢的人家勝過窮人的，也不過是多一樣鹹魚而已。三餐都如此窘迫，零食就不用奢想了。統一集團的大老闆吳修齊也出身台南海邊，他就說，小時候「無錢吃零食」。

吳修齊（一九一三年生）十一歲那一年暑假，三伯父要去探訪九叔，吳修齊和吳尊賢兄弟跟三伯父到台南另一個地方「鹽水港」，這是他們第一次出「遠」門。吳修齊在自傳裡說：「在鹽水港期間，九叔父曾帶我們去市場內請我們吃了一碗一錢的圓仔湯，非常好吃，小時候家貧，難得吃零食，非常感謝九叔父的賞賜。」

前省屬第一銀行董事長陳寶川（一九一七年生）童年住熱鬧的台北艋舺商店街上，父親經營雜貨店，在當時是令人羨慕的生意，家境小康。零食似不缺乏，「以前最常見的零食是綠豆湯、紅豆湯等台灣傳統小吃。」公學校的導師小山先生讓陳寶川難忘的，除了不收學費，義務幫學生補習之外，「到週末時，小山老師還會買紅豆餅等零食請學生吃，對學生相當照顧。」

前台灣基督長老教會總幹事黃武東牧師（一九〇九年生）在嘉義縣義竹鄉長大。父親曾任警察，有日本官方關係，被酬以煙酒鹽專賣權，在村子裡經營「六甲店」，和陳寶川家一樣是雜貨店，擁有水田。

「我們一家算是得天獨厚，常常能吃白米飯，有時飯裡加的蕃藷簽，也是新鮮蕃藷削成的。」黃武東十二、三歲時，遇姐姐從學校放假歸來，他會走到鹽水鎮幫她擔行李回家。「姊姊總是以蠶豆或餅乾作為酬勞。我就利用蠶豆分送朋友，條件是每得一粒蠶豆，對方要讓我釘一粒干樂（按，陀螺）。至於餅乾就更稀罕，價碼也更高。」一塊餅乾似乎也能把貧富、身分、地位區隔清楚。

「臺灣婦人界」雜誌廣告上，可看見戰前著名的明治巧克力的包裝和形式。

牛肉

一九二〇年，幾位十幾歲的宜蘭青少年由日本老師帶領負笈日本，抵達的第一晚，旅館女服務生端出熱騰騰的火鍋，少年各個食指大動，急忙要動筷子，突然十九歲的楊君大喊：「這是牛肉，大家不能吃！」一位十三歲少年不管那麼多，面對香噴噴的牛肉火鍋，他忽的拿碗舀湯就要喝。其他人連忙發出尖聲喝止，「不要吃牛哦！」「吃牛會唸不好書呀！」他退而求其次，說他只是喝喝湯而已。但馬上又被「圍剿」，大家拚命說，「牛肉湯也是不能喝的呀！喝湯也會有報應喔！」

這位十三歲少年是陳逸松，一九〇七年生，戰前曾任律師、台北市會議員，戰後任過台灣的考試委員及大陸的中共人代會常委。他的這段回憶點出古今牛肉觀之大不同。以前台灣人有很長時間不吃牛肉，不僅缺乏吃牛肉的飲食習慣，吃牛肉尚且是禁忌。

禁忌多源於恐懼。舊時關於吃牛肉的後果，有許多「恐怖」的傳說。積極吃的會變呆瓜；消極不吃的，原本八字輕者可以添福添壽；旁觀殺牛的，要手揹後面，緊閉雙眼，表示無法挺身相助，才可以閃避陰間的懲罰；拿刀殺牛的屠夫則死後下地獄，會被閻羅王丟去餵蛇。

台灣有句俗諺，「吃了牛犬，地獄難免」，吃牛肉、狗肉，要付出下地獄的代價，這樣的諺語背後，其實有歷史的因素。

荷蘭開發台灣之前，原住民沒有水田、不用鋤耕、不知道如何種甘蔗製糖。荷蘭東來後，看好蔗糖的經濟價值，開始從中國大量招募及船載貧民來台種墾。台灣原本沒有耕牛，台灣史教授林衡道曾指出，荷蘭人「特地從殖民地印尼爪哇運來二百頭牛作為耕地、種甘蔗時使用，這是台灣黃牛的起源。」

記錄荷蘭統治台灣實況的《巴達維亞城日記》，一六四〇年十二月六日有載，他們從澎湖進口公牛母牛，數量已達一千兩百多頭。一部分牛由個別荷蘭人，像是牧師，賣給台灣原住民。荷蘭東印度公司也飼養牛，提供給中國移來的農民耕作。如果耕牛在使用期間死亡，農民必須賠償。如果生出小牛，則有賞金。但依一六五〇年的資料，前者每頭牛賠二十里耳，後者獲利卻只有六里耳。

據《臺陽見聞錄》所引陳小厓「外記」指出，荷蘭人曾南北兩路設「牛頭司」，專責養牛，「取其牡者，馴狎之；閹其外腎，以耕。其牝則縱諸山，以孳生。」

牛是台灣兩、三百年前農村營生最主要的工具，堪稱珍稀。前台灣省文獻會主委林衡道曾指出，清廷治理台灣時，下過禁令，禁殺牛、吃牛肉。到了日治時期，民間仍有傳說，宣傳不救牛的悲慘後果。從前台北大龍峒附近的牛是農業的最重要工具，所以有吃牛肉的禁忌。

淡水河邊有屠宰場，附近父母都會要小孩走過屠宰場，若聽見牛的哀號，馬上閉眼睛，雙手放到背後，作被綁狀，表示心有餘、力不足，無法伸援實是莫可奈何，以後閻羅王才不會怪罪見死不救。

不吃牛肉的傳統進入日本時代以後，逐漸備受挑戰。台灣人吃牛肉，應始於日治。日本原本也是不吃牛的民族，據紀田順一郎所著《近代事物起源事典》，德川幕府掌權的江戶時代，日本人幾乎不吃牛肉。幕末時，全日本只有准許外國人居留的地區才見得到牛肉店。好奇的日本人團團圍住店家門前，有位店主還放狗驅逐這些真的是只「看」不買的「顧」客。然而進入明治時代（一八六八年起），日本人除了膚色改不了以外，恨不得自己身心都變成歐美人士，學西方人吃起牛肉因而帶有文明開化的進步意味。一八七二年，明治天皇開始吃牛肉，流風所及，地方政府也開始發佈告鼓勵吃牛肉。當大家正吃得兇時，慌張的大隈重信（曾任大藏大臣與首相）趕緊下令不准再屠宰母牛。不過，新時尚往往與舊文化同時強力對峙；一些老阿公老阿媽看兒子吃牛肉，彷彿犯了心靈不潔之罪，趕快到神龕上香懺悔謝罪。

一八七七年，東京的牛肉火鍋店已經五百多家，一八九二年，牛肉罐頭也開始在日本上市。台灣於一八九五年被清廷割讓賠給日本，第一罐日本的牛肉罐頭隨接收的日軍登陸台灣。緒方武歲編著的《始政五十年臺灣草創史》

中，有位軍隊雇工回憶說，他在日本「始政」(開始統治)台灣的前一天抵達台北城，報到後，軍方發下草鞋、柳條箱子等等許多生活必需品，其中還有一樣正是牛肉罐頭。

換句話說，台灣在一八九五年成為日本領土當時，日本已經是一個吃牛肉吃得很習慣的國家。正因此，日治第二年就有牛肉店「一心舍」開張的廣告。一八九八年，台北也有一家料理店「筑紫館」，宣傳它有雞牛肉鍋。一八九九年，台北西門街的「安片牛肉店」廣告它賣「真

正神戶牛肉」。同年又有進口神戶牛與廈門牛的台北府前街「松尾商店」在報上刊登大幅廣告。「松尾商店」在台北就有五家支店賣牛肉，在台北城內外周邊，又有九家特約牛肉店，販賣「松尾」提供的牛肉。再加上西洋料理店必然賣牛排，所引發的飲食習慣改變，力量不可謂為不大。

南投出身的作家、劇作家張深切（一九〇四年生）就在回憶集《里程碑》，談到他被說服可以吃牛肉的經過。十四歲抵達日本門司，鹿港詩人施家本請他吃西洋大菜。當他知道吃下德國牛排時，「大驚失色，頓時覺得犯了大罪，死後會在地獄被牛討命。」施家本就跟他說了一大頓道理。主要論點有孔子也吃牛，所以祭孔用牛不用豬；傳統叫大家不吃牛是怕有人不聽話，沒牛耕田，才製造許多可怕的迷信；世界各國沒有不吃牛的，他們養牛來吃，不會把牛吃光光，沒牛耕種。張深切說他終身不能忘記那一席話，解除了他不吃牛肉的迷信。

大概就透過如此不斷的解釋和親嚐牛肉，牛肉逐漸不再是餐桌上的罪惡與絕緣體。

雖然書上說，日本到一八七八年前後，吃牛肉火鍋的西風已傳到社會最末端的鄉村，好像不吃牛肉火鍋就不是人一般。但台灣社會的轉變速度遠低於日本，戰後還是普遍存在不吃牛肉的禁忌。作者的媽媽生在嘉南平原小地主家庭，至今六十六歲，當過六年的日本人，她一直不敢吃牛肉。所以，作者二十歲以前也不知牛肉的滋味，而那都已經是一九八四年的事了。

一八九九年牛肉店在報上推銷神戸牛肉，強調以竹片包裝，並烙上店家戳記。

自來水

東方的近代化脫不了西洋人的引介與幫助，台灣的自來水現代化，即賴英國技師Burton擘劃奠基。

著名台灣老畫家楊三郎（一九〇七年生）就讀台北大稻埕公學校（今太平國小）四年級時，流行病毒肆虐，學校要求學生拿空瓶子裝藥水。當楊三郎到水龍頭下沖洗瓶子，不慎瓶子破裂，割傷右手，中指被迫切掉一截，詩人父親於是叫他「九指」。

除了九指一樣巧手，日後成為優異畫家，故事裡的水龍頭也令人驚奇。一九二〇年以前，台灣小孩唸的小學都有水龍頭，自來水似乎已經非常普遍。

事實上，一八九九年時，台灣就有第一滴自來水。

只不過，近代文明列車駛進的社會背景通常會讓現代人結舌、難以想像。當第一滴自來水滋潤台灣這塊土地時，台灣人用的是甚麼樣的水？吳三連（一八九九年生，前台北市長）曾回憶童年在家鄉台南縣海邊的生活環境，「我們日常洗濯，用的是池塘裏的水。煮飯洗臉，用的也是池塘裏的水。稍後，有人倡議打地河井，改取地下水；地下水比池塘裏的水清潔多了……。」現代人沒人敢嚐的地下水，百年前的台灣人卻覺得比池水「清潔多了」。

由池水、井水到自來水，台灣用水的變貌，並非從首善的台北市城區，而是台北盆地外的淡水開始。一八九五年，日本一接收台灣，立即委請英國衛生工程師韓森（Hanson）開始進行勘查和設計自來水系統。隔年八月二十八

故バルトン氏の胸像

日（依一九三八年「台灣經世新報社」編《台灣大年表》）開工，歷時快三年，一八九九年三月三十一日完工供水。

一般所見的官方資料，都會記載台灣地區自來水「創建」或「肇端」於一八九六年，其實指的是台灣第一個運轉的淡水自來水廠的動工時間。但是，若說台灣人喝到第一口自來水的時間，就應該是一八九九年的三月春。

興建淡水自來水廠，曾有一批日本軍人支援，花掉十萬三千圓的工程費。完成後，最早給水範圍有滬尾、油車口、沙崙、水碓子、竿蓁林、庄子內等淡水附近地區。據說，當時台灣人家庭普遍貧窮，負擔不起先進的自來水設備，自來水廠在街上特設幾座「水管頭」，高一公尺左右，圓筒狀，讓淡水居民可以免費汲水。

第二個有自來水的地區仍然還不是台北。基隆暖暖自來水廠完成於一九〇二年。內政部一九七八年的「台灣區自來水事業視導報告」指出，彰化、北投、斗六、高雄、嘉義、台中、屏東紛紛於一九〇五到一九〇七年之間，完成給水設備。「繼起者指不勝屈，迄民國三十四年（一九四五年）台灣光復止，全省有自來水廠達一二三處，給水普及率二二．一％。」台北的公館自來水廠是遲至一九〇九年才完工供水。

不過，身為政經中心，台北的自來水具備別處所沒有的特殊地位，也展現民宅廚房裝置有水龍頭。

出不同的風華和姿態。一九〇八年，台北自來水廠峻工前一年的十月，抽水機安裝完畢，也已放水洗管，正好遇上台灣鐵路縱貫線通車，十月二十二日就在總督官邸（今總統府左前的台北賓館）、鐵道飯店（今新光摩天大樓所在，戰前被炸燬）、西門市場等處設置盛大的噴水，以示慶祝。

台北市於一九〇九年四月一日正式供水。在此之前曾經免費供水四、五個月。原因恐怕不是今天的「試飲」，而是這段期間的自來水尚未充分過濾。對當時的台北市民來說，自來水的設備固然新穎且現代化，但一般居民對水並不陌生，很難分辨井水和自來水的功能差異，加上價格昂貴，所以初期台北市民眾申請裝設並不踴躍。

依一九〇九年公布的收費標準，若以用水人數來計費，一戶五口裝一個專用龍頭，每月水費一圓。每加裝一個分支龍頭，每月收兩角五分。一戶人家每個月要花一、兩圓繳自來水費，這樣的水費標準究竟昂貴或便宜？依葉榮鐘（一九〇〇年生，記者、報人、抗日派人物）對一九一〇年代的描述，「當時一個有訓導資格的小學教員，初任本俸十二圓五角，連同各

一九三七年雜誌上出現的臺北電話局的女士專用洗手台。

項津貼，每月收入也不過十七、八圓之譜。一個薪俸生活者每月薪俸若有三十圓，就被稱謂『一日一金』，乃是了不起的高級人員。」可以想見，水費之不便宜不似今日。

四月一日，台北市正式供水，十日的「臺灣日日新報」有一則報導指出，申請裝置自來水的人零零星星，近兩三天稍見人影。到九日為止才達三百人，其中日本人居絕大多數，台灣人才五、六個人而已。老一輩台灣人生活勤儉，即使有近代化生活條件，即使負擔得起水電，多半還是寧願簡約。魏火曜（一九〇八年生，前台大醫院、醫學院長）就在中研院近史所的訪問記錄中說，他童年住台北萬華，「雖已有電燈，但因為電費太貴，所以家裡使用油燈。屋邊有公用的自來水，我常挑水回來倒入水缸。」

現在台灣家家戶戶有水龍頭和自來水，在普及率是百分之二十的日本時代，供給分布不均讓自來水呈現一種怪異的存在。譬如說，員林街上還在挑井水，台北的監獄牢房內卻有水龍頭。

張秀哲（一九〇五年生，台北人，東京帝大大學院畢業，二十歲初頭曾因抗日活動被捕入獄）在其《『勿忘台灣』落花夢》回憶集裡說到，在台北福住町的臺北刑務所（今愛國東路和金山南路口一帶），牢房約「八尺高四尺闊八尺深左右。地板是木造……房內也有一個自來水管的小龍頭，隨時可以用水的。」一早張秀哲五年生的葉榮鐘則說，十五、六歲時他在員林一位西醫診所藥局生，曾經「在井戶（那時還沒有自來水）吊水時，打落一只白鐵皮水桶」。

台灣人經過自來水半世紀的洗禮後，意外發生一個很意外的悲哀。當回顧戰後國民政府來台，和本地產生文化衝突，埋下政治隔閡的根源時，自來水一再被提出來。彭明敏（一九二三年生，現任總統府資政）在回憶錄《自由的滋味》中說，戰後他擔任高雄市議長的父親目睹來台軍隊種種，非常失望，常說他們「對於近代科技完全無知。有的從未看過、也無法了解自來水設備。有的從水電行取得水龍頭而往壁上的洞一塞，以為這樣水就會流出來。看不到水，就到水電行去大叫。」

一邊談著自來水的種種歷史，一邊想著台灣內部的對立與磨合持續激烈進行，讓人忍不住想寄望滾滾的水流。近代化的自來水曾將一部分的隔閡帶來，是否也能把這一部分的隔閡帶走？

第二部

日常生活用品

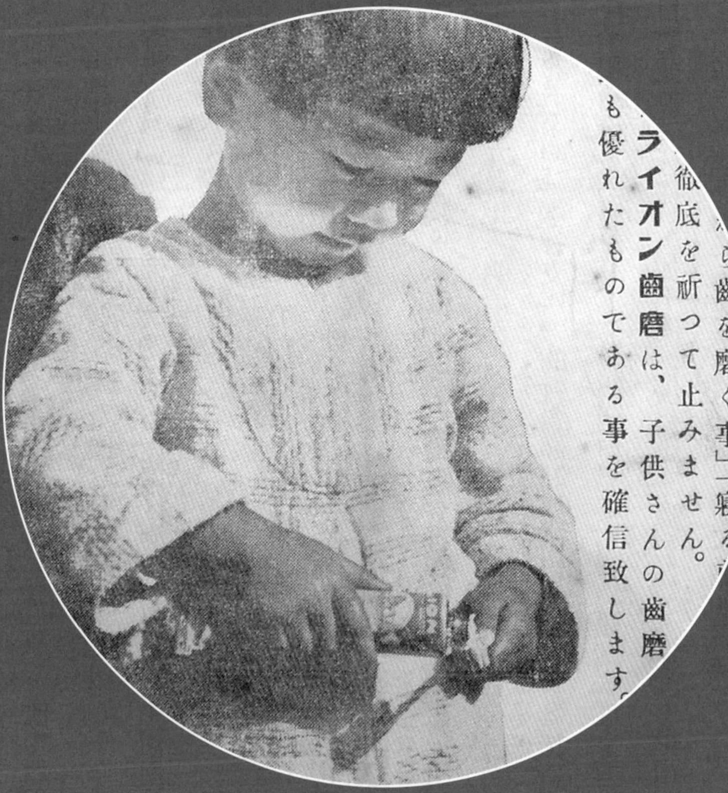
ら歯を磨く事」「寝る
徹底を祈つて止みません。
ライオン歯磨は、　子供さんの歯磨
も優れたものである事を確信致します。

牙刷牙膏

一九三一年「臺灣齒科月報」雜誌的廣告。七十年前的牙刷和牙膏外觀跟今天幾乎沒有差別，牙刷已有鋸齒狀設計。

不要看這麼簡單的當代日常用品——牙刷，小小一枝柄，尾端一堆豎起的短毛，還需要一個窮極無聊牢犯的發想。一七七〇年，英國的威廉・阿迪斯平日在獄中，早晨洗完臉後，都用一小塊布擦牙齒。有一天，他突然想在獸骨上鑽孔，再把上膠的豬鬃植入孔中。如此，近代意義的「牙刷」就在監獄誕生了。據說十八世紀，歐洲已經很流行使用牙刷，是昂貴的生活用品。到一八四〇年才傳入美國。

不過，牙刷源於英國的說法，中國是會抗議的。中國宣稱自己才是最早發明牙刷的國家。考古學家發現，遼代應曆九年（西元九五九年）的古墓中，就有兩排八孔的牙刷。

在台灣，未見文獻記載日本統治以前台灣人有特殊的潔牙方法或有牙刷。日治後，則在一八九九年（明治三十二年）六月十一日的報紙，可看見牙刷的蹤影。台北一家叫「木谷支店」的雜貨商刊登廣告，指其有各種新到貨，香水、洋傘和齒粉、「牙掃」。牙掃明顯指的是牙刷。據日本專家指出，明治時期日語並無「牙掃」，加上同一廣告中，皮包作「票包」，毛巾作「面巾」，均是福佬語，「牙掃」可能是當時台灣人對牙刷的說法。

不過到了一九三〇年代，牙刷當時的名字肯定叫「齒刷子」了。

一九三一年的齒科醫學專門雜誌「臺灣齒科月報」，已經不斷有「齒刷子」

臺灣齒科…
第四十二號
昭和六年十二月十五日

目次

一九四一年淡水中學畢業紀念相簿上，人人手上一把牙刷。右起第五人還清楚握著牙膏。

出現在廣告上。當時牙刷的外型跟今天沒有兩樣，甚或可說設計觀念已經完全追上今日。刷毛不是平面，而是呈鋸齒狀，頂端凸起，也有刷毛兩端凸起的牙刷。但刷毛就截然不同了。一九三五年的「臺灣日日新報」上，資生堂的廣告指出，他們使用全球最好的「純露毛」，也就是俄羅斯的豬毛來製造牙刷。以今天的頭腦來想，現代人握著豬毛牙刷，還敢張嘴刷牙嗎？

當時牙刷還分大小型號，以「臺灣齒科月報」所見知名的「獅王」牙刷來說，共「一號形」、「二號形」和「三號形」三種，價格分別是二十八錢、二十六錢和二十二錢，不算太貴，但也沒現在這麼便宜。

隔一年，一九三二年，獅王（ライオン）在「臺灣日日新報」的牙刷廣告，齒刷子卻分成六個號形，建議依年齡選用不同牙刷。大人用一、二號形，十五、六歲用三號，十二、三歲用四號，七歲用五號，三、四歲小幼童也有專門牙刷，使用最小的六號。有趣的是，「婦人」被建議使用三號，和青少年一樣。究竟有無醫學根據，有待解釋。若不符醫學道理，則一根牙刷或許也能反映當時社會婦女的地位。

和牙刷焦孟不離的牙膏，一八五〇年美國就開始產製管裝牙膏，日治前是否傳入台灣，目前不得而知。但在日本時代已經傳進。從一九三〇年代的「臺灣日日新報」和「臺灣齒科月報」的廣告來看，軟管狀的牙膏已經非常

朝の第一步

普遍。「小形」的賣十五錢，「中形」的二十五錢，「大形」三十二錢，家庭用的賣五十錢。到一九四一年，已經看見淡水中學學生清晨刷牙、手握牙膏的照片。

在牙膏普遍之前，日治下的台灣人多用齒粉刷牙。日本在明治維新後開始傳入「西洋齒磨」（牙粉），這種牙粉由碳酸鈣等化學品混製而成。一八八八年，資生堂第一代創始人福原有信，已經自產日本第一瓶牙膏。台灣在一八九八年七月，就可看見福原有信的牙膏、牙粉報紙廣告。廣告上，詳列資生堂的牙膏、牙粉由帝國醫科大學博士教授、宮內省侍醫、陸軍軍醫總監等權威實驗證明，具備驅除口臭、撲滅黴菌等效果，常用可保不生齒病。

臺南長老教會中學（今長榮中學）於一九一五年的新校長通告上，對外說明招生辦法和學費情形。其中提及新生入學，要買制服之外，「其餘的如：襪子、面盆、牙粉、牙刷、和零碎的東西，好壞不等都由自己斟酌。」也可一窺牙粉普及的程度。

不過，再好的牙刷、牙膏都無法保證不需要找牙醫。被尊稱為台灣第一位口腔外科醫師的馬偕牧師，於一八七二年抵台宣教，隔年便開始幫人拔牙，親自拔牙數目達兩萬一千顆以上。

馬偕一開始為人拔牙，使用的器具並不現代化。最早在竹塹（今新竹），

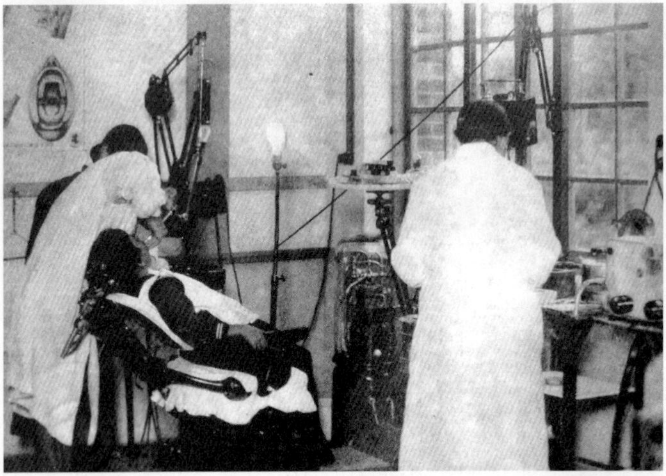

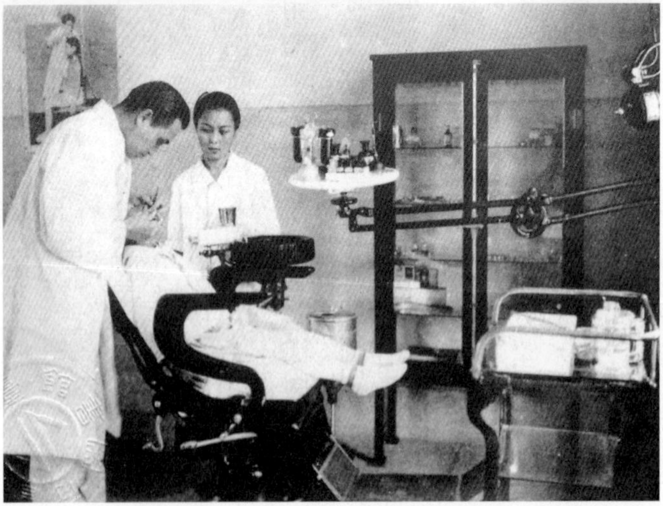

下：坐躺椅、用鑽子等牙科治療模式早已確立。

左：牙膏廣告常順帶教育民眾「從小刷牙」、「睡前刷牙」等衛生觀念。

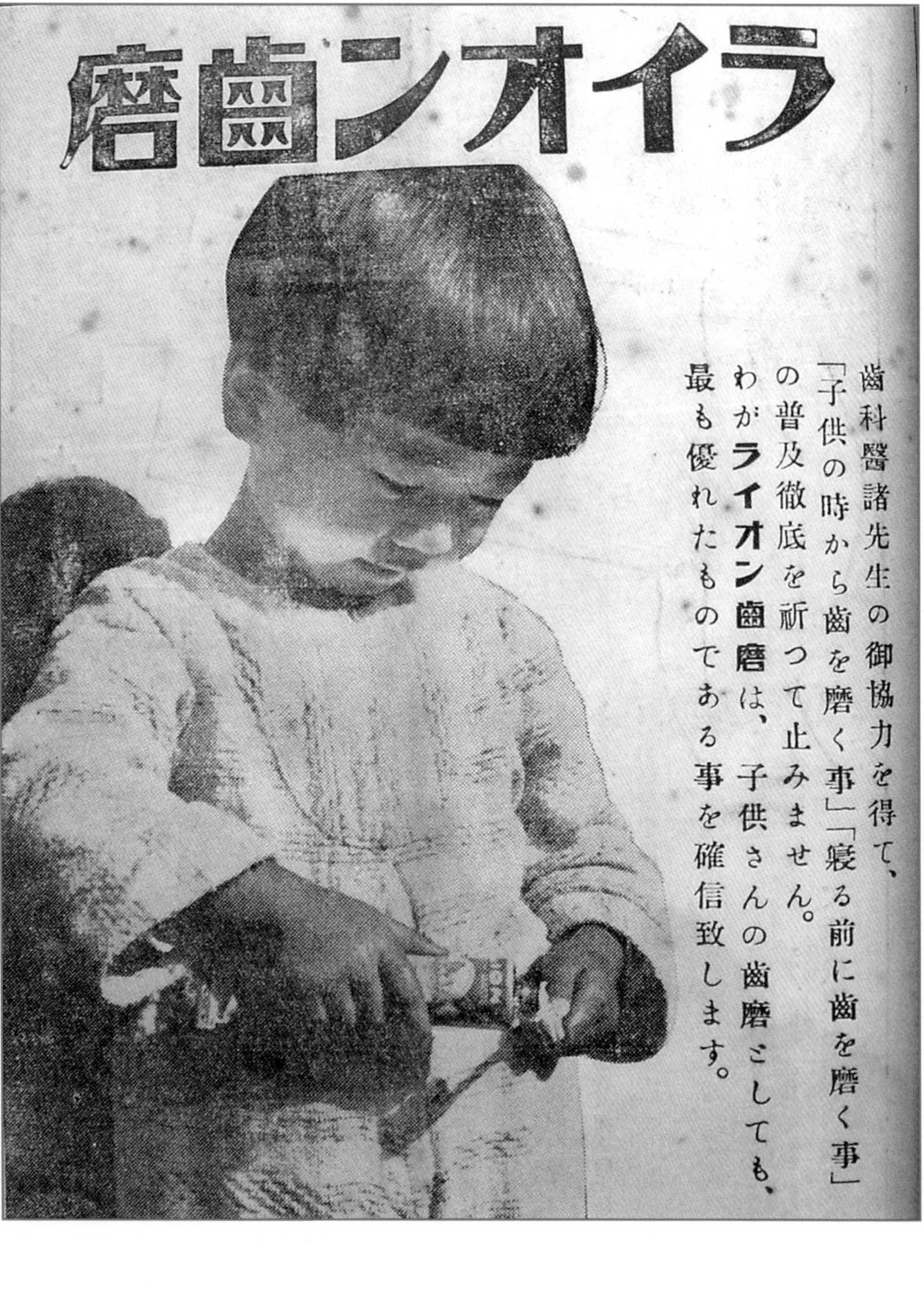
ライオン歯磨
歯科醫諸先生の御協力を得て、
「子供の時から歯を磨く事」「寝る前に歯を磨く事」
の普及徹底を祈つて止みません。
わがライオン歯磨は、子供さんの歯磨としても、
最も優れたものである事を確信致します。

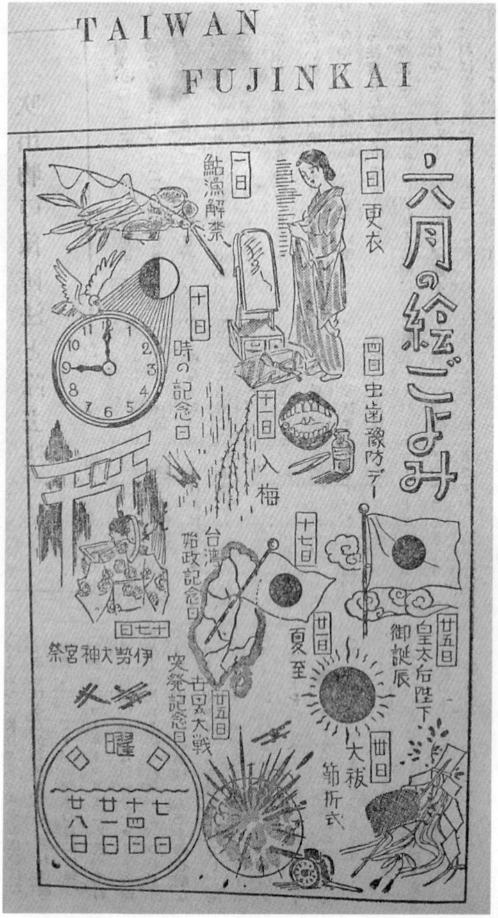

從舊畫曆上可見，六月四日曾為「預防蛀牙日」。上頭的英文意指刊登此曆的雜誌「臺灣婦人界」。

他削尖一塊木頭，成功拔下一個中國兵的蛀牙，那個兵喜極而泣。後來，馬偕一度請鐵匠打造拔牙的工具，但最後，他擁有「紐約製造的最精巧的器械」。馬偕說，他的牙科器械中，「刺針很少用，楔、鉤、鑽孔器或螺旋從未用過。」近代牙科診療使用的座椅，對馬偕來說也不需要，因為「有百來個病人等著依次治療，若要仔細準備，不免浪費時間。」馬偕使用最多的還是拔牙鉗。依留存下來的鉗子看，跟今天的牙科醫生使用的鉗子相去無多。

當時，台灣人鬧牙痛，也有人幫忙拔牙。據馬偕記述，辦法有三種：用粗帶子拉下，拿剪刀頭挖或江湖郎中使用鉗子或小鋏子。此說和一九四三年出版的《臺灣齒科醫界史》所述一致。日本統治前後當時，所謂的郎中牙醫，拿的是自家做的鉗子，病人坐的是普通的椅子，牙痛就投以中藥「六味丸」，拔牙時也用中藥「離骨散」。

或許因為馬偕使用的是現代化牙科醫療的器械和藥物，在牙醫專業期刊中，張雍敏和韓良俊編寫的〈台灣牙醫醫療衛生發展大事記〉，才會形容馬偕一手拿聖經，一手執拔牙鉗，「可尊稱為『台灣第一位口腔外科醫師』」。日本統治以後，台灣最早的報紙「臺灣新報」第一天發行，就有日本齒科醫生的廣告。一八九六年六月十七日，廣告標題說「齒科專門醫術開業」，醫生是乃臺伊左，診所開在台北北門街（今博愛路）一丁目憲兵隊北邊第五家。幾個月後，同一份報紙的十月四日，又有「齒科專門醫」的廣告。姓「酒井」的牙醫在府前街（今重慶南路一段一帶）二丁目南洋商會樓上執業。

他們有多「專門」，不得而知，但一九〇六年一月，「臺北病院」（台大醫院前身）的外科部成立「齒科治療室」，確定是專業的牙醫師了。

「臺北病院」齒科最早由富澤正美擔當主任。主任為日本人，不僅因為一看名字就知道，且因台灣尚未有現代牙齒醫學教育的管道，還沒有產生半個台籍牙醫師。

據一九三七年版的名人錄《臺灣人士鑑》，一千多位台籍官紳商和專技名人中，「齒科醫師」（日治時代均稱「齒科」，不用現在通稱的「牙科」）占十五位。其中絕大多數在一九二〇年後才紛紛留學日本，進入東京、大阪、九州等齒科醫學專門學校，修習現代牙醫技能。不少人二十歲過後，才從公

資生堂齒刷子
最高の質！ 最低の價！
齒刷子用として世界に冠たる純豚毛（ロシヤ豚毛）を使用してありますから剪毛、抜毛等の憂れなく耐久力強く、而も完全に消毒されて居ります
二〇セン・一五セン・一〇セン
齒の爲めに一番よい
資生堂齒磨
專賣特許の
クリーム齒磨！
普通の煉齒磨の半量で殺菌淸白を完全に果す
三〇セン
中 一二セン
小 六セン
東京 資生堂 銀座
資生堂 齒磨
SHISEIDO TOOTH CREAM

右：一九三五年著名公司資生堂的廣告，強調採用世界最好的俄羅斯豬毛製造牙刷，售價十到二十錢。
下：一八九九年六月的報上廣告以「牙掃」稱呼牙刷。

務員轉攻新職，去日本留學唸齒科醫專。因此或可推論，一九二〇年以後，時代的信息才吹入台灣，當牙醫才逐漸成為台灣社會的一項新職業。

一九三七年出版的《臺灣人士鑑》指出，大正九年（一九二〇年）十月，台北籍的陳增全從東京齒科醫專畢業，馬上直接返台，在台北太平町（今之延平北路）開設「增全齒科醫院」，是「本島人齒科醫ノ嚆矢ナリ」，意指陳增全為台灣第一位正規的牙醫師。然而，如果再仔細閱讀《臺灣人士鑑》的內容，陳增全台灣第一位牙醫師的記錄恐怕要重新改寫。比陳增全大五歲的林得恩，從臺南長老教會中學畢業後，曾任基層公務員。《人士鑑》上說，大正八年（一九一九年），林得恩就從大阪齒科專門學校畢業，返鄉開業，顯然比陳增全早一年畢業與執業。

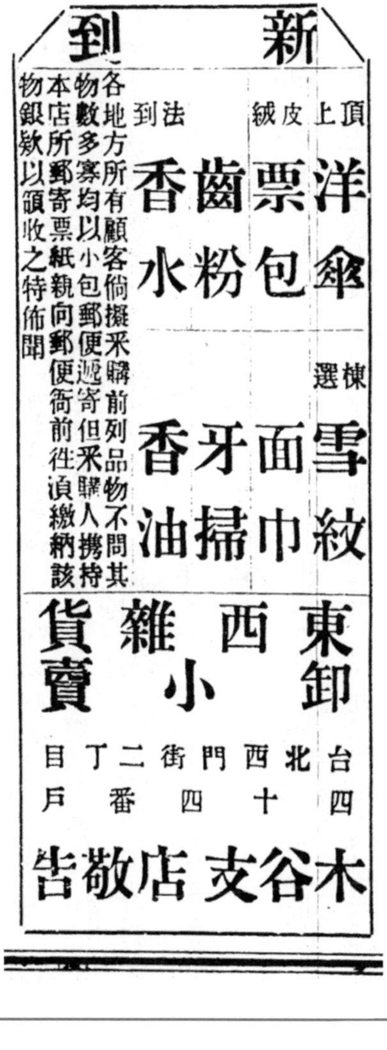

水泥

電話交換所是台灣第一座鋼筋混凝土建築。

「水泥」這兩個字，現在聽起來帶點落後感。台北盆地夏天熱得像燜鍋，水泥好似大嫌犯一個。水泥工業對水質、景觀的破壞，更讓水泥像是十惡不赦的環保天敵。但是，想當年，日本人把水泥引進台灣時，它卻是昂貴的舶來品、進步的西方建料，還有一個時髦的洋名「セメント」，唸作se-men-do，直接取源於英文的水泥「cement」這個字。

水泥有多麼時髦，讀陳逸松（一九〇七年生，日治時代曾當選臺北市會員，戰後任過考試委員）的回憶錄，就略知一二。一九二〇年，日籍老師帶著陳逸松等五個十幾歲的宜蘭少年，前往日本留學。回憶錄說，火車上，他們看見山谷中「有很多煙囪正猛烈地冒著土棕色的濃煙」，老師告訴他們那些是水泥工廠。陳逸松等人很疑惑，接著問老師：「什麼是水泥？」事實上，一九二〇年距離水泥進入台灣快三十年，但顯然尚未進入一般人的日常生活，才會發生十幾歲少年仍不知水泥的情事。

水泥是琳瑯滿目的西方近代發明之一。水泥問世，歷經不同人士的努力實驗改進，但公認英國人功勞最大。十八世紀，英國已成海權大國，船艦往來卻常觸礁遇難，築了幾座木造燈塔，往往不堪海浪一擊。英國國會於是重金聘請土木工程師John Smeaton，要解決這項難題。Smeaton果然不負重望，發現一種含黏土的石灰石，加熱與研磨後，和水攪拌，會逐漸硬化。第一座水泥

造的漩岩燈塔（Eddystone Lighthouse），於是開啟水泥攀登建築材料王的新紀元。

此後，幾位英國專家一直嘗試用不同的土和不同的溫度燒製，創出新品種的水泥。一八五一年，在倫敦海德公園舉辦的第一次世界博覽會場，曾公開測試水泥的耐壓力，驚訝四座。神奇的水泥從此跨越英吉利海峽，傳進歐陸。

台灣自十九世紀後半葉，到一八九五年被清廷賠給日本為止，只有一八九一年建造的淡水英國領事館有使用水泥的記錄。英國不愧是水泥的發源國，在領事館的二樓，下鋪鋼板、上敷水泥構成樓板，也促成台灣和水泥的第一次接觸。

當時的台灣社會多用草用竹和土塊造屋，富裕的地主人家才使用木材和磚瓦。即使外籍傳教士也難得使用先進的水泥。像一八七〇年，西班牙神父重建屏東萬金天主堂時，從工程款清單可知，總工程款九百三十圓，分別是石灰、木材、磚頭和工資各二到三百圓不等。又如一八八二年，馬偕牧師建築授課用的牛津學堂，也只是從廈門輸入木磚，接黏磚塊的部分則使用石灰、熟糯米和糖漿拌成的三合土。淡水英國領事館雖運用到水泥，基本主體還是磚造，也使用傳統的三合土接合，砌成磚牆。

直到一八九五年日本統治台灣，水泥進入台灣建築的速度和規模開始加快、擴大。水泥東入日本已經多年，幕府末期就有。一八七〇年代，明治新政府建造「橫須賀製鉄所」第二船塢時，想從法國進口水泥，價格卻高得驚人，日本開始考慮國產水泥。一八七五年，內務省在東京深川設「攝綿篤（日本最早對水泥的稱呼，後改用外來語片假名「セメント」）製造所」，和美國同年開始自製水泥。私營水泥廠也逐漸冒出土，其中老資格的「淺野セメント」，是後來與台灣水泥工業發展關係最深的水泥公司。

日治以後，水泥的身影最早出現在一八九九年度（明治三十二年度）的「臺灣總督府民政事務成績提要」。據載，為了修築基隆港，一八九九年進行了各種深淺與潮流的調查，六月並就日本國內外著名水泥公司製造的水泥，進行測試。除此之外，當年度有六項採購水泥記錄，細節分別如下表：

	項目	契約時間	金額（圓）
一	北島燈塔附屬舍建築用水泥	一八九九年七月十四日	八一九
二	總督官邸工事買進「佐賀」、「日本」兩家水泥五百樽	一八九九年八月十四日	四七〇〇
三	臺灣神社通路架橋工事用水泥	一八九九年九月十八日	一一九七
四	購入大阪水泥公司水泥，用途不明	一八九九年九月二十一日	二三五〇
五	總督官邸新築工事用水泥千樽	一九〇〇年二月十九日	四九五〇
六	基隆港灣調查用水泥三百樽	一九〇〇年三月二十日	一九五〇

為建築北島燈塔（即今澎湖群島最北的目斗嶼燈塔）購買的水泥，訂約比總督官邸（現總統府前台北賓館）工程略早，但完納時間反而稍晚幾天，加上目斗嶼為無人之島，建燈塔的材料全賴台灣轉運過去，工程不大，卻費時三年，比總督官邸的竣工時間一九〇一年九月遲，因此，總督官邸可說是日治時期最早使用水泥的公共建築。

跟隨總督官邸之後，用水泥拌一定比例的水、砂和砂礫製成的混凝土，包住鋼筋的現代建築法，次第在台灣廣泛運用。一九〇七年有鋼筋混凝土電線桿，隔年有鋼筋混凝土的橋，再兩年，也出現鋼筋混凝土的碼頭和防波堤。整棟建築以鋼筋混凝土打造的臺北電話交換所，則在一九〇八年落成，比日本還早、還進步。

東京隅田川畔日本水泥工場發祥地矗立著淺野總一郎的塑像。

現代的水泥都用紙袋包裝，但早期是用木桶和麻袋。在日本，最早用「樽」裝運水泥，樽就是木桶，日語唸作ta-lu，單位也用「樽」，六樽為一噸。因此之故，總督府舊文件才會記錄購買多少多少「樽」水泥。明治十八年（一八八五年）前後，日本開始有水泥廠用麻袋，但木桶仍然居多，因為便宜和搬運方便。紙袋裝水泥，則是昭和以後的事。台灣情況如何，目前仍不清楚，但台灣最早的水泥廠「淺野臺灣第一工場」在一九一七年開始試轉時，裝有所謂的「桶裝機」，因此推論初期並未使用麻袋，當然更不可能使用紙袋包裝水泥。

程月初編著《漫談我國水泥工業》指出，「佔領台灣初期，島內需用水泥來自日本本島」。分別由「淺野」和「小野田」兩家水泥公司供應；「大抵台灣之北部水泥市場為淺野所佔有，南部水泥市場則歸小野田所有，涇渭分明，短時間內相安無爭。」

「淺野」於一九一〇年來臺北設出張所，等於是門市、分公司，做水泥買賣而已。但後來調查發現打狗山（即今高雄壽山）藏足量的石灰石礦，一九一七年便於高雄田町（今鼓山）設水泥廠，為台灣最早的水泥工廠。終戰前，台灣共有「淺野水泥」、「化成工業」、「南方水泥」及「臺灣水泥管」等水泥廠，經國民政府接收，分別成為後來的台泥高雄廠、台泥蘇澳廠、台泥竹東廠和台泥台北水泥製品廠。

水泥來台灣已經超過百年，但「水泥」兩字在戰前並不普遍。日治時，除日語外，台灣民間多講作「紅毛土」，也有記成「洋灰」，均意味它是船來品。「水泥」是中國說法，戰前大陸相關工廠多稱「水泥廠」，只廣東設「士敏土廠」。「水泥」在戰後隨國民黨來台灣，成為新時代的正式名稱。至於「セメント」，當然也隨日本軍，敗回日本去了。

電話

日本時代臺北電話局的電話自動交換室。

傳統的歷史說法，發明電話的光環都頒給美國發明家貝爾（Alexander Graham Bell, 1847-1922）。不過二〇〇三年，美國國會通過一項決議，把光環改頒義大利裔美國人梅烏奇（Antonio Meucci, 1808-1889），並稱貝爾為「無恥的竊賊」。

一般以一八七五年，貝爾和同事華生（Thomas Watson）發現可以像我們用兩個養樂多罐子拉線，在兩個房間傳話，作為電話發明的時間。但依美國國會的翻案說法，梅烏奇於一八五〇年移民美國，已發現聲音可以透過銅線傳送。不久，太太癱瘓臥床，他在兩人的房間之間架設一個可以互相談話的通訊器，便於照顧。一八六〇年，梅烏奇公開展示這個新發明，卻因不會說英語、搭汽船被燒傷，窮困潦倒，無法支付永久專利註冊費兩百五十美金，他的老同事貝爾趁勢一腳踏到前頭，提出專利，才名利雙收。

美國的翻案並未受全世界肯認，加拿大國會就曾如法泡製，以國會決議模式，確認貝爾為電話發明人。

不管「電話之父」誰屬，台灣開始有電話的時間，顯然落後電話發明至少二十年，跟引入電燈的時間緊接在電燈發明之後不同。

根據台南知府唐贊衮所著《臺陽見聞錄》，日本統治台灣前，即有人要架設電話。一八八七年高雄旗津地區的外國籍醫生梅威令（W.W. Myers）曾向

清廷官府提出申請裝設「地律風」。「地律風」音譯自英文的電話「telephone」這個字，是台灣最早出現的「電話」說法。梅醫生稟報官衙指出，他架地律風，可讓民眾「便於請醫，以期速到」，並擬由官府的電杆上起線，「然後沿江懸達至於德人蚶阿之家，一路所過俱在洋樓租界之內樹椿配挂，並無罣礙民居房舍。」但是唐贊衮說，他最後予以駁回，因「查各國通商條約，僅准在各口地方租地蓋屋，設立棧房，起造禮拜堂、醫院、墳塋等事，並未准設地律風明文，未便准行。」

唐贊衮寫過詩「詠電氣燈」，指其「鮫冰一片動寒芒，珠箔高懸徹滿堂，數月龍燀簾影薄，長鯨掣海耀晶光」，是極少數對西方文明抱著好奇的在台清廷官僚。然而，即便是他，都如此保守解釋法令，不從

臺北電話局市外（長途）交換室。

「進步」的觀點適用條約，准設科學新發明。

錯過此次機會，台灣首度引進電話，便延至日本治台初期。中文的「電話」一詞借用自日文漢詞。日本本國於一八九〇年開始由官方開設電話線路，東京到橫濱間最早可以使用電話。

台灣最早的電話出現地點，和其他眾多的現代化事物多在台北比起來，顯出異趣。最早的電話出現在澎湖，不在台灣本島。一八九五年夏天，台灣成為日本領土。兩年後，一八九七年三月，日本開始架設澎湖守備隊各部隊間的軍用電話，以及澎湖郵便局（早期電報、電話業務都歸屬郵便局）與媽宮（馬公舊稱）西嶼燈塔間的電話。一九〇〇年才把電話業務推至民間。初期只在台北、台中、台南設立電話局，基隆、斗六設支局。七月開始開放申請裝設，全台首批有四百三十一人（其中兩百二十三名為台北用戶）中裝電話，而且全部是日本人。一九〇〇當年，台灣籍人口快兩百七十一萬，日本人才三萬七千九百五十四人，台灣人竟沒有一人申裝新奇的電話，從人口比例來看，誠不可思議。台灣不乏有田有財的富豪，但往後兩、三年，仍未有半個台灣人裝電話。一直到一九〇四年，才有二十六人設置。同時間，有電話的在台日本人增加也不算快，五年間只從四百多人累增到六百八十五人。

可能電話是一個聯繫網絡，兩人間需要聯繫，必須同時擁有電話，否則單邊一方擁有，等於空設，因而造成電話普及率成長緩慢。一直到一九三〇年（昭和五年），依《臺灣の通信》一書統計的電話「加入者數」（申設者），台灣人口達四百六十八萬，台籍佔四百二十六萬，擁有電話三千七百三十七支，平均一萬人不到九個人能夠有電話。相對於日本人，萬人中近五百六十二人有電話，電話在台灣人社群間的稀罕珍貴，可想而知。

電話費昂貴，可能也是原因之一。依一九三六年版的台北「電話帖」（電話號碼簿）顯示，加入登記費，單獨戶需十五圓，幾乎等於公教人員的月薪。每月還要「基本使用料」九圓來養一支獨立非共用的電話。打海外電話到日本，不管發話或受話地點遠近，一律統一價格，一通費用六圓。而所謂「一通」，意指「三分鐘」，少於三分鐘，做一通計算。島內電話價格無數種，依收發地點決定，拿台北到屏東來說，索費一圓。難怪極少台灣人裝電話，能裝電話的台灣人多半是實業家、醫生這類富裕階級。

一九三六年當時，有名者的電話號碼，前台泥董事長辜振甫家的大和行——278；大同公司前身的協志商會——1801；華南銀行創辦人林熊徵——68；後來曾任貴族院議員的許丙——368；著名的咖啡廳「波麗路」——2477。公家機關的電話號碼，總督府——1700；臺北市役所（市政府）——4300；臺北帝國大學——3830。發生火災，要打到消防詰所（消防隊辦公室），台北三個

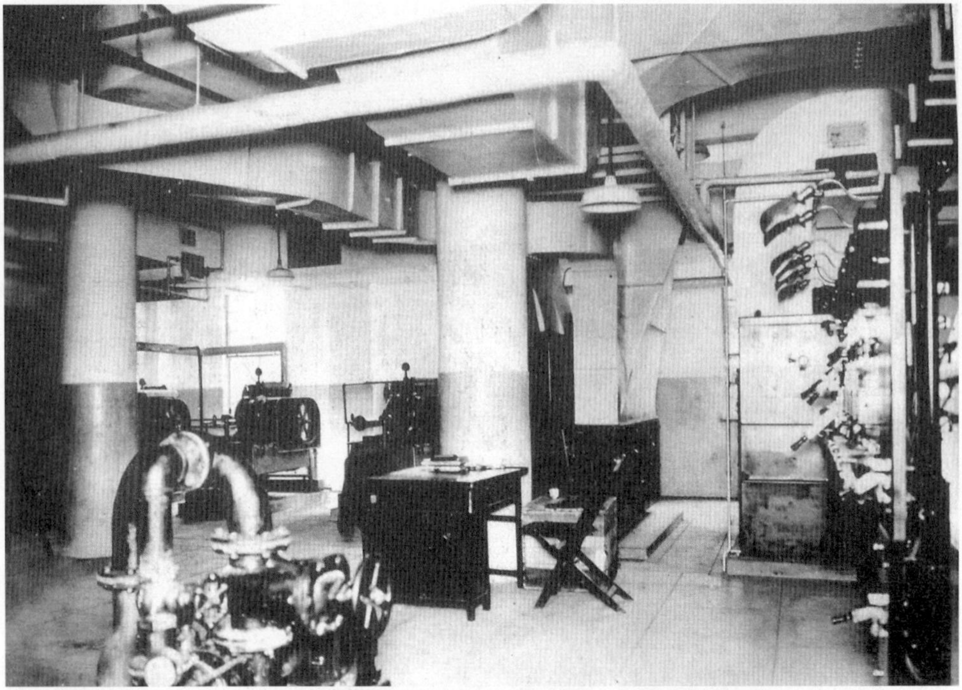

上：臺北電話局的冷房機關室。
右下：臺北帝大的教授辦公室桌邊放著電話。
左下：電話彷彿是彰化警察署署長室桌上最重要的裝置。

消防詰所電話分別是3000、1500和1600。

到一九三七年（昭和十二年），台北改採自動電話，不再手搖電話機，由交換手小姐轉接之後，電話號碼統一改為四碼，特殊電話如消防隊電話，採行三碼，才出現119的號碼，並沿襲至今。

電話在台灣的發展史並不偏愛台北，像最早開辦自動電話業務的城市是高雄，而非想像中的政經中心台北。一九三二年二月一日先行開辦的高雄，足足比台北早了五年，初始開放一千六百個門號。

日治時代稱公用電話為「公眾電話」，發展已超過百年。一九〇〇年，台灣第一個公用電話開創，一般人不需在家裝設昂貴的私家電話，仍然可以打到電話。不過，最早的公用電話只限高雄和台南之間互打。基隆的公用電話始於一九〇二年，設在基隆火車站前。一直到一九三六年，全台北的公眾電話只有十處，分別在臺北火車站內與站前、萬華車站前、萬華、古亭、圓山、新公園（今之二二八公園）、西門町、文武町（今之重慶南路、公園路一帶）和千歲町（今天建中、植物園一帶）。

一百年來，電話的兄弟姐妹，傳真機、呼叫器、手機不斷以更優生的姿態誕生，電話相對顯得樸素無華。但它讓人們千里如眼前，讓地球小得可以隨時穿透的精神始終如一。

電燈

一八八〇年，美國發明家愛迪生在加州門洛帕克小鎮的研究所，裝設了五百個碳絲電燈，轟動震撼直到歐洲，工程師不惜遠渡大西洋，從紐約跨越美國中西部，親自來目睹這個如神蹟的發明。五年之後，台灣人也聚在台北城下，對著電燈，瞪大眼睛，驚呼稱奇了。

根據淡水海關稅務官員莫士（H.B.Morse）的報告，一八八五年，台灣巡撫劉銘傳修築台北城牆，並蓋了新衙門。透過丹麥電氣工程師的協助，衙門裡裝設了電燈，各主要街道也架起電燈。淡水有名的加拿大籍傳教士馬偕（一八四四年生）在一八八八年的日記也記錄：「艋舺開始裝設電燈，我帶學生去發電所參觀。」

後來因設置與維持費用太貴，劉銘傳的電燈建設只立寥寥幾盞。不過在當時，仍然傲視全中國，是中國屬一屬二進步城市的現代化創設，也讓台北只比倫敦、紐約、上海晚三年，卻比東京早兩年開始有電燈。

一八九五年日本開始領管台灣，同時進行各種調查。總督府對台灣鐵道調查報告中，對治台之前台北城景的描述指出，三分之一猶見水田，房屋概為兩層樓，七、八盞之電燈照了滿城，有火車、馬車及人力車自由自在可通行市街，類似上海之租界地。電燈無疑是台灣西化進步的一紙證書。

日本統治台灣後，電燈愈來愈深入社會。總督府設立了「電火所」，提供

臺北市新公園側門口和緊臨的榮町大街上，都可以看見路燈。

電燈能源。台語至今仍叫電燈為「電火」，叫電線桿為「電火柱仔」，不是沒有原因。早期讓電燈發亮，必須借助燒火，跟現在靠電線輸送電力完全不同。這也是為什麼連橫在《臺灣通史》會形容電汽燈要「燃煤為之」。

一九〇〇年，全台士紳受總督府邀請到台北參加揚文會，除作詩吃飯，也大量參觀日本人帶進台灣的新奇玩意兒。參觀電火所之後，彰化名紳吳德功詳細記錄如何製造電火於《觀光日記》書中：「又進觀電火所，置二鐵爐，日夜用土炭五千斤左右。日則燒炭以熬煙烟，夜則以燃電火也。電火用兩鐵車，一輪轉動，用皮帶牽動彼輪，二輪互轉數次而火由鐵管引入電燈。燈中數條白金線漸紅，而火即發矣。」

這種由火引燃卻不是火的光源，點亮夜空下的台北，報紙曾描述，台北人來到路燈下，凝目端詳，連聲詫異說：「今夕是何夕，何來雙月照城西耶……。」此語讓人聯想起更早民眾對劉銘傳架電燈的驚嘆：「欽差已經點燈火，電火點來較光日。」在百年前台灣人的眼裡，電燈比日光還要炫目，和月光一樣引人遐思。

日治時代，電燈的普及是公共領域先於民間家居

煉瓦造

會圖

就日

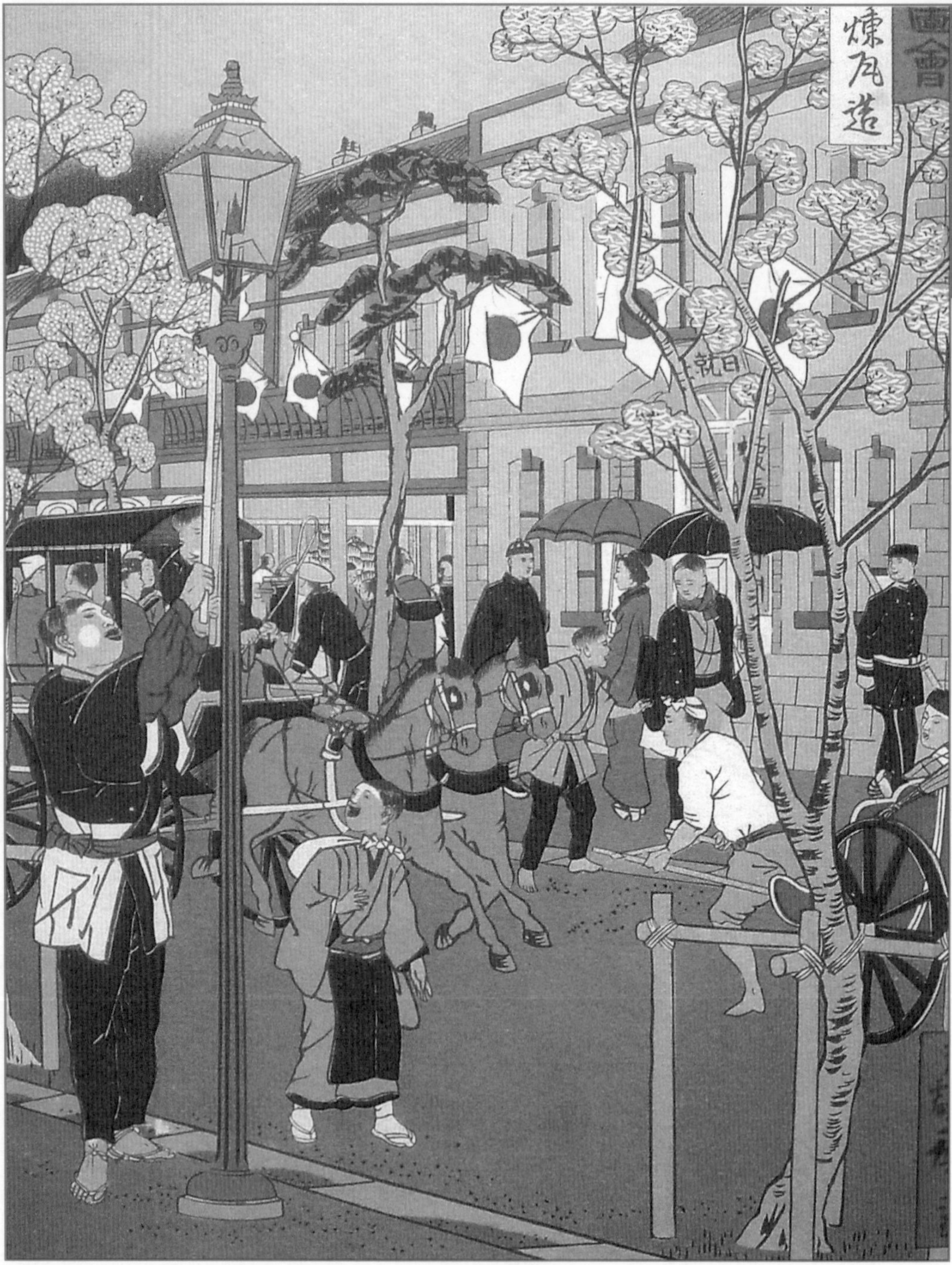

日本在東京銀座點亮第一盞燈。

生活，總督府不斷在全台市街道路架設電燈。一九二〇年，楊肇嘉（一八九二年生，戰後曾任台灣省民政廳長）擔任台中清水街長（類似今天的鎮長），他在回憶錄中說道：「在我任職兩三星期後，清水街的電燈便架設完成，大放起光明。這不僅是我個人極感快慰，也給整個街民以歡欣、樂觀和希望。」他也描繪接二連三的慶祝會，街道上「希（應為「稀」）奇的電燈剛剛架好，各十字路口的拱門都用電燈裝飾，顯得美麗而壯觀。」

台南詩人醫生吳新榮（一九〇七年生）在日記裡也記載：「這是一種奇異現象，六甲地方自有電燈以來，蟋蟀自白天後，夜間見光就飛來，所以幼兒老婆都喜喜欣欣捕之於電光之下。」

在此同時，庶民生活中，電燈卻仍是奢華的貴族用品。一九二二年，雖有鹿港儒紳洪棄生要到中國遊歷，途宿煤礦鉅富顏家在基隆的大宅「陋園」，寫下「竟夜大風雨，園中電燈如畫」的遊記，但一般人生活仍以蠟燭及油燈為主要照明。

楊基銓（一九一八年生，前經濟部次長）在回憶錄裡，提到他學齡前住老家台中清水社口，離市區較遠，近代化設備不足，缺乏電氣，晚上需用蠟燭，「我們小孩喜歡在黃昏時將飯碗帶至室外用餐。」

前台大醫院、台大醫學院長魏火曜（一九〇八年生）於中研院近史所的訪問記錄裡曾指出，他七歲那一年，父親魏清德被官方的「臺灣日日新報」延攬，主持該報漢文版，他們遂從新竹移居台北萬華，「住在劉氏宗親會家廟側房中，如今廟已拆除。此一地區昔日是風化區，為日人公娼所在地。雖已有電燈，但因為電費太貴，所以家裡使用油燈。」

依日治前一年的統計，台灣進口三千兩百萬盒火柴，以當時人口兩百五十五萬來算，平均這一年每人消耗近十三盒火柴，可見油燈使用率很高。油燈的媒介在更早以前使用花生油，但石油進口後，價格便宜，快速取代了花生油。

油燈燒石油，卻有個麻煩，會產生黑煙。《嘉農口述歷史》書中，曾天賜校友（一九三一年生）回憶說：「家庭生活並沒有改善，讀書用油燈，有時候油燈薰的鼻子黑黑的，早上起床又只能聽雞啼叫，如果晚一點起床，趕不及坐台糖的五分仔車，就得走路走一個半小時到學校，好幾次趕時間，臉都來不及洗乾淨，黑著鼻子到學校，同學看的笑哈哈。」

電燈散發光芒，曾是文明進步、欣榮希望的象徵，在台灣歷史上，卻也有晦暗的一頁。自從一九三一年發生九一八事變、扶植建立滿洲國，日本勢力快速擴張，日本已意識到終要一戰。台灣作為日本的「帝國南關」，無所逃於戰事。當年避免遭遇夜間空襲，原理上都強調城市在警報響起，要能頓時熄燈，化為黑暗，叫敵機找不到投擲炸彈的目標。日本於是在台灣實施「燈火管制」，要求民間入夜點燈，改用特殊燈泡，照明範圍限一公尺以內，門窗再用黑布遮蔽，不准一絲光線外露。

花蓮曾經有民眾因用黑布包住燈泡，入睡後，燈泡高溫釀成火災。這類悲劇之外，學生也苦於夜間無法讀書。名作家鍾肇政（一九二五年生）在回憶錄中說，他於彰化讀師範學校時，因燈火管制無法唸書，但他們發現晚上學生值更的地方有唯一的一盞燈，「一隻十燭的小燈，用一個五、六十公分長的黑布燈罩罩住，在桌上投下直徑約三十公分的小小光圈，是陰暗昏黃的，但已足夠我們讀書了……常常不知夜之將逝。」對有心用功的學生來說，任何困難似乎都不足以為藉口。

戰前的室內電燈已經非常發達，形式繽紛。照片上下分別是中部望族楊子培的書房和臺北放送局的演奏室。

鐘錶

一九三六年報上的瑞士高級手錶廣告，價格都在一般上班族一個月的月薪上下。

在西方文明事物中，鐘錶特別早傳入台灣。

計時是老早就開始的人類活動。有的民族用燒蠟、有的燒繩結，中國人「焚香幾枝為度」（見《樵書二編》）。沙漏也廣被使用，日晷是藉陽光斜射的角度來計算時辰。進入以機械鐘錶計時，則已有六百年歷史。

在中國，一六〇一年，義大利神父利瑪竇東來，向康熙皇帝呈獻自鳴鐘，康熙大為喜愛，作詩讚美西洋鐘「晝夜循環勝刻漏　綢繆宛轉報時全　陰陽不改衷腸性　萬里遙來二百年」。內廷大臣為討其歡心，在宮中養心殿開設「造辦處」，仿製西洋鐘錶，把金銀和琺瑯、寶石全打上，創造出高賞玩價值的各式華麗鐘錶。此為中國製造鐘錶的開端。十九世紀前半葉的清朝道光年間，製造鐘錶的技術已然流入民間。手腳最快的廣東人，進口鐘錶機械，自己設計外殼，產製出俗稱的「廣鐘」。

中國尚且這麼早發展鐘錶，台灣作為中國邊陲省份，和閩粵海上貿易頻繁，鐘錶不至於太晚輸入。依呂紹理引介的海關資料顯示，最早於一八七八年，經打狗（高雄）海關進口一百五十三個鐘，隔年，淡水海關也有二百一十五個鐘進口的記錄，主要貨品來源為香港，這種情況持續到台灣割讓給日本。

日治前，來台傳教的天主教神父應該有戴用鐘錶。早在一八六六年，高雄前金的天主堂神父就有書信報告教務指出，「午後一點鐘，在修院的習慣是

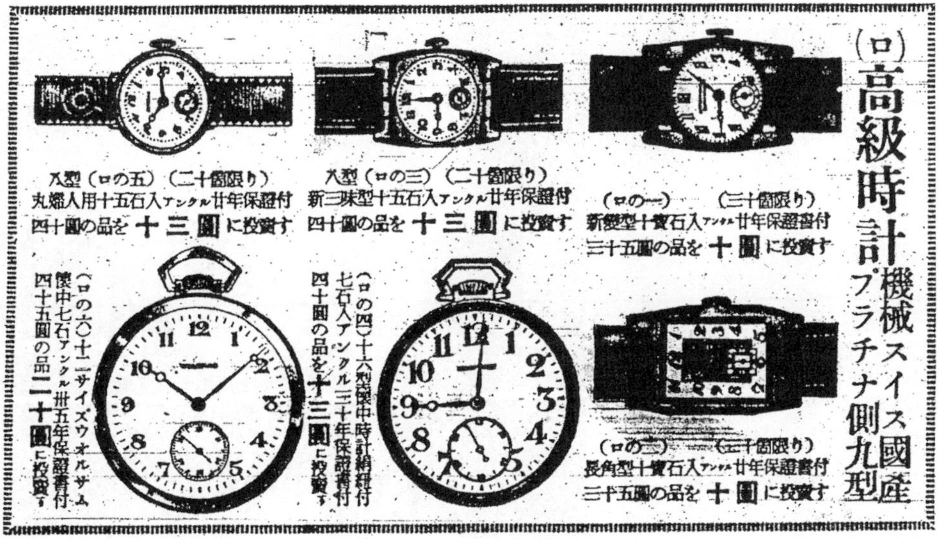

唱拉丁歌，但在這裡我們唱中文的玫瑰聖母歌。」「堅振禮在八點舉行，會長神父做完彌撒，仍著祭衣向教友解釋說……」，能夠精確指明「一點鐘」和「八點」，顯然已使用鐘錶。

晚幾年在北部淡水傳教的加拿大籍基督教長老教會馬偕牧師，一八七二年春天的日記清楚寫著，他到牛埔遇見一群牧童，他們對著他罵髒話、丟石頭，隔天，「我說了一兩句話，他們都聽懂，他們又好奇又害怕地靠近我，我把懷錶給他們看，給他們聽，於是他們成為我的朋友了。」證明確有使用鐘錶，且是懷錶。

事實上，日治時期所謂的錶，以懷錶為主。台北富商李春生隨第一任臺灣總督樺山資紀去東京所寫下的遊記《東遊六十四日隨筆》，就有「探囊觀錶」的字句。經過四十多年，一九四二年出版的長篇小說《流》，作者辜顏碧霞（中信集團辜濂松的母親）描述迎娶的汽車都來了，但媒人校長夫婦卻還沒現身。新娘的父親「掏出手錶看了看說：『都十一點十五分了，怎麼還沒來呢？新娘進房的時間快來不及了。』」作者使用「掏」字，也跟前述的「探囊」相同，顯然都意指拿出懷錶。

日本統治台灣之初，調查了全島舊習慣風俗，其報告指出，清末中上等的有錢人家多會購置時鐘，豪富者甚至買進百圓以上的金製懷錶。時代進入日治以後，鐘錶之於台灣社會最大的變化是日漸普遍。

一九三〇年代以前的中壢街上。左側可見「胡興隆時計店」的招牌。

首先是開始有專門的鐘錶店。日本於六月開始統治，八月就有一個大阪籍「時計商」（日文的「時計」即鐘錶）來台，名叫「砂貞次郎」。十月又有經營「時計店」的「真木晉」來。一九〇〇年以前，從當時報紙廣告上看，台北城內已有好幾家日本大鐘錶店的台灣分店，像是北門街的「樫村支店」、西門街的「共立時計商會」及「金田時計支舖」。鐘錶屬於當時報紙廣告的主項，和旅館、洋傘、皮鞋、煉乳、香水和藥品等並列。那麼多的廣告和那麼多的鐘錶店，意味背後有相當大的市場支撐。

三十年後，從一九三一年出版的《日本地理大系臺灣篇》照片也可以看見，即便是中壢這樣的鄉鎮街上，都會掛著「胡興隆時計店」這樣的招牌。

另外，鐘錶匠儼然是一份有市場的專技工作。「三六九小報」於一九三一年六月十三日有則廣告，臺南市的「禎祥堂時計店」招募學徒養成鐘錶技術。普通科學習半年，高等科學習三個月，廣告上說：「修業了就職或獨立經營皆容易勿失好機會快來入會」。

從老照片看，掛鐘也普遍見於政府機關的會議室和辦公室，富貴階級的家庭，客廳牆上掛個典雅的掛鐘是一定的必需品，桌上擺個座鐘，更是透露財富與品味的含蓄表示。

描述日本時代的鐘錶已很普遍可見，是相對於其他西方器物的說法，只是表明社會對鐘錶不再陌生或驚奇。但和今天的鐘錶情況一樣，同樣都叫錶，卻有數十萬元的勞力士，但也有一百塊錢的地攤

鐘被擺設於專賣局新竹支局事務室的醒目位置。

錶；早期的鐘錶類型繁多，價格差距也不小。

以一八九八年五月七日「臺灣日日新報」上「共立時計商會」的廣告來看，列舉了「新形流行銀側懷中時計」（新流行的銀懷錶）十八個款型，價格從五圓八十錢到二十五圓不等。以一八九九年總督府給國語學校那些青年學生，一天的伙食費十五錢來襯比，最便宜的五圓八十錢懷錶，也得不吃不喝快四十天才買得到。同樣屬低價錶，但當年的懷錶仍不能與今天的地攤錶類比。懷錶雖普遍，但還不到人人能買的程度。而貴者也不僅只賣二十五圓，像一八九六年，台北鉅富李春生就在東京買了四十八圓的銀錶。

日治時代，銀錶最具意義的時刻是在中學的畢業典禮上。畢業第一名的中學生，幾乎慣例由市尹或縣知事（市長、縣長）頒贈「銀時計」，予以鼓勵。或許風氣所及，出身新竹名門鄭家的鄭翼宗（一九一三年生）在自傳裡說道，父親答應他，考上中學，就買一隻錶鼓勵他。真上了新竹中學，經他央求，特別買了一隻「美國製金手錶」。當時學校只准學生帶「鉻鋼的懷錶」，他帶金錶，「算是小小的反抗吧，雖然很得意，但也經常提心吊膽。」

戴金錶似乎跟現代的刺青、穿低腰破褲子一樣，可以讓少年輕狂有個出口。只不過，得要有個富爸爸，才玩得起錶這個青春道具。前台灣省議長黃朝琴（一八九七年生）曾回憶童年，有一回到臺南，他看上一個能夠報時的十八K金錶，因價格太貴，母親未答應，「我就不太高興，過了幾個月我們再去臺南時，那錶還未賣去，於是先母就把它買來給我了。」有能力買金錶滿足小孩的這個臺南鹽水黃家，當時可是一個有田地一百五十多甲的富裕家族。

池田臺灣石炭商組合長送別記念
昭和十三年八月二十三日

一九三八年，一個送別煤礦商的會場，牆上的大鐘時間指在七點四十五分處。（張超英提供）

名片

一九一四年，日本知名的老伯爵板垣退助，帶著他兩掃長鬍子來到台灣，表達了應善待台灣人的主張，台灣的南北士紳非常歡迎他，總督府卻不以為然。在台的官方認定台灣是殖民地，還沒想要拉平台灣人和日本人的地位。板垣結合台灣士紳成立「臺灣同化會」，不到三個月，總督府便以妨害公安為由，將之解散。期間，霧峰富豪林烈堂從一張名片嗅知了政治風向。

林烈堂的兒子後來回憶指出，他父親原本答應板垣分攤同化會經費，但當去拜訪板垣時，「看到桌上已放了一張總督的名片，我父親心想：『我們都還沒到，總督卻已到了。』因此他認為臺灣總督可能不喜歡他們去抗議，不喜歡他們去推行台灣同化會的事。」

這個故事透露了在一九一〇年代，名片早已是人際往來的重要媒介。事實上，老早在古中國就有名片。拜訪朋友不遇，留下竹片，寫上名字，告知來過，稱之為「刺」。歐洲的德意志在十六世紀也開始使用名片，作用與中國相同。但和現代一樣，把名片用於介紹與展示自己的身分地位，日本則是從幕府末年開始。湯本豪一的《明治事物起源事典》指出，一八六〇年，幕府派遣人員赴美，那些日本使節使用了名片。隨行訪美的船艦「咸臨丸」，美方送給這艘軍艦的艦長「木村攝津守喜毅」稀奇的英文名片，上面還印他的抬頭「Admiral」（艦長）。三年後，前往法國的日本使節「池田筑後守長發」

使用銅版印刷的名片，上頭印了家紋。一八六八年明治時代開啟以後，名片就在日本逐漸流行了。

明治以後，日本的大官小官紛紛開始用名片，彰顯權位。一八八九年（明治二十二年），大阪縣會的議員選舉，出現大量用名片來競選的熱烈情況。

現在台灣的候選人散發各式各樣的傳單，手掌可握的個人學經歷名片式傳單是絕不可少的一種文宣。早在一百多年前，日本就把名片帶進選舉、帶進台灣。一八九八年十月七日，「臺灣日日新報」報導說，新起街（今台北市西門町漢中街一帶）自治組織選舉，在一丁目和二丁目的巷子裡，有穿著西服的紳士，拿著「野村方毅」的名片轉來轉去，幫野村「運動」（拉票助選）。

日治之初，台灣人開始有日本式名片經驗者，台北大茶商李春生有最完整記載。一八九六年春，他應第一任總督樺山資紀邀請，前往東京旅遊，寫下《東遊六十四日隨筆》。遊記中，多次提到「讀賣新聞」、「東京日日新聞」等日本記者「投刺請謁」，基督教會的女學生「投刺相訪」，美國教士「投刺過訪」。所謂「投刺」，意指投遞「名刺」。「名刺」即日文的名片，讀作「mei-si」，現今還有很多台灣人以這樣的日語發音來形容名片。

旅中，李春生曾拜訪了「富蓋橫濱」的大谷嘉兵衛，此人是橫濱的茶商巨名刺交換會除交換名片外，也舉杯互祝新年。

擘，李春生「見其名刺頭銜之多」，至少十五個。李春生見識到各種名片，自己也帶著名刺。李春生說，他坐人力車前往樺山私邸拜訪，「至即投刺」請見，樺山很客氣的帶他參觀邸內庭園。

另外，彰化的士紳吳德功在其《觀光日記》裡也有名片的記載。一九〇〇年，總督兒玉源太郎大開「揚文會」，發請柬邀集全台舉人、秀才一百多人寫詩作文，並到台北參訪。吳德功途經臺中，參觀臺中縣知事（縣長）的新建洋樓，「各遞名刺」。到了臺北，經人引見臺中縣知事，縣知事「適出門訪客，各投刺請安」。

李春生和吳德功當時所說的「名刺」，並沒有表明顏色，但依其循日語說法，記為「名刺」，是日本式名片的可能性很高。而且李春生年輕即為洋行辦事，對西風一切，多有瞭解，也很崇尚。再者，一九〇〇年元月九日「臺灣日日新報」上有一則題為「風氣一轉」的新聞指出，「臺人名刺素尚紅箋，今亦循內地風氣，改用白色。無論紳商，莫不皆然。如拜新年，例應拜賀，一切尚白而不尚紅……。」報導中的「內地」指日本，換句話說，台灣人已逐漸學日本作法，用白色名片了。

台灣人的名片由紅翻白，沿用至今，過程多少與當時新年賀片逐漸「棄守」有關。傳統的紅箋拜年是甚麼情景？報人作家葉榮鐘（一九〇〇年生）曾寫

過一九一〇年前後家鄉鹿港舊曆過年的習俗。「八九點鐘以後，陸續有人很禮貌地上門來送賀年片。那是一張比現時的賀年卡（不是明信片）寬大的大紅紙，用木印印著店號，譬如『大和行』、『謙勝號』之類。」葉榮鐘還指出，當年如果不是「鼎鼎大名的士紳」，沒人敢用個人名義給人賀年卡拜年，「不像現在『阿貓』『阿狗』，也用排著一大堆頭銜的大名片，到處招搖。」

到一九一九年，台灣傳統送紅色賀年片的年俗，就欠缺環境支持而消失了。這一年，日本政府正式廢舊曆，改行新曆，推動「風俗改良」。大力要讓台灣人像日本人那樣過新曆年。於是台灣人開始學著在家門口種青松，結七三五繩，也到神社參拜，還要參加新年祝賀式。從總督府到各學校，都會舉行新年祝賀式。儀式主要是把天皇的照片「御真影」拿出來敬禮，再唱君之代（日本國歌）。

除此之外，新年習俗還有元旦舉行的「名刺交換會」。這種聚會可以說是新年的一種交誼，用現在的話一九一八年一月七日，臺北日、台籍和西方上流婦女於鐵道飯店舉行新年名刺交換會，比男士的交換會略晚幾天。

說，接近「新春團拜」。一九〇一年，「臺灣日日新報」報導了台北的名刺交換會；上午十點半，兩百六十人齊聚淡水館。淡水館在今總統府後方婦聯會一帶，是日本據台初期唯一的官民聚會聯誼場地。十一點，點燃爆竹，奏樂聲接著響起，在場最大的官員，臺北縣知事村上義雄致詞。完後音樂又奏起，村上帶領大家三呼天皇和皇后萬歲，而後開始飲酒。最後又放鞭炮，再次奏樂，整個名刺交換會才告落幕。

後來連婦女也辦元旦的名刺交換會。從舊照片看，披著皮草圍巾、戴大洋帽的西方婦女和台灣傳統漢服的婦女都參加了交換名片的社交活動。

日本戰敗離台後，元旦新年的諸種活動馬上被丟棄，台灣人又回來過貼紅春聯、吃發糕的舊曆年，像穿回舊鞋一樣的舒服自在。只是賀年卡或日常名片，台灣人已經習慣用白色了。

人人需要廁所嗎？好像不盡然。

十六世紀時，巴黎人在外隨地解決，在屋內則放置便盆。需要清理便盆時，往窗外潑出去，一邊喊「小心，水！」就算盡了事前告知義務了。

我們的祖先一直到十九世紀末，情況也未改變太大。著急時，男人在田裡、樹下、井邊、屋前，天地可為廁所。不急時，就去挖地洞作成的糞坑，留下排泄物，當農田肥料。女人需要遮蔽身體，不能像男人一般「野放」，就在家中房間放一只大尿桶。女人房內放尿桶的生活習慣沿續長久，作者記得三十年前，住嘉南平原農村的外祖母房裡，還使用那種木桶。屋外雖有蹲式馬桶的廁所，反而任其閒置。

回頭看一八九五年，日本取得台灣當時，台灣那種尚無現代化廁所的廁所文化，開始面臨公權力介入，被迫開始調整。

日本入據第二年，全台還處於戰亂，各地民兵抵抗異族政府接管的大小戰役尚未停歇，日本政府就已經注意到這種衛生事宜，開始取締隨地便溺的不良風俗，違者處以拘留或罰款。但是放尿罰錢，對當時台灣人而言簡直匪夷所思，所以一度被拿來當作反抗日軍的重大理由。一八九六年六月，台北地區的詹振、林李成號召五百人在南港與日本軍作戰，檄文列舉八項「日寇罪狀」，分別是「不敬天不敬神」、「不敬孔子不惜字紙」、「貪官污吏輕侮百

戰前東京街頭的公廁，日語稱「共同便所」。

姓」、「不重律法私刑罰」等，最後一項即指「放尿要罰錢」。

譯自《風俗畫報》的《攻台見聞》書中，日本隨軍記者曾描述一八九五年剛進台北城所見到的街頭風景：「市內設有大小廁所，看不到隨地拉屎的，比起中國北部好太多了。」雖然如此，更多其他書籍記載指出，日治之初，「雖有公共廁所之設備，而往往到處散放糞便。」無論如何，邏輯上，日本政府要居民不隨地方便，另一方面就必須提供替代場所或解決方案。於是，一八九七年五月，台北市首度出現政府興築的公廁，當時正式名稱為「共同便所」。

台語稱廁所為「便所」，應即轉用自日語漢字的「便所」。日本統治五十年，許多日文說法存在台語裡。日語由三種文字組構而成，除了平假名和片假名，還有從中文學來的「漢字」。台語固源於中土，一些近代事物或日本專屬事物的認識係從日本統治時期開始，所以，產生不少直接看日文漢字，以台語音唸誦的詞彙，例如，「病院」（醫院）、「注射」（打針）、「爆擊」（轟炸）、「便當」等等，沿用至今。「出張」（出差）、「都合」（情況）等則漸漸不傳。

最早這批共同便所在台北城內（東、西、南、北、小南門以內）

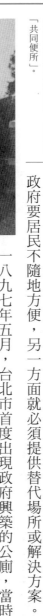

設五個，艋舺三個，大稻埕四個，總共十二個。這些公廁是否如清末以來街上常見的茅廁，地上挖個坑，用竹草搭造，略作遮掩，尚無法得知，但是，一九一〇年起，台北廳花十萬圓造的二十八個共同便所，採用「煉瓦」（即磚頭）或杉木，內部區分大小便間，每座共同便所都有四間以上大便間，兩間以上的小便間，且裝設洗手的水龍頭，部分還有電燈。配合磚塊、自來水和電燈這些近代化的新事物，台灣的公廁也開始邁出現代化的第一步。

近百年前，日本政府需要建公廁，主因民眾家戶內有廁所的很少。傳統中國式的建築內部，即便最繁華的台北市街的商鋪，也沒有獨立的廁所空間。廁所都在屋外，且多戶共同使用。一直到昭和初期，一九二八年的資料顯示，台北市仍有近九成市民家裡沒有廁所的專屬空間。

當然，現代沖水式的馬桶，台灣很早就有，只是僅僅限於大商店和官廳等場所。一九〇八年興建的「鐵道ホテル」（鐵道飯店），廁所採用英國船來的磁製馬桶。雖然未見文獻表明是否為沖水式馬桶，但以鐵道飯店肩負總督府統治成果的使命，極盡洋化之能事，加上沖水式馬桶在西方傳用已久，應可推論已採沖水式馬桶。

西方最早於一五九六年，英國伊莉莎白一世女王的教子約翰·哈靈頓（John Harington）發明了有閥門的沖水式馬桶。十八世紀，法國國王路易十四在凡爾賽宮也裝了一個，還坐在馬桶上見客。

在中國，清末的總理各國事務衙門下設「同文館」，招生學習外文。其中一位十九歲的學生張德彝曾隨官員赴歐，一八六六年，寫下《航海述奇》，內中有對外籍輪船上沖水馬桶的詳細描寫；「入門有淨桶，提起上蓋，下有瓷盆，盆下有孔通於水面，左右各一桶環，便溺畢則抽左環，自有水下洗滌盆桶，再抽右環，則污穢隨水而下矣。」台灣在二十世紀初已有沖水馬桶，疑義應該不大。

文件上可以確定存在沖水馬桶蹤跡，則在大正、昭和交接的一九二〇年代後期。總督府土木技師井手薰等人組織「臺灣建築會」，一九二九年（昭和四年三月）開始刊行「臺灣建築會誌」，登載許多重要新建築的施工記錄。其中記有位於臺北市京町（今博愛路、開封街一帶）的近藤商會（商會即公司）店舖新樓，於大正十五年（一九二六年）十月動工，昭和二年（一九二七年）完工，便所採「水洗式」，屋外設淨化槽。三層樓高的近藤商會，一樓店面有玻璃櫥窗，鋪大理石，非常時髦，裝設的水洗式便所也是整個日治時期台灣最先進的廁所型式。

晚近藤商會兩年完工的高等法院長官（院長）官邸，便所只採用日本內務省研發的「內務省式」。排泄物直下地下的蓄糞槽，有五個槽供自然腐化，一九二〇年代完工的近藤商會的建築，內部已設置沖水式廁所。

最後再由人工抽取出來。不像水洗式是直接沖入下水道，直達污水處理場。昭和時期，內務省式便所造價八十圓，約普通上班族月薪的四倍。如果換算成今天月薪四萬元，相當於十幾萬才能支應，加上高等法院院長如此高官也僅用這種蹲式廁所，可見內務省式在當時已是非常高級的建築裝備。

以台灣整體來說，日治末期才稍見瓷白蹲式便池，但數量仍少，遑論沖水

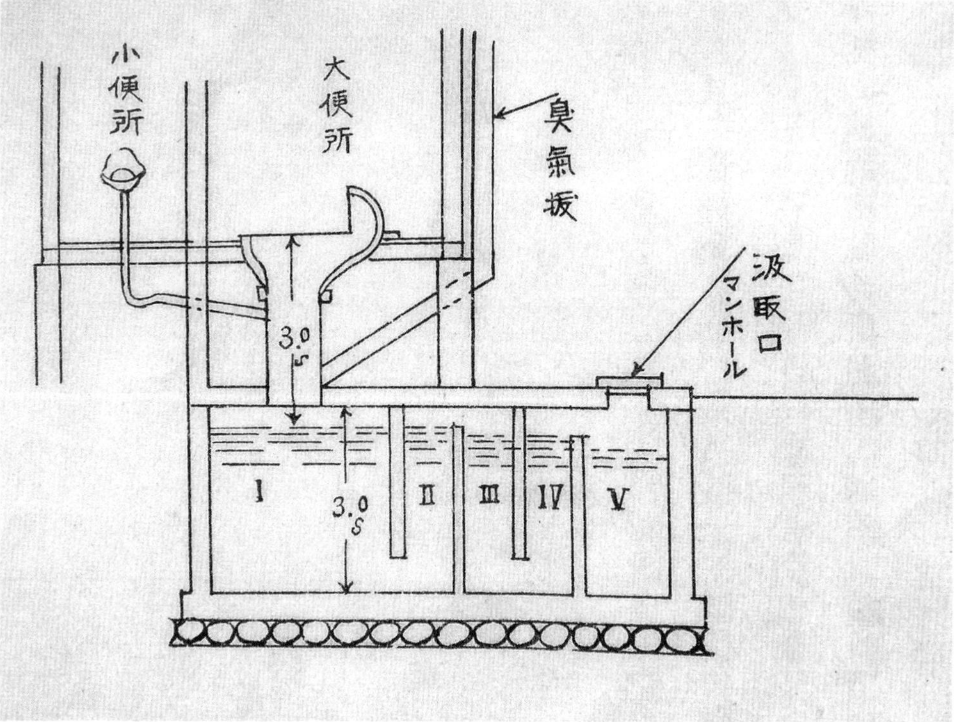

馬桶。也難怪瑞芳煤礦鉅子李建興的紀念集會有這麼一段故事。戰後初期的省主席吳國楨的哥哥吳國柄回憶他跟李建興聊起，在歐洲時，他覺得巴黎、倫敦都是香的，因為有賣香水；香港也香，因為舞廳女人買香水來擦。到台灣，「感覺台灣臭氣四溢，我仔細研究，原來家家戶戶都使用糞坑。」吳國柄說，只要安上抽水馬桶，就沒有臭氣了。經過一番知識推銷與實物參觀，後來李建興跟吳國柄說，「真是管用。我也要在屋裡安裝抽水馬桶。」後來李建興裝抽水馬桶了沒，不得而知，但是可以確定，即使戰後、即便一位有錢的企業主，家裡都還不一定裝了抽水馬桶。

內務省式改良廁所普遍用於高級官員住宅。

第三部

社會生活

上：鐵道大飯店是日本時代唯一的洋式旅館。
下：鐵道飯店的廣告上可見其商標。

電影明星、體育巨星、外國元首等等國際名人訪台，下榻飯店有許多選擇，台北擁有總統套房的五星級飯店滿街都是。但如果時光倒流七、八十年，他們只會住進一個旅館，那就是「鐵道ホテル」（ホテル為日文外來語，即英文的Hotel），中文譯稱「鐵道大飯店」。

不過，鐵道大飯店今已不存，一九四五年五月三十一日，美軍的轟炸機在台北市區丟下炸彈，位於「表町二丁目」的鐵道飯店頓時化成灰燼。

現在館前路一帶，即日治時代的「表町」，隔忠孝西路與臺北火車站對望，鐵道飯店舊址就在新光摩天大樓。鐵道飯店被炸毀那天，也是日本戰敗前，北台灣所受最嚴重的轟炸。臺北火車站到新公園一整排大廈忽地頹毀。臺灣總督府及周邊的臺銀、府圖書館（今國防部）、臺大醫院、北一女、法院、遞信部（今交通部）及主要街道等，均遭砲擊，不少官員傷亡。馬偕醫院一處，也有十三位醫生、護士當場炸死。

鐵道飯店從一九〇八年興建完成，矗立台北三十七年，始終都是日治時期台灣的旅館中最璀璨的鑽石，受到特殊垂愛與仰望。最特別的是，鐵道飯店是官方經營的旅館，由總督府交通局直營。

官方動念起造飯店，是許多知名大飯店共同的起源。拿台北圓山大飯店來說，蔣介石總統的御醫、前圓山飯店董事長熊丸在中研院近史所的訪問記錄

中就指出，「修建台北圓山大飯店，一開始時就是先總統的意思，因為當時外賓很多，但卻沒一個像樣的地方能招待他們。」

日本的帝國飯店肇建於一八九〇年，也是由官方主導。十九世紀中期開始，日本打破鎖國政策，與外國接觸日漸頻繁。明治時代的外務大臣井上馨曾說：「把我國化為歐式的帝國吧！把我國人民化為歐式人民吧！」統治階層共認，唯有如此，日本才能富強獨立。

在那樣的國家氣氛下，一八八七年，皇室和井上馨把富商找來商量，決定在東京建造一家氣派輝煌的洋式旅館，接待外籍賓客，並且展示日本歐化的腳步。地點就選在市區日比谷公園對面，官府主導興建，而皇室是最大的投資人。帝國飯

上：「日の丸館」一類的日式旅館是日治時代最常見的高級旅館形式。
下：戰前日本首屈一指的帝國大飯店。

店是日本踏入現代的旅館先驅，雖然初期生意清淡，一天不到二十個客人，仍然不影響經營。因為帝國飯店是國家的象徵之一，不純粹為了賺錢。

幾個國際著名的一流飯店也緣起於國家官員對先進國飯店的仿效熱情。二十世紀初，西班牙國王和新婚皇后蜜月旅行返國，就決心在首都馬德里建造一等一的旅館，和倫敦、巴黎的豪華旅館媲美。一九一〇年，馬德里的「麗池」於焉誕生。每間客房高敞，裝有吊燈，加上花園餐廳，讓「麗池」躋身世界級大飯店。

在台北，一九〇八年鐵道飯店開業那一年，日本處於明治末期，滿頭腦還是想要追上歐洲和美國的年代。總督府也想建一流的旅館飯店，多少出於妝點顏面和宣揚總督府統治，使台灣近代化的驕傲心理，並不以營利為最終目的。鐵道飯店因而成為台灣第一家現代西式大飯店。歷來散見各處的廣告，鐵道飯店也自我強調是「本島唯一の洋式旅館」。

臺北鐵道飯店既然身負展現進步與歐化的責任，外貌與內在自非舊有台灣旅館的規模所能倫比。建築本體為紅磚砌成，散發英國式典雅的風格。內部挑高大廳和吊燈，這類西洋建築的重要元素也一個不缺。有撞球台，也可以喝咖啡。熟稔台灣古蹟的林衡道教授曾說，鐵道飯店的所有配件都是英國製的舶來品，電燈之外，小到刀叉、廁所的磁製馬桶，都來自英倫。日本之偏

好英國，從明治政府聘請的「官庸外國人」，一直以來英國人佔最多數可見一斑。而且，英國傭官最活躍於工部省。

後期掌管鐵道大飯店的「支配人」（總經理）福島篤也是當時難得一見的專業旅館經理人，會說英語。福島畢業於慶應義塾（慶應大學前身）商業部，後到澳洲墨爾本專攻英文，並進入當地旅館工作，此後一路在日本和朝鮮的西式旅館任職。一九二一年開始接掌鐵道飯店。總督府後來又建「臺南鐵道ホテル」，也由福島兼任支配人。

前駐日代表處新聞處長張超英出身煤礦富商家庭，他記得祖母常帶他去鐵道飯店，那裡「古色古香，咖啡杯好小，有稀奇的布丁可以吃。」林衡道出身清、日兩代台灣第一豪族「板橋林家」，鐵道飯店內部以落地窗簾、古典吊燈、掛畫等裝潢，極盡歐美風情。

他曾說在鐵道飯店「吃西餐，水果端出來時，還附有洗手的小碗，一切仿英國維多利亞王朝的派頭。」

林衡道曾指出鐵道飯店的住宿費，一人一房十七圓，相當專科畢業生一個月薪水。事實上，依臺北市役所（市政府）一九四二年的資料，全部二十七間房，住宿費分六等級，最貴雖是十六圓，但也有較便宜的三圓。不過，對一般台灣人民而言，一晚三圓仍然昂貴得不可放縱一試。《陳逸松回憶錄》就提到，前交通部長張建邦的父親張驚聲早年經常往返台灣和日本之間，「他回台灣都是很有場面的，住在一般台灣人沒有辦法住得起的鐵道飯店。」於是能有「鐵道飯店經驗」的台灣人，與富裕無法脫離關係。

旅館常是歷史的布景，沒有旅館，歷史人物無法繼續行腳。鐵道飯店居台灣唯一洋式及最頂級旅店的地位長達三十七年，承載無數的歷史。隨手捻來，例如一九一四年，日本明治維新元勳板垣退助來台，為他與台灣名紳林獻堂共創的「臺灣同化會」宣揚台灣人應與日本人同享政治權利的理念，即住進鐵道飯店。在飯店的演講，據說贏得滿堂喝采。當時台灣武力抗日的行動已沉息，代之而起的是柔性抗日活動。「臺灣同化會」成立可說是一開端，板垣退助因而一度被台灣士紳視為精神領袖與救主。

另外，一九一九年，臺電株式會社在此召開創立總會，拍手選任高木友枝為

旅館案内……

旅行上初めての土地に旅する人にとつて、最も頭痛の種となるのは旅館の選擇であること言ふ迄もない。此の點臺北に來られる旅行者に一應の豫備知識として御參考迄に本市及び近郊の旅館を收錄して見る。大體に於て臺灣の旅館はよく整ふて居て、洋式、內地式臺灣式と夫々の樣式があつて、非常にサービスが行き屆いてゐる。殊に內地人旅館は間取りがゆつくりしてゐて、內地の一流旅館に比して、聊か遜色が無い。臺北市內の內地人旅館では從來の茶代を廢止し、左記定率の奉仕料を申し受けてゐる。

奉仕料

女中	宿泊料又ハ協定ニ對シ	二割
風呂ノ下足係・帳場	同右	五分
荷物係・送迎人	同右	任意

臺北

（◎印ハクーポン料金）

名稱	所在地	室數	樣式	部屋代	食事代 朝	食事代 夕	電話	備考
臺北鐵道ホテル	表町二ノ七	三〇	洋	一六・〇〇、九・〇〇、七・〇〇、六・〇〇、五・〇〇、三・〇〇	一・〇〇	三・〇〇、二・〇〇	七五六二	驛ヨリ 一〇〇米 ◎ 九・〇〇
日之丸館	明石町二ノ一	一七、洋三	內	八・〇〇、七・〇〇、六・〇〇、五・〇〇	一・〇〇	三・〇〇、二・〇〇	六九三三、六九三四、六九三五	二〇〇米 ◎ 八・〇〇

吾妻	表町二ノ一三	一八	內	一三・〇〇、七・〇〇、五・五〇	一・〇〇	四・〇〇、二・〇〇、一・五〇	七五五五、七五五六、七五五七、七五五八	驛ヨリ 一〇〇米 ◎ 八・〇〇
朝陽號	本町三ノ五	二五	內	八・五〇、七・〇〇、五・五〇、四・五〇	一・〇〇	三・五〇、二・〇〇、一・五〇	三三一〇、三三一一、五三〇〇	三〇〇米 ◎ 七・五〇
萬屋	表町一ノ三三	二五	內	七・〇〇、六・〇〇、五・五〇、四・五〇、三・五〇	一・〇〇	二・〇〇、一・五〇	三三四七、四九九六	三〇〇米 ◎ 六・〇〇
花家ホテル	本町三ノ一〇	一九	內	四・五〇、三・〇〇、二・五〇	一・〇〇、・八〇、・五〇	二・〇〇、一・五〇、一・〇〇	二五五三、六二九一	三〇〇米
攝津館	本町四ノ七	一八	內	四・五〇、三・〇〇、二・四〇、一・八〇	一・〇〇、・八〇、・六〇、・五〇	一・五〇、一・二〇、一・〇〇、・七〇	二〇九〇、四七五二	二〇〇米
臺北ホテル	本町一ノ三七	一八	內	五・〇〇、四・〇〇、三・〇〇、二・五〇、二・〇〇	一・〇〇、・八〇、・六〇	一・五〇、一・二〇、一・〇〇、・九〇	四八二八	四五〇米
太陽館	本町一ノ一	二六	內	四・五〇、三・〇〇、二・四〇、一・八〇	一・〇〇、・八〇、・六〇、・五〇	一・五〇、一・二〇、一・〇〇、・七〇	二一八四、五〇七四	四〇〇米

丸新	〃一一八九	七	內	二・五〇	一・五〇	三・〇〇	二二四	驛ヨリ 九〇〇米
鶯	〃一一六七	五	內	三・〇〇	一・五〇	四・〇〇	一五五	一粁三
星の家	〃六五	一八	內	三・〇〇	一・五〇	四・〇〇	一六五	九〇〇米
小西屋	〃七三	一二	內	二・五〇	一・五〇	四・〇〇	一九	四〇〇米
富の家	〃七三	五	內	二・五〇	一・五〇	四・〇〇	一五八	四〇〇米
友鶴	〃七三	一二	內	二・〇〇	一・五〇	四・〇〇	一〇六	三〇〇米
桔梗屋	〃七五	八	內	三・〇〇	一・五〇	三・〇〇	一五	二〇〇米
八勝園	〃一二	一五	內	六・〇〇	一・五〇	五・〇〇	二四三、二六	◎ 五・〇〇 一粁
藤家	〃七四	一〇	內	五・〇〇	一・〇〇	五・〇〇	三三	一〇〇米
祇園	〃七三	三	內	五・〇〇	食事共		一四	二〇〇米
新泉閣	〃七四	臺一三、八	臺	一・五〇、一・三〇	一・三〇	一・六〇	二六、六八	一〇〇米
新秀閣	〃七三	臺一二、七	臺	一・五〇、一・三〇	一・三〇	一・六〇	五六	二五〇米
蓬萊閣	〃七四	一九、洋三、臺二	臺	二・〇〇、一・五〇	一・五〇	一・二〇	三〇	二〇〇米

新薈芳	〃七三	臺一三、八	臺	一・五〇	一・五〇	二・〇〇	一六	二〇〇米
沂水園	〃七三	臺一二、七	臺	一・五〇	一・五〇	二・〇〇	三九	二〇〇米
新樂園	〃七三	洋一五、二〇	臺	一・五〇、一・三〇	一・五〇	一・五〇	一四	二〇〇米
永樂ホテル支店	〃一四	一二	臺	四・〇〇	…	二・〇〇	一〇三	五〇〇米
上の湯	〃六五	七	臺	一・〇〇	一・〇〇	一・五〇	六〇七	一粁三
天狗庵	〃七三	一〇	內	二・五〇、二・〇〇	二・〇〇	二・〇〇	一八	二〇〇米

草山—天母

（◎印ハクーポン料金）

名稱	所在地	室數	樣式	宿泊料	電話	摘要
巴旅館	礦溪內一四五ノ一	洋二九	內	◎ 五・〇〇 四・〇〇	草山六	
多喜の湯	紗帽山三二四	八	內	三・〇〇—四・〇〇	八	
草山ホテル	紗帽山三一八ノ二	一六	臺	食事別 一・二〇—一・五〇 食事代（三食共）〇・八〇—一・〇〇	一九	
大屯ホテル	紗帽山三九八	二〇	內	五・〇〇—一〇・〇〇	三	
山梅館	草山	五	內	二・五〇—四・〇〇	四	

臺北各大旅館的介紹，除了鐵道飯店，其餘的旅館型態都記為「內」；即「內地」簡稱，意指「日本式旅館」。

社長。一九三六年，中國知名小說家郁達夫訪台，誠台灣文壇盛事。當時，郁達夫下榻鐵道飯店，也在同一地點發表講演，講題「中國文學的變遷」。

加拿大籍傳教師馬偕在一八七二年的日記裡，記錄了日治以前台灣旅館的風貌。他形容一家在新竹的「客棧」，用石頭代替枕頭，沒有窗戶，屋頂不及五呎，無法站直，有竹床房間裡，到處是蜘蛛、垃圾和轎夫丟棄的破草鞋。隔天住得稍好的客棧，則房內有竹椅和長板凳，有土灶可煮食，有桌子可以寫字，也不時有豬、雞自由進出。一直到一八八五年，十幾年來的社會生活改變不大。馬偕抵宜蘭，形容自己住進「比豬舍還髒還濕的客棧」。

從旅館演進管窺台灣現代化生活的展開，誰能不留下驚嘆？誰能保證一百多年前台灣社會變遷的腳步不會停滯，就像東南亞許多島嶼一樣？假如過程中稍有遲滯或轉彎，誰又能斷言今天國際名人會川流台灣呢？

百貨公司

台灣第一家百貨公司「菊元」。

一九三二年十一月二十八日下午四點，現在台北衡陽路和博愛路口的國泰世華銀行這塊地上，一棟六層的民間最高大樓舉行落成典禮，這棟樓就是台灣最早的百貨公司「菊元商行」。那時候的台灣人習慣用日語的「Kikumoto」來稱呼「菊元」。

這一天，總督府的殖產局長殖田俊吉、臺北州知事（州長）中瀨拙夫、臺北市尹（市長）西澤義徵等約一百八十位官紳受邀觀禮。來賓中還有一位在台軍方的三號人物，守備隊司令官外山豐造與會。這或許跟菊元老闆重田榮治的出身有關。他二十三歲隨軍到中國打仗，二十六歲來台灣創業。重田榮治最早以太平町大稻埕為基地，做棉布批發生意。一九二〇年後期，聽說日本內地的三越和高島屋等大百貨店有意進駐臺北城內，重田榮治於是決定搶進城內最繁華的榮町（今衡陽路）。

「菊元」落成當天，重田榮治引領來賓從一樓開始參觀，一到四樓是各類商品賣場，五樓是著名的「菊元食堂」所在，可以吃到各式西洋料理。落成典禮不像當今選個大門口排椅子，而是在五樓的食堂舉行。

食堂可以說是「菊元」何以被稱為台灣第一家百貨公司的原因之一。日治時代並沒有「百貨公司」一詞，卻已用「百貨店」形容洋溢西風的大樓式百貨賣店，也就是英文的「Department Store」。

事實上日治初期就有許多賣「百貨」的店，例如從一九〇〇年的報紙可以看見，台北一家叫「福井」的店，既賣香水、手帕，也賣風琴、拐杖、墨水。日本最早的百貨店「三越」，於一九〇四年蛻身自「三越吳服店」，打破只在一樓店面做生意的舊律，輸入西方的百貨公司經營方式，把樓上也闢成商場。客人脫鞋上樓後，可以自由選購陳列的商品，不再需要跟店員指定，店員再由櫃內或內部取出商品。採用女性當店員也是「三越」為日本百貨店立下的創舉。往後幾年，「三越」不斷把商品類型擴大至化妝品、鞋、照相、五金等等，把百貨店的定義愈發拉離傳統的商店。「三越」也新增食堂，因佔據相當空間，更具指標性。一如台灣目前的百貨公司必須有地下小吃街才像百貨公司，「菊元」也設了餐廳。

「三越」之後，才有「松阪屋」和「白木屋」，也紛紛從吳服店改為百貨店。其中，「白木屋」率先於一九一一年採用一座升降式電梯（elevator，日語エレベーター），注入百貨店的定義新元素。「三越」本店不甘落後，三年之後，也設置了四座升降電梯。同樣這一年，一九一四年十月，「三越」在東京日本橋區的新館揭幕，架置了日本建築物內的第一座扶手電梯（escalator）。

作為台灣第一家百貨店，「菊元」也裝置了升降電梯在建築體的西北角，跟現在一樣，由電梯小姐操控。歷史上常強調「菊元」摩登的電梯，例舉李騰嶽（一八九五年生，京都帝大醫學博士，曾任台灣省文獻會主委）的詩，「摩天樓閣七層雄，肆面宏開百貨充；卻笑儂家非顧客，也隨人去坐流籠（按，福佬話「流籠」，此處指升降電梯）。」不過，升降電梯在一九三二年當時顯然已不算尖端新品，「臺灣日日新報」報導「菊元」落成的新聞和「菊元」自己的商業廣告，都未著墨這一點，似乎可見一斑。

說來莫怪。相對於日本百貨店發展，台灣百貨店已晚了許多。例如，台灣出現第一部扶手電梯，在高雄的大新百貨公司，已是戰後一九五八年的事，比起日本的第一部扶手電梯，已經晚了四十四年。然而，現代一般人對戰前

上：「菊元」食堂在日本時代是難得的吃西食的時髦餐廳。
下：菊元百貨店內部的樓梯間。

緊追在「菊元」之後的臺南「林」百貨店。

史認識無多，才會以現代人的想像回望，覺得戰前有百貨公司，且有升降電梯，既進步又神奇。

論起百貨公司的超高層建築，「菊元」倒不遜色。日本早於一八九〇年，就在東京淺草蓋了號稱十二層樓的高塔「凌雲閣」，但不敵一九二三年的關東大地震。日本開始惶恐，不認為一個地震國的建築應該拚命往天空發展。一直到二次世界大戰結束，日本的高樓頂多七、八層高而已。「菊元」一蓋六層，在台灣鶴立雞群，放到全日本，也可朋比。

過去關於「菊元」高度的描述，像李騰嶽的詩，就說是七層。事實上，「菊元」為六樓建築，六樓還是賣場樓層，有「レコード部」，即賣唱片的地方。所謂七層，係頂樓設有餘興場提供展覽及演講，另有屋上庭園供眺望臺北城風光。因為擁有頂樓的餘興場和五樓的食堂，讓菊元百貨店不再只是商場，也成為台北人重要的文化空間。「菊元」開張不到一個月，就有國防展覽會選在頂樓（七樓）舉辦。

菊元百貨店的建築落成於十一月二十八日，但真正開幕營業是十二月三日。開幕前，曾招待過七十歲老人參觀，先睹為快。「菊元」如果再晚三天開張，台灣第一家百貨公司的歷史匾額就要奉送給臺南的「林百貨店」了。十二月五日，位於臺南末廣町，今天中正路和忠義路口的「ハヤシ百貨店」

也開幕了。ハヤシ唸作Haiyashi，即日本姓氏「林」。林百貨店老老闆林方一在開幕前不久去世，由太太接任社長。

林百貨店不輸「菊元」，是一棟五層樓建築，也有升降電梯；「菊元」店前總飄著印著「榮」字的商標旗幟，林百貨店則在建築體的額頭位置，鑲上斗大的「林」字。依其開幕前一天，一九三二年十二月四日在「臺灣日日新報」刊登「開店記念大賣出」的廣告，可知道各樓層的商品詳細。一樓有煙酒、洋菓子、化妝品、食品和鞋子，跟現代的百貨公司沒有太大差距，化妝品還是妝點一樓門面和招攬生意的最佳利器。二樓賣童裝和雜貨，三樓賣布料和服飾，四樓陳列文具、玩具，還有日式餐廳。五樓和「菊元」的五樓一模一樣，有吃西餐的「洋食堂」和喝咖啡、吃點心的「喫茶室」。

台南林百貨店的五樓有餐廳（上），四樓（下）則是賣文具、玩具的樓層。

當年百貨店營業時間比現在還長，「菊元」從早上八點半到晚上九點，林百貨店更從早上八點到晚上十點。看起來不像現在全年無休，至少在報上常看見「菊元」在月中選一天休息。

整個日治時期，台灣共有三家百貨店，除了「菊元」和「林」，還有高雄鹽埕區的吉井百貨店。「吉井」建於一九四一年，一樣有升降電梯和五層樓

臺南唯一

臺南銀座街

ハヤシ百貨店

皆様の百貨店として一意御客様本意にサービスをさせて頂きます、何卒幾久敷御引立の程を御願ひ申上ます

十二月五日より

營業時間
午前八時より午後十時まで

開店記念大賣出

營業品目	
一階	和洋菓子　小間物　履物　食料品　酒、煙草
二階	洋品雜貨　子供服　毛布
三階	吳服　太物　洋反物　婦人服地　子供
四階	文具　玩具　和食器
五階	洋食堂　喫茶室

御進物には何品でも揃ふハヤシの商品券を

賣場。高雄百貨業鉅子吳耀庭（一九二六年生）曾自述他十七歲那年，月薪從十七跳到四十元，於是身懷「巨款」，很神氣走進吉井百貨公司三樓，要幫母親買禮物。他問女店員，「這面鏡子要多少錢？」女店員打量他一番，然後冷笑一聲「哼」。這聲「哼」深深刺傷吳耀庭，他發願要在高雄創建一家超棒的百貨公司。戰後聞名南台灣的大新百貨公司因而被「吉井」店員的惡劣態度刺激誕生。或許「吉井」對台灣百貨發展史的最大意義就在此了。

戰前三家百貨公司，目前只剩台南的林百貨店舊建築依然存在，被劃為市定古蹟，可憑藉作一番追想，至於「菊元」和「吉井」，就只有從老照片和拼湊前人口述，來想像當年的時髦與熱鬧了。

右：林百貨店在雜誌上的宣傳和標誌。
左：臺南的林百貨店在開幕前一天刊登廣告，詳列各樓層的商品內容。

耶誕節

耶誕節來前，幾乎所有台灣人都泡在要為耶誕節做點甚麼的染缸裡。公立小學門口竟布置耶穌誕生在馬槽的木偶；隔街的音樂教室覺得「必須」應景放個聖誕花圈在門上，否則「很怪」；耶誕前夕，從電視新聞看來，全台灣的聖誕老公公恐怕數以千計，連政治人物都變裝一身紅的聖誕老人應景同歡。

耶誕節是西方宗教的節日，傳入近代台灣，依常理推論，自是經由宗教管道。一八五八年，清朝因天津條約開放台灣安平、淡水、基隆和打狗（高雄）為條約港，西班牙天主教道明會士便開始登岸傳教。從當時許許多多神父留下的書信可以看出，天主教的節慶活動以復活節、耶穌升天節、玫瑰聖母紀念日和基督聖體節為主要大節，耶誕節並非像今天一樣是最重要的節慶，所以相關活動的歷史記載有限。

一八六六年七月良方濟神父寄發的信說道：「我想您已經知道去年聖誕節客家人想要殺害我們的事，他們散佈惡毒謠言，說我們來萬金莊是要搶奪礦產和霸佔領土。」從而可知，早在一八六五年，聖誕節的概念已經登陸台灣。

基督教方面，則令人萬分意外和驚疑，幾乎見不到早期基督教傳教活動歷史裡有耶誕節的記錄。

英國長老教會首位傳教士馬雅各醫生，同在上述的一八六五年抵達高雄，開拓台灣南部宣教版圖。六、七年後，北部由知名的加拿大長老教會海外宣道師馬偕，開始扎根台灣。其中，馬偕是擺明反對舉辦聖誕節的慶祝儀式。

據郭和烈著《偕叡理牧師傳》，馬偕曾在上課時對學生說，聖經沒有記載守聖誕節的事，也沒有人知道耶穌基督的誕辰。猶太人帶羊群到曠野的時間是四到十月，牧羊人十一月就回家了，所以指天使在十二月天向牧羊人報佳音根本不對。

馬偕牧師早就主張不過聖誕節，聖誕連著新年的假期，他多選擇休息。馬偕一九〇一年六月去世以前，台灣北部教會不曾於十二月二十五日慶祝聖誕節。他認為初在台灣設立教會就辦聖誕節慶祝活動，以後一定會滋生許多流弊。《偕叡理牧師傳》指出，馬偕「不是否定聖誕所以反對聖誕節，他乃是知道聖誕節很容易世俗化。他沒有反對過受難節或復活節或升天節，因為這些節日較不會世俗化。」

馬偕所指的「世俗化」，從同時期台北的英國商人陶德所寫《北台封鎖記》可以略知一二。一八八四到一八八五年，清法在台戰爭期間，法國遠東艦隊攻打台灣北部並進行封鎖，物資補給不能進入台灣，這讓台北洋人擔心沒辦法過個「快樂的聖誕節」。陶德在耶誕夜前夕寫著：「佳節將至，想紅醋栗、葡萄乾、香櫞、杏仁果的味道想得要死。」二十五日記著：「儘管封鎖，我們仍享受豐盛的耶誕大餐。大片牛肉、奢華火雞、肥美閹雞、自製布丁、烤餅、派，美食滿桌。大夥兒都喝了不少酒，明天保證頭痛。」聖誕節活動流於狂歡美食，對一心奉獻主的傳教士馬偕而言，恐怕是期期以為不可。

日本社會於一八七五年第一次過聖誕節，一個位於東京銀座的女子學校舉辦聖誕慶祝，佈置了聖誕樹和聖誕老人。二十年後，一八九五年，台灣變成日本國旗飛揚下的土地，聖誕節的概念遂慢慢另由非宗教的管道進入台灣社會。

日本大正到昭和初年（一九一二到一九三〇年左右），夾在兩個戰爭時代中間，社會承平，自由思想蓬勃，被認為是文化的黃金時代，西方事物也活潑傳入。

從當時主要報紙「臺灣日日新報」來看，也恰好自一九一三到一九三一年之間，有諸多關於耶誕節的新聞報導。像是台北兩個日本人基督教會「日本組合基督教會」和「日本聖公會」舉辦「降誕祭」和天主教靜修女學校舉辦「クリスマス（即英文的Christmas）祝賀會」，會中有宗教本身的吟唱聖歌和講道外，還有樂器演奏、童話劇表演等等。

一九二九年，報紙漫畫藉耶誕老公公的口問說：「今年送甚麼好禮物呢？」以招聘棒球選手。

家庭會クリスマス祝會記念
昭和十一年十二月二十三日夕

一九三六年底，中山北路的基督教家庭舉行耶誕節慶祝會。（張超英提供）

報紙也介紹聖誕節由來、小孩子因為可以獲得禮物而喜歡聖誕節等等。一張聖誕老公公帶著禮物，從飛機上準備降落的非新聞圖片也突兀地登上報紙，一旁標題寫著「今天是クリスマス（Christmas）」。昭和年代則有新聞照片出現「MERRY X'MAS」聖誕快樂的英文字眼。

日本臺灣軍司令部編的《献金美譚》曾記錄，一九三四年北警察署長報告，「臺北基督青年會」代表李天成在「去年十二月二十五日耶誕節時」捐出國防獻金。連官方都自然使用「耶誕節」一詞，可見耶誕節已深入一般人的概念裡。

不過，耶誕節活動似乎戰後才在非天主教及基督教徒民眾生活裡世俗化。蔣介石總統和宋美齡夫婦虔誠信奉基督教，熱衷聖誕節活動，對社會接受聖誕節，多少有啟發與引導風氣的作用。前總統府副侍衛長陳宗璀在回憶錄《士林官邸三十年》中指出，士林官邸十分重視聖誕節，宋美齡從十二月中旬就開始忙著包裝聖誕禮物。官邸在節前幾天並開始佈置聖誕樹。聖誕夜則播放聖誕歌曲，並有家宴，「熱鬧異常」。

一九五〇年，國民政府來台第一年即有報載，蔣介石邀宴陳誠行政院長、吳國楨省主席歡度聖誕，由口琴隊演奏聖樂，「餐後放映電影，共慶耶穌基督降生」。這種歡樂與當時沉悶的政治氣氛並不搭調，或許因為上位者特殊的宗教信仰，特殊化了聖誕節，竟然一九五一年有新聞指出，基隆的國際俱樂部和市商會供應社兩舞廳舉行通宵舞會，治安當局取消宵禁一天，讓舞迷盡歡。

公認較洋化的台灣省主席吳國楨，也曾於一九五一年聖誕夜宴請全體省議員，致詞表示，耶穌是博愛的，博愛使人與人之間增進好感；大家聖誕夜會聚一堂，必定加倍親切如一家人，希望府會間以親切的態度互相勉勵。真可謂是將聖誕公開帶入台灣政治的第一人。

一九四九年「中央日報」上有一篇聖誕即景的報導，提到聖誕老人登臨寶島已四年，小孩子的佳節多一個，不再只有冬至而已。聖誕老人攜帶大批禮物在晚上八點降臨台北，但陰雨寒冷，「百分之九十九人家都已熄燈就寢了，藏在西門町一帶，發現有幾處肥頭肥腦哥兒姐兒在歌舞狂歡。」另外提到某家商店為裝飾聖誕老公公，特地去皮鞋店商借超大皮鞋，但無奈只有一隻，老闆靈機一動，再去木屐店借廣告用的大木屐，和皮鞋配成雙給聖誕老人穿上。這個滑稽的模樣讓人想到，日本第一次佈置聖誕老人，把他扮成一個頭有髮髻、腰繫長短武士刀的日本古代人。

氣象預報

在颱風肆虐的季節，讓人益發覺得現代生活不能一刻沒有氣象預報。

老祖先憑經驗，對天氣變化自有一套預測法。像台灣最特殊的颱風天氣，就有一六九七年郁永河所著《裨海紀遊》記錄台灣人如何預測颱風：「占颱者，每見風向，反常為戒。如夏月應南而反北，秋冬與春應北反南，七月北風為主颱。」台灣諺語又有「六月初一，一雷壓九颱」和「七月初一，一雷九颱來」，指農曆六月初一打雷，颱風會被打跑，但七月初一的雷卻預示颱風連番而來。甚至有俚諺「牛叫雨，豬顛風」，從動物的反應預測天氣。

現在不一樣了，氣象局預報氣象，當然不是再拋幾句諺語，指天說地。從經驗、俗諺到衛星、電子，台灣氣象預報的發展不是一步跨過，中間還經歷科學的導入，從看溫度計，簡單記錄溫度開始。

一八七四年二月，日本內閣指中國政令不及台灣南部生番住地，未擁主權，決定征台，五月並進佔恆春。當時日軍抱著殖民的打算，隨軍包含五百名以上各行各業的人員，有和尚、記者和工匠。準備移民者的行李裡面，還有一百八十二種西洋植物。隨軍的野戰醫院除了純粹救護工作之外，每天中午也觀測當地氣溫，並留下記錄。

合理推論，當時日軍醫官是使用「寒暖計」（溫度計的日語）測量恆春氣溫。德國人在十八世紀初就發明玻璃管裝水銀的溫度計，日本本國則於十九世紀德川幕府末年、明治維新前開始製造「寒暖計」。

一八七四年日軍登台幾個月後，不敵瘧疾等風土病，八月中，士兵十之八九都已染病。中國要日本退離台灣，日本剛好順勢打退堂鼓，向中國討賠些軍費，就離開台灣。於是，台灣最早的科學氣溫記錄，也隨日軍喪離恆春而終止，總共記了五到十一月的日溫，前後七個月。

台灣近代化的歷程中，很多事物是一八九五年日本殖民台灣以後自然引進，但也有一些例外。台灣早在清治時期，就開始用科學儀器做長期規律的氣象觀測。

清末，中國被迫與西方列強開港通商，而有海關。但很奇怪，開埠愈多，海關稅收愈少。原來，外商繳稅多少，是可以私下議價的，少掉的國稅都被獻祭給貪官汙吏的私囊了。北京政府後來變聰明，改找外籍人士當客卿，掌理海關。成效果然顯著，不僅制度逐一確立，關稅還成為清廷僅次於田賦的第二大收入。外國海關官員中，最著名的自屬英國籍的赫德（Robert Hart）。他擔任海關龍頭「總稅務司」快五十年（一八六三到一九〇八年），海關彷彿他的王國，他管海關，也搞許多洋務，所以，中國郵政史非談赫德不可，台灣早期的氣象發展也必須提到他。

十九世紀許多西方科學家搭乘歐美帝國殖民擴張的翅膀，飛至世界各地做

日本最早在台灣建立的氣象台「臺北測候所」。圖為最初與後來的模樣。

研究。赫德對科學有熱情，也有概念，總稅務司任上便命令中國沿海海關和燈塔觀測氣象，並每個月匯報一次給香港氣象臺。赫德曾說，守燈塔的都是聽明、踏實且會讀寫的歐洲人，幫忙記錄氣象，可以打發點孤獨寂寞的時光。依周明德〈臺灣氣象事業之肇始〉一文，一八八五年左右，基隆、淡水、安平、打狗（高雄）四個海關和漁翁島（澎湖西嶼）、南岬（鵝鑾鼻）兩燈塔，便開始運用香港氣象臺提供的儀器設備觀測發送台灣氣象。

一八九五年日本統治台灣以後，台灣的氣象發展進入另一境地。初期最顯著的變化是一八九六年十二月一日以後不再借助稅關，而是廣建「測候所」（氣象站），在台灣形成氣象觀測網。

曾有學術論文分析日本在台灣大力發展氣象觀測，係因應國際氣氛和國際壓力的結果，這種說法恐怕想像多於事實。台灣的主人從清廷換成日本，英國和德國確實曾透過外交管道，希望延續氣象合作，提供氣象電報。這種做法毋寧是一種尋求合作的禮貌。如果日本在台灣建設氣象事業是迫於他國壓力，沒有必要人家要求一分，卻做十分的道理。英德只希望繼續提供氣象資料，未要求建測候所或其他進一步具體的改革，日本卻在據台前十年，建置觀測網多達七十八處；包括七個正式的測候所及數十個派出所、自來水廠、學校、郵局構成的氣象網絡。

事實上，日本國內的科學氣象測候在據台前已經發展多年，努力追上西方現代化腳步的足跡鮮明，有自己一條發展氣象的路。一八七五年（明治八年），日本就向國外訂購儀器，並聘請英國專家設立「東京氣象臺」。十年後，全國測候所已高達七十四個。氣象資料民生化，開始把天氣預報內容於東京市內的派出所公告給一般平民，則是一八八三年六月的事。

大約與日本同時間，台灣也開始有天氣預報。清代打狗稅關的醫生在旗津碼頭的醫院屋頂，架起不同圖案的旗子來預報天氣。不過那是私人所作，非公權力機關的施政行為。至於總督府方面，依領台第三年的「臺灣總督府民政事務成績提要」記載，一八九六年八月十一日成立臺北測候所（今中央氣象臺前身），隔年九月以後，總督府府報上開闢「觀象」一欄，刊載臺北測候所發出的「本島氣象天氣豫報び天氣概況及暴風警報等」。

日治時期的天氣圖使用的各種天氣符號。

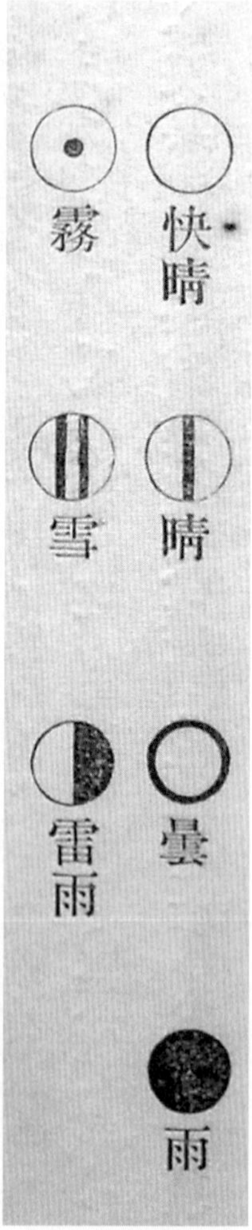

報紙刊載每日天氣，日治時期第一個報紙「臺灣新報」就有。一八九六年六月十七日創刊，一開始在報頭下就有一行字「寒暖昨日正午九十七度」。非常簡略，而且已經是「舊聞」，不過從此可知，日治時期使用華氏的溫度標示法，與戰後國民政府採用攝氏不同。

要知道日本統治時期台灣氣象的實態，教科書是一個絕佳的管道。總督府熱衷把電報、電話、汽船、氣象測候等新文明事物，透過教科書，介紹給學生。目前所見最早把氣象知識放入教科書的是，大正二年（一九一三年），總督府出版的《國語教育農業讀本》。一篇題為〈天氣豫報及び暴風雨警報〉的課文指出，文明諸國都設氣象臺，在台灣，中央有臺北測候所，各地方有基隆、臺中、臺南、恆春、臺東、澎湖設測候所。臺北測候所不僅蒐集島上各測候所和九州、沖繩列島的氣象電報，也與上海徐家匯、香港、馬尼拉等氣象臺交換氣象電報，根據電報，製成天氣圖作預報。

日治時代發布颱風警報，與現在最大不同的方式是，在郵局、派出所等上：臺灣總督石塚英藏視察臺北測候所。後方半身像是影響台灣氣象發展深遠的創所所長近藤久次郎。
下：日治時期普設氣象站，圖為今和平島的測候站。

「信號所」張示警報內容。警報方法並非貼一張單子，課文中說，在高高的桿子上，掛紅球代表暴風將來，掛紅圓錐體表示更緊迫的暴風警報。若在晚間，改以一個紅燈替代紅球信號，兩個紅燈代替紅圓錐。

報紙

「在溫柔鄉裡顛倒衣裳，忽一聲霹靂，天外飛來，驚心動魄。視之，乃娘子軍破扉而入也，一時河東獅吼，某懼不知所為，但云知罪，罰由汝，赦亦由汝……。」

日本統治台灣時，某一個台北大稻埕的藥房老闆被太太抓姦在床，當時的報紙就是這樣報導；當然，那個年代不會有標點符號，標點符號乃由作者外加。從今天的角度看，與其說它是「新聞報導」，不如說更接近「章回小說」的寫法；如果當代有記者把這樣的稿子丟上去，一定被主管砸回來。

這篇報導刊登在日治時代最大的報紙「臺灣日日新報」上。「日日新報」原是日本人守屋善兵衛於一八九八年五月六日發行創刊。依日本人井出季和太所著《臺灣治績誌》指出，創刊這一年，「臺灣日日新報」的發行量為一百六十三萬多份，平均一個月二十萬份左右，一天不到七千份。以當時的台灣總人口兩百六十萬上下，其中一、兩萬是日本人來看，閱報率非今天蓬勃的新聞業可以思議。

當時報紙的價格，以「臺灣日日新報」來說，報上廣告說，訂一個月六十錢，訂一年特價六圓。依時間相近的一八九六年底「大阪每日新聞」登載的台北生活費，「鮮蛋一日兩枚四錢」，一天報費二錢，剛好可以買一顆蛋。又「傭人（雜差挑水等）每月六圓」，做佣人一個月所得，才夠支應一年報費，報紙對一般人來說並不便宜。不過，台灣百姓八、九不識之無，報紙是生活上的絕緣體。有漢學基礎的人才有能力讀報，這些儒生多地主階級，一年六圓的報紙似乎又不算奢侈品了。

日本時代發行的報紙，除台灣人自辦的「臺灣新民報」一度全是白話中文外，其餘報紙多以日文為主，中文佔四分之一，而且是文言文的中文，基本上無礙於不懂日文的台灣人讀報。漢文新聞報導的方式，以一九〇〇年五月一日為例，外事新聞第一則寫著「皇儲聰明　清國皇太子性極聰明每遇崇師傳講四書備旨頗能領悟遇師傅禮貌亦極隆此刻皇太子學庸論語已經熟讀孟子尚闕告子兩篇云」。每則新聞沒有現代放大的標題，標題「皇儲聰明」四字與內容字體的大小無異。

談起台灣第一份報紙，通說是一八八五年六月創刊的「臺灣府城會報」。英國籍長老教會牧師巴克禮回英國學印刷術，啟用閒置四、五年的印刷機，在台南正式發行「府城會報」。不過，「府城會報」並非使用台灣社會共同認可的漢字，而是用羅馬字（英文印刷的三大字體之一，近代書籍印刷的標準字體）拼出閩南語音；內容限於宣教事務，而不是社會日常發生的事件；不是每天出刊的「日報」，也不販售；最重要是這份報紙沒有現代所謂的專職的「新聞記者」。

日治時代最早的現代化報紙「臺灣新報」。

如同日本，他們會指出「讀賣」是日本報紙的濫觴，但它跟模仿自西洋的近代意義的「報紙」不盡相同。這個「讀賣」不是指日本目前的第一大報「讀賣新聞」，而是一六八〇年後十年間在江戶地區盛行的一種報紙，內容為殉情自殺、報仇、天地災異等等社會消息，單面木板印刷，像「號外」一樣，在街上邊讀邊賣，所以叫「讀賣」。又好比中國，早在唐朝就有「邸報」，報導宮廷消息，宋代則有五天印刷發行一次的「朝報」，但都不是近代內涵的「報紙」。

「新聞記者」這個中文詞彙源於日本，明治以前就有。明治七年（一八七四年）西鄉從道領軍打台灣時，就有「日日新聞」的岸田吟香隨軍採訪。岸田被認定為日本第一位戰地記者，也可能是第一個來台採訪的日本報社記者。一八九五年佔有台灣前，日本的新聞事業已經頗為發達，一八六九年（明治二年）官方已頒布新聞條例，隔年就出現日本最早的日報「橫濱每日新聞」，用鉛字排版印刷。一八九五年六月十七日在台「始政」，臺灣總督府開始運轉，之前的五月底就有身分為新聞記者的民間人士抵台，開啟近代台灣新聞事業的序幕。

日治時期，台灣第一份報紙「臺灣新報」，於一八九六年六月十七日出現。社址在台北北門街（今博愛路）一丁目。由於創刊日正值總督府開「始

臺灣新報

明治二十九年七月廿一日火
紀元二千五百五十六年
陰曆六月十一日 寒暖昨日

定價一枚三錢 十

廣告掲載料 五號活字一行一回二十八錢 三號活字一行一回三十六錢 四號活字一行一回十七錢 但三十行以上ハ一割引

編輯人 石
發行人 山
印刷人 山
發行所 台北城內

公文

訓令

訓令第七十三號　縣廳 島廳

傳染病豫防消毒心得別紙ノ通相定ム

明治二十九年七月十六日　臺灣總督子爵 桂 太郎

傳染病豫防消毒心得

總 則

第一條 傳染病者ナ診斷シタル官醫師ヨリ屆出ナ爲シタルトキ又ハ該病者ナ發見シタルトキハ警察官吏ハ速ニ患家ニ臨ミ病室器具被服及便所等ノ消毒ナ施行スル等相當ノ處置ナ爲スヘシ

第二條 傳染病者發生シタルトキ又ハ該病者發生ノ虞アリト認メタルトキハ警察官吏ハ時々各戸ナ巡視シ患者ノ有無ニ注意スヘシ

第三條 傳染病流行スルトキハ警察官吏及公醫ナシテ時々貧民部落ナ巡視セシメ貧民救護ノ方法ナ設クヘシ

第四條 傳染病者ニ自宅治療ナ爲サシムルトキハ警察官吏ハ時々之ナ巡視シ豫防消毒法ノ行否ニ注意スヘシ

第五條 傳染病者治癒又ハ死亡シタルトキハ患者ノ身体者ハ死屍看護人患者ノ居室其他病毒汚染

アラサレハ使用セサルコト

二芥溜ナ掃除シ患家ヨリ流ルヽ下水ノ溢流滲潤ナ防キ且井戸及下水溝ノ破損セル部分ハ之ナ修理スル等一般ニ清潔法ナ行ヒ之ナ持續スルコト但病勢ノ如何ニ依リ其必要ニ應シ局部又ハ全部ノ消毒的清潔法ナ施行スルナ要ス

三便所ハ個人有ト共同トナ問ハス一日一回以上石灰乳又ハ生石灰ナ撒布スルコト

第九條 虎列剌病者發生シタルトキハ左ノ標準ニ依リ交通遮斷ナ施行スヘシ

一患家ニ近接シタル人家ナキトキハ一家遮斷ナ施行スルコト

二患家ニ近接シタル不潔狹隘ノ家屋アルカ又ハ必要ト認ムル場合ニ於テハ近隣遮斷ナ施行スルコト

三市街村落ノ全部又ハ一部ニ於テ病毒散蔓シタルトキハ其全部又ハ局部ノ遮斷ナ施行スルコト

四遮斷ナ施行スルトキハ遮斷區域ナ明示シ且相當ノ取締人ナ附シ當該官吏醫師人夫等職務上要用アルモノヽ外交通ナ制止スルコト

五遮斷區域內ノ日用品買入等ハ適宜ノ取扱人ナ定メテ之ナ辨セシムルコト

六遮斷施行中警察官吏ハ其區域內ノ清潔法等ニ注意シ公醫ハ日々區域內ノ各家ナ巡診シ豫防攝生ノ方法ナ諭示スルコト

七患者治癒又ハ死亡シ若クハ患者ナ避病院ニ隔離

ヨリ排泄スル血液膿汁ナ拭ヒ
ハ覆蓋ナ有スル容器ニ取纏メ
灌ヤ置キ便ニ燒却スルコト

七患者ノ患部ヨリ排泄スル汚液
モノニ蚊蠅ノ集マラサル樣注
コト

八患者治癒ノ後消毒法ナ行ヒ
体ニ創傷アリテ血液膿汁ナ排
一箇月間他ノ健康者ト交通

九看護人ハ健全ニシテ身体中創
及指趾ニ胼胝破ノ如キ微傷
ノナ撰ミ爪ハ常ニ鋏ミ取リ
注意セシムルコト

十看護人ハ患者ナ離レ消毒換
七日間ハ他ノ健康者ト交通

十一病室ニ入レタル飲食物ハ
食スヘカラサルコト

第十二條 ペスト並該病疑似患
村落ニハ左ノ豫防法ナ施行ス

一患家ノ井戸並其共用ノ井戸
アラサレハ使用セサルコト

二芥溜ナ掃除シ患家ヨリ流ル
ナ防キ且井戸及下水溝ノ破
修理スル等一般ニ清潔法ナ
コト但病勢ノ如何ニヨリ其
ハ全部ノ消毒的清潔法ナ施

三便所ハ個人有ト共同トナ問
石灰乳又ハ生石灰ナ撒布ス

政記念祝賀式」，美國領事獲知臺灣刊行報紙，就把消息傳回美國，美國報紙還報導了此事。

「臺灣新報」的社長山下秀實，在日本曾擔任過熊本、大阪等地的警務部部長，最初印報用的活版鉛字印刷設備，便來自大阪的「雷鳴新聞」。隔年五月，又有川村實隆創辦「臺灣日報」。「新報」的山下秀實和第一任臺灣總督樺山資紀同鄉，都是薩摩藩人士，「日報」的川村則和第三任總督乃木希典一樣，出身長州藩。薩摩和長州兩藩不同派系的矛盾延燒到新聞界，台灣最早的兩家報社便不斷互唱反調，相互攻擊。到第四任總督兒玉源太郎時代，兒玉擔心傷害對台統治，出面干預，一八九八年幫助守屋善兵衛收併兩家報紙為「臺灣日日新報」，臺灣第一份日報「臺灣新報」於四月底宣布廢刊，從此消跡。

一百年前的記者做的事跟今天沒太大差別，不外是「社會的耳目」。一九〇〇年，就有公司知道要利用記者做商業宣傳。據當年五月報載，有兩家商船和郵船公司招待「東京日日新聞」、「中央新聞」、「讀賣新聞」、大阪的「朝日新聞」、「神戶新聞」等二十一家報社記者「無賃便乘」，免費搭船來台灣訪問，以便向日本國民宣傳台灣的種種。

記者受到社會特殊的待遇也是古今相似。照史所著《高雄人物評述》，介紹曾任「臺灣日日新報」經濟部記者的林東辰時指出，記者「可免費搭乘市區公共汽車及全島的二等火車（當時火車分三等級，對一等車廂的乘客有身分的限制）……。」

日治時代的報紙和記者，基本上還得到社會相當的認可，曾任「臺灣新民報」東京支部長等職的新聞人葉榮鐘（一九〇〇年生）曾指出，「日本報紙是受自由民權運動的刺激而發達起來的，所以日本的報紙具有反政府、反權力的傳統，可以說是萬年野黨的存在。」

不過，日治後期的戰爭壓制了這個傳統，曾任「臺灣日日新報」記者的作家吳濁流（一九〇〇年生）在《台灣連翹》書中說，報社原有的自由空氣蕩然無存，凡事高壓，原本在台灣的日本記者也滿肚子不平不滿。

日治時期就有討論，報紙與記者應避免淪為總督府和資本家的「手先」（即中文的「爪牙、嘍囉」）。新聞界是否能掙脫為特定人或單位服務，卓然而為「社會木鐸、無冠帝王」，誠是一個恆久的難題。

彩券

若不回頭遠看歷史，大概會以為一九九九年底，台灣銀行發行二合一的公益彩券是台灣首次公營樂透。事實上，上個世紀初，一九〇六年十二月十五日，台灣第一次官方辦的樂透就開獎了，正式定名「彩票」，一稱「富籤」。

日本統治台灣，財政獨立於本國之外，總督府必須自己想辦法張羅錢事。就像現在一樣，想來想去，發現公家賣彩票是一方便之道。

第四任總督兒玉源太郎手下的第二號人物、民政長官後藤新平留德修完醫學博士課程，知道歐洲樂透彩盛行，到台灣兩年後，一九〇〇年就派淡水稅關長宮尾舜治去南洋考察歐洲各國在亞洲殖民手法，順便瞭解馬尼拉的彩票，隔年就提出法案要辦彩票。

在呈給內閣的草案，附了「理由書」，表示將比照歐洲發行公營彩票，以解財困，特別是台灣人嗜賭，中國、澳門、馬尼拉的民間彩票，無不暗地熱買；像馬尼拉的彩票，十分之七以上吸收的是「清國」人的資本。「臺灣總督府彩票局事務報告」也指出，台灣人「射倖心強」，島內的賭博遊戲就有百餘種，還盛行馬尼拉和華南很熱門的「天財票」。

兒玉總督詢問統治台灣之道時，後藤新平曾回答「根據生物學的原則」，「也就是尊重風俗習慣」。把發行彩票，合理化成台灣人好賭，順性讓台灣人合法的賭，表面上似是合乎後藤的「生物學原則」，實則掩蓋政府藉詞籌錢的真正目的。

不過，向伊藤博文內閣提出草案後，立即因兩位大臣反對而受挫。反對理由很簡單，發行彩票不啻公辦賭博，公然違反法律。但是總督府並未忘情彩票，首相換人，又舊案重提，雖然二度敗北，不死心再提第三次。第三次成功了，但被要求彩票收入不可挪作他用，必須用於慈善、衛生與廟宇維護等事務。

一九〇六年九月二十二日，台灣開賣公營彩票，既創台灣先例，也被稱為「東亞公營彩票的嚆矢」，在日本歷史上更是「帝國領土內的破天荒之事」。日本人石井研堂所著《明治事物起原》，細數日本近代新興事物的起源，就列有「臺灣的彩票」一項。

台灣史上的第一張彩券，本來想委給內閣印刷局承印，但除了國債債券，那幾年日本打仗，也伴生許多印刷品，內閣印刷局無力承接，後來改由東京印刷株式會社印刷台灣彩票。彩票上最特殊的是彩票號碼阿拉伯數字和漢文數字並載，在彩票兩側還有L.B.（Lottery Bureau）的英文字樣。發行回次、價格、開獎年月日及應注意事項也都是漢、英文並具。彩票的顏色期期不同，不像現在一成不變；一到五期依序是淡紅色、堇色（藍紫色）、樺色（白色）、草色（綠色）和橙色。

一九〇七年，報紙以手繪方式描畫第二次彩票開獎的情形。

總督府彩票局長由專賣局長宮尾舜治兼任，所以也把彩票當成像鹽、樟腦、鴉片等專賣利益一樣，將彩票批發權指定給十七個台灣儒紳要人和八個日本人，並分配利益，限定銷售的區域，由他們轉銷零售商，再賣到一般民眾手裡。十七位台籍批發商，像台北的批發商辜顯榮（台泥董事長辜振甫之父），曾請日本軍隊進台北城鎮撫亂局而與日本官方交好；屏東批發商蘇雲梯，《臺灣列紳傳》一書形容他日本接收台灣時，「安撫有功」；同一本書另形容恆春地區的彩票批發商許連升「奇策縱橫。挺身偵察實情。遂令我軍掃蕩匪賊盡。殊勳有足記。」都是與新政權關係良好的政治新貴。跟現在的樂透彩比起來，雖然兩者都宣稱具備公益性質，但當時與現在只限殘障弱勢者有販賣權的做法截然不同。

當年媒體不像今天發達，但是彩票開賣的消息似乎能鑽縫鑽孔，一下子就熱燒全台。頭彩彩金五萬圓可能是燒得人利欲薰心的最大火種。依《臺灣列紳傳》記載，固然有辜顯榮這種巨富，「已積百萬金」，但像蘇雲梯這種「經營煉瓦製造，砂糖製造」的鄉中秀才，資產不過四萬圓，就已被稱為富豪。可見頭彩五萬圓堪稱高額彩金，夠讓平民一夕變富翁。

日本時代，報紙廣告全版只推銷一種商品，而且不是一家商店行號刊登全版廣告的，恐怕僅只彩票有此魅力了。彩票熱也從台南秀才蔡珮香在報上發

第五次彩票は愈本日の府報を以て發表せらる、蓋而して其彩票價格は一張十圓にして五萬張(五十萬圓)を發行し本月七日より登錄開始の豫定なり登錄手數料は從來の如く一圓にして總ての手續に於て從來と異なる事少しもなし又彩票の樣式も大概異りたる事なく印刷の色合は薄樺色にして票番號は從來亞剌比亞數字と漢字との二に記入せられたるも今回のは漢字の番號を廢し其欄內へ一分錄の價格乃ち金一圓と記入さるゝなり猶其彩金及其數は左の如し

頭彩　金十萬圓　壹張

二彩	金一萬圓	七張
三彩	金五千圓	七張
四彩	金一千圓	三十張
五彩	金五百圓	百張
六彩	金一百圓	二百張
七彩	金五十圓	二百張

頭彩に對する上下附彩は各二百圓にして二彩及三彩の上下附彩は各百圓四彩及五彩は各二十圓にして頭彩番號末尾と同一の尾を有する番號四千九百九十九張には各圓宛にして當籤數五千八百三十四本此彩總計三十七萬五千九百九十圓なりとぞ

●彩票と經濟界(上)

彩票の發行　本島に於ける彩票は昨年九月二十二日始めて發行せられたり其目的たるや本島に於ける慈善、衞生、事業及び社寺廟宇の保存等焦眉の急を告ぐるもの鮮なからざるに限りある歲入を以て斯の種の事業を遺憾なく遂行するは目下の財政上許さゞる所あるより之が財源を得るに在り而して彩票の樣式、價格、發行數、當籤數及び彩金額等は初めより一定せず又發賣及抽籤期日も其都度之れを定め公示せらるゝものなるが今當初より今日までに發行せられたる彩票を擧ぐれば左の如し

	發賣期	價額	發行數	總額	彩金額
第一次	十月	五圓	四萬張	二十萬圓	一四九、九五〇圓
第二次	十二月	五圓	六萬張	三十萬圓	二二四、九五〇
第三次	一月	五圓	六萬張	三十萬圓	二二四、九五〇

而して第一次彩票は昨年十二月十五日抽籤を行ひ第二次は昨日抽籤を行ひたること別項所載の如し又第三次は本月二十八日抽籤を行はる豫定なり尙ほ第四次は目今登錄施行中にして本月中旬には發賣さるべく尙ほ第五次は本月七日より登錄を開始され發賣は來中旬なるべく其抽籤期は四月三十日なりと云へり左に未發賣のものにして確定となれるものを示さん

	發賣期	金額	發行數	總額	彩金額
第四次	二月	五圓	六萬張	三十萬圓	二二四、九五〇圓
第五次	三月	拾圓	五萬張	五十萬圓	三七五、九九〇

▲彩票の賣渡　彩票を彩票局より賣下ぐる方法には二樣ありて一は彩票局より需要者に直接賣渡すものと他は指定賣捌人より賣るものなり元賣捌人は全島に廿七名ありて之を賣捌かしむ

第二次彩票抽籤の光景

を前提し需要者が希望する所の番號を指定して其登錄を受くるものにして第一次彩票は昨年九月八日より登錄を開始し同月二十一日限にて停止したるが此期間內にて登錄を締たるもの八千餘本に達したり然るに此際は彩票發行當初の事とて登錄の意義を誤解し我も我もと爭うて多數の登錄を爲せしも第二次以後は一人の登錄は一張に限られたるを以て爾來登錄數は著しく減少したり斯くの如くして彩票局は登錄法によりて直接需要者へ賣渡すも登錄以外には何等の方法を以てする賣渡さゞるなり次ぎに第二の方法は彩票局より彩票を臺灣銀行に渡し同行各本支店より彩票元賣捌人へ請求に應じて交附し元賣捌人をして之を賣捌かしむよりして一般需要者の手に渡すなり小賣人は全島に於て內地人三十名本島人百五十七名合計百九十四人あり

▲彩票の分配　彩票の發行數に就ては前に記せし如くなるが如何なる方面に何程づゝ分配されたりやといふに銀行は各元賣捌人の請求に依り彩票局より交附せられたる全部を分配するものにて何れの方面の元賣捌人に幾何分配するといふことの定めなく其都度同じからず而して元賣捌人の內には分配されたる全部を本島の需要者に賣渡すものあり又其大部分を島外に出すものありて其詳細なることは固より判明せず且つ需要者の內にても更らに之れを外國へ送附するものもあれば到底數字を以て之れを表示する能はざるも第一次以後第三次までの一般の情況に依りて觀察するに發行數の一半は島內に殘り半數は島外に輸出せられたるが如し左れば第一次以後島內に於て彩票の爲め費消したる金額は第一次十萬圓第二次第三次各十五萬圓合計四十萬圓位なるべし而して此四十萬圓は悉く消費し盡されたるかと云ふに彩金の當籤なるものありて幾分消費者の手に戾るものなれば之れを全然消費し盡したりとは云ふべからず尤も彩金の當籤は確に知り難きも假りに發行總額と彩金總額との按分比例に依るときは左表の如き結果を生ずべし(彩金額は四拾五人の法に依れり)

●臺灣彩票の內地關係

	發行高	彩金額	島內賣渡額	島內當籤金額	島內消費額
第一次	廿萬圓	十五萬圓	十萬圓	七萬五千圓	二萬五千圓
第二次	卅萬圓	廿二萬五千圓	十五萬圓	十一萬二千五百圓	三萬七千五百圓
第三次	卅萬圓	廿二萬五千圓	十五萬圓	十一萬二千五百圓	三萬七千五百圓

臺灣彩票は世人の知れる如く臺灣彩票局が明治三十九年六月十三日律令第七號の規定に基き公に發行したるものなれば臺灣島內に於ては十著の本島人たると寄留の內地人たると將又支那人外國人たるとを問はず之を購買するは各人の勝手にて其の寄留籍の有ると否との如きは毫も問ふ所にあらず專ら彩票を買はん爲めに來れる一時の旅行者と雖も之を買入るゝに差支なし又臺灣島內に限らず彩票の賣買等を禁止せざる國に於ては何人が之を購入するも自由なるが玆に少しく考ふべきは臺灣も日本の領土なれば日本領土內にて公行せらるゝ臺灣彩票は日本內地にて買受くるも禁令に觸るゝことなかるべしと思ふ者あれども日本內地に於ては明治元年十二月布告にて富籤興行を禁じ現行刑法第二百六十二條に於て富籤興行の罰則を規定し又明治十五年五月布告第二十五號……得るも臺灣彩票は臺灣にのみ行はるゝ律令にて發行さるゝものにて此の律令の發布は內地の諸規則に何の關係もなく何の變更をも與へず內地に於ては依然として富籤興行買等の禁令現存する故に取締規則の表面に於ては臺灣彩票も日本內地にて之を買入るゝは規則違反なりと解釋するを穩當とすべく今日まで世間に現はれたる重なる意見も之を罰すべしとする點に一致するが如し卽ち左の如くなるべし

第一　內地に於て賣買したる者　臺灣彩票を內地に持行き賣りたる者買ひたる者は明治十五年布告第二十五號第二條に依り罰せらる內地に於て牙保幇助(周旋手傳)を爲し又は他人より讓受けたる者亦同じ

第二　臺灣に於て買入れ之を內地に持歸りたる場合　是は內地の禁令に觸るゝ處なし故に罰せらるゝことなしされば此等の禁令に觸るゝことなく卽ち正當なる所持者より買受けたる者も何等罰せらるゝことなし何となれば法律は單に他人より讓受けたる者を罰するのみにして單に他人より贈與を受け又は所持を禁ずる法條なきを以てなり又此の場合に在ては當籤金をも沒收せらるゝ處なし何となれば內地に於ても臺灣に於ても規則違反にあらず卽ち布告第二十五號第六條に謂はゆる富籤に關する犯罪に因て得たる財物にあらざるを以てなり

第三　內地人が郵便又は電信にて彩票買……

小雨の歇み間本社前に當籤番號を見んとする群集

が如し然れども之には法理上の解釋として罰すべきものにあらずとの有力なる反對說も尠なからず

又內地よりの申込に應じ之を賣りたる臺灣在住者の責任如何と云ふに臺灣に於ては賣買共に禁止なきを以て特に內地在住者と共謀し或は內地在住者の犯罪を幇助して容易ならしむる等の特別の意思なき以上は內地在住者へ賣るも又其依賴を受けて買入れ或は保管するも罰せらるゝことなかるべし(以上臺灣日日新報社發行臺灣彩票案內の一節)

●南部の製糖事業

本島南部に於ける製糖事業の發展は戰後母國の大資本を流入し來りて未曾有の盛況を呈するに至りたるが抑も本島をして今日の糖業國たるに至らしめたる徑路は云ふ迄もなく督府の糖業獎勵に關する方針一決し糖務局設置以來のことにして同局が之れを獎勵するに先づ在來の甘蔗を改良するに其端を開き土地の灌漑を計畫し肥料の效果を普ねく或は舊來の不完全なる糖廍を廢せしめ蒸汽機械を應用して此等器具の購置より製造の技術に至る迄を敎へ又た或る會社には其器械器具を貸與して補助金を與へ一方には開墾を獎勵して荒蕪の地を耕園たらしめ政府として指導誘掖したり故に結果年々耕園の面積は增大し製糖量は激增し從つて南部の富は近かく兩三年間に百餘萬圓を增したりと稱するに至れり今一昨年に於ける各部各廳の粗糖及精糖製造高を擧ぐれば左の如し

	精糖製造高(擔)	粗糖製造高(擔)
臺南廳	一四九、九一三	一五、六四〇
鹽水港廳	二二三、七三三	一〇〇
嘉義廳	一〇一、二二六	二三九
斗六廳	五二、九九七	一四八
鳳山廳	九六、四九二	五、三九四

百五十四斤に上れり更に之れを內地及外國に輸出したる數に見れば左の如し

輸出港別	仕向先	粗糖(擔)
安平港	內地移出	三五二、一五〇
	外國輸出	一三四
打狗港	內地移出	三四一、一九三
	外國輸出	—
計		六九三、四七八
價格		五、七〇一、一四五圓五〇

島外に輸出したる數は六十九萬七千……價格實に五百七十五萬圓餘を算せらる……も這は今日以前の現況にして本島の……業の發展に階段を作り明治四十年後……明治三十九年期たる本期の製糖を以……七噸下の糖業は最早舊來の設備に甘……大規模の製糖會社續々起りて其放資……た四千萬圓に近からんとし是等大會……糖量は今日より幾倍の激增したる數……て算するととなるべし

●宜蘭米商組合

▲組合の目的　同組合規約第四條に……組合は營業上の弊害を矯正し利益……るを以て目的とすと其目的や頗る……れども第七條に於て組合は其目的……爲特に左の各項を遵守すべしとし……る數項目中稍々なる方面に多大の……及ぼすもの少からず試に其二三を……

▲農民の不利　組合規約に依れば組……時產米の價格を評定して之を組合……し組合員は所定の代價を以て農家……買ひ取るべき事となせり而して宜蘭の米商は宜蘭廳の強き勸誘に依り組合に入りたるを以て宜蘭農民は悉く其米は必ず組合に賣らざれば賣る所なし然るに代價は常に組合の定……

新築彩票局平面圖

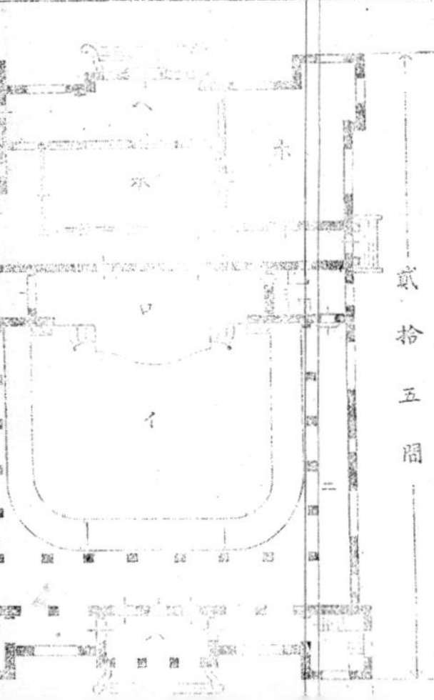

イは抽籤場、ロは抽籤臺、ハは抽籤場玄關、ニは抽籤場
ホは彩票局事務所、ヘは彩票局玄關、トは人民控所

以前由一大一小的圓網抽籤器各抽一球，配成中彩號碼。

表的「臺灣彩票歌」嗅到熱氣。歌詞說：「官命郵局報紙傳。市民聞之口垂涎。渾如小蟻附腥羶。中者喜若狂。望者神如顛。……自云中頭彩。可以購園田。築臺榭。得嬋娟。……」

一百年前的富翁夢，第一期賣了兩個多月後，終於要於十二月十五日開獎。前一天才降下那一年的初雪，專賣局倉庫的開獎現場顯然不受冬寒影響，一大早就擠進七百多人熱情參觀。現場還有專賣局長、檢察官、批發商及新聞記者。七點半開獎開始，負責搖獎的工作人員穿著白色長袍，先公開接受近身的檢查，確定沒有造假之虞。然後，眾目睽睽，轉而盯住兩個偌大的「抽籤器」，頭彩獎落誰家，全看這兩個當年的搖獎機。

抽籤器一大一小，是兩座鐵骨黃銅的圓形網狀機器，可以旋轉，設有鑰鎖。大者放彩票號碼球，小者放彩金等級球（從頭彩到八彩，共八等級）。大者有六個出口，小者有四個。經旋轉二十圈攪拌後，大者滾出一顆號碼球，小抽籤器滾出一顆等級球，就配成中彩號碼。

開獎當天一上午，頭彩都未出現。午後不久，突然「三萬七千二百五十一番，頭彩」的喊聲劃過現場，第一次台灣彩票的頭彩終於開出。

像現在一樣，大家都在猜，但沒有人知道老天垂愛的幸運兒在哪裡。非日本人的大獎得主，只知二彩一萬圓的得主是台南的一位傭人，名叫陳助。五圓一張的彩票，陳助只買其中十小張裡的六小張，所以得六千圓彩金。

第一期之後，隔年一和二月底都有開獎。但就在大家還如癡如醉玩彩票，等待第四、五期開獎時，人在東京的總督佐久間左馬太，突然於三月二十日以府報號外的方式，宣布無限中止彩票發行。

台灣彩票戛然而止，日本人賭性堅強，比諸台灣人猶有過之而無不及，是主要原因。原本台灣彩票只限在台灣和海外發售，在日本國內買賣則是犯罪行為。但如報紙所形容，夢想不勞而獲的「熊手熱」（只想當貪婪鬼的流風）正在日本氾濫，台灣彩票一來，便像餓虎遇羊群。據說賣到日本國內的達五分之四，在台灣賣出的不及五分之一。

總督府中止彩票的理由中也提到，由於彩票熱襲人，賣到日本國內的價格，已高出票面價五圓的一成，甚至四、五成。而且買氣旺盛也就罷了，竟然還有許多社會知名人士參與其中。大阪和東京檢警陸續的大搜查和起訴行動，掀起大波，更讓總督府不得不中止彩票熱。

台灣歷史上的第一次彩票經驗，歷時半年，終以難堪收場。但彩券揹負賭博的陰影，恐怕永遠沒有收場的一天。

西曆

早些年，台灣的「過年」只狹義指為過農曆年。曾幾何時，學習西方的跨年倒數晚會和元旦升旗，壯大了新曆元旦的氣勢，以致台灣現在已經明顯有兩個年。

台灣信史四百年，貫穿中國明、清兩朝至今。明清朝代除年號外，都以農曆甲子來記錄日子。毫無疑問，台灣社會早期均用農曆記日。最早西曆的引入，應始於十七世紀荷蘭統治時期。當時留下的《巴達維亞城日記》，以西元年月日記載。

荷蘭人走了，似乎把西曆也帶走了，但西班牙在台灣北部的統治，卻留下一些爪痕。一六二六年，荷蘭在台南建城統治台灣南部兩年後，西班牙探險隊也在台灣北部登陸，一個叫馬地涅的天主教神父和五名會士跟隨上岸開始宣教。九年後，西班牙決定棄守台灣。但遲至一六四二年，荷蘭軍隊在基隆迫使西班牙守軍投降，神父才完全離開四千五百名皈依的教徒。西班牙佔領台灣北部十幾年間，除了留下神父被原住民砍頭、砍手砍腳的恐怖歷史，以及「三貂角」即是西班牙所建「聖地牙哥」城外，還留下使用西曆的足跡。

《天主教在臺開教記》書中記載，十九世紀後半，天主教重返台灣傳播福音，一八六五年，良方濟神父寫信說道，北部有位部落首領去拜訪他，希望他前往傳教。他們聊到十七世紀西班牙人曾落腳當地，許多人成為天主教友。這位部落首領「點頭同意並指出，當地民眾所使用的年曆比漢人早一個月，也是從西方的元月開始。我認為這是基督徒遺留下的習俗。」

一八九五年日本統治台灣以前，北部小區域台灣人曾使用西曆外，南部的基督教長老教會卻似順應台灣人的傳統曆法來和台灣人互動。像一八八五年，巴克禮牧師印刷出台灣第一份教會刊物「臺灣府城教會報」，登載日期選擇清朝農曆的「光緒十一年六月」。同年九月二十一日，台灣的第一所中學「長老教會中學」（現今台南私立長榮中學前身）誕生。當時「教會報」上卻不是記成西元的九月二十一日。「教會報」第二期報導，長老教會中學「訂於八月初六要開學；入學的學生要在初四到府城。」後來拖延了一個禮拜，終於在八月十三日開學。這個八月十三日是農曆記日，這一天也就是西曆的九月二十一日。長老教會中學的第一個寒假，也應民間作息，從農曆十二月十四日放假，至過年後的正月十七日才開學。

日本統治後，因日本採行新曆，台灣正式部門的政府機關和學校全面使用西元記日，一改以往清治時代的農曆。日本自古一直襲用中國曆制，但明治政府標舉「文明開化」，全面「脫亞入歐」，日本由天皇帶頭，從上而下進行一波又一波對歐美的學習與模仿。一八七〇年（明治三年），天皇開始穿西裝，隔兩年，開始吃牛肉，再一年，剪成西式頭髮。一八七一年，官廳改用

西式桌椅辦公。如此徹底西化，急於甩開亞洲舊衣舊鞋，放棄中國「太陰曆」，改採西方「太陽曆」，也就不足為奇了。一八七二年，明治天皇下詔，命太政官宣布改曆令，把當年農曆十二月三日改為明治六年一月一日。

日本一直到大正年間（一九一二到一九二五年），本土四大島只剩部分鄉下人還在過舊曆年。殖民地台灣的人民則開始過兩個年。農曆年依舊放鞭炮、賭博、到廟裡拜拜、「行春」。

對新來的西曆元旦，台灣的上層階級則學日本人的文化，在過新年時，門外掛日本國旗，並「往來投刺」，到親友家遞祝賀新年的「名刺」（名片）。整個日本時代台灣人民非武力抗日的代表人物——豪族霧峰林家的富紳林獻堂，在一九二九年一月一日的日記述有早餐後，其子女向他夫婦「行元旦祝賀禮」，繼之去公學校（小學）參加「祝賀式」，再由子侄陪同，「到八處投恭賀新年

上：新曆年元月二日「初荷」，日本商家上街遊行。
下：日本醉心西化，總督官邸的新年宴會全然洋式。

名刺」。可見抗日派所抗者，並不包括由日本間接傳入的西方文明，甚至日本的文化。

二十世紀初，東方新菁英的主流思想就是西化。孫文推翻清朝，開建中華民國時，即明令以陽曆為正朔。一九二八年底，「臺灣民報」報導來自北平（北京）的消息，中國內政部努力要廢除舊曆，研擬八條過渡辦法，其中有「舊曆節令，一律不准循俗放假」、「將一切舊曆年節之娛樂、賓會及習俗上點綴品、銷售品，一律加以指導改良，按照國曆日期舉行。」

在台灣，總督府初期放任民間續用農曆，但不斷有士紳鼓吹改曆。出身台北樹林的漢紳地主黃純青（一八七五年生，一九二七年起曾任總督府評議員）一九一六年曾在「臺灣日日新報」發表「改曆之必要」，主張世界大勢所趨，陽曆又較農曆方便。黃純青說，農曆的月份大小不一，遇到閏七月，要普渡兩次，遇閏五月，要再綁粽子，比較不便。他還認為，實施新曆，「可以打破擇日之迷信」。

一九一九年開始，台灣官方宣布不准再用舊曆。不過要達到完成洗掉台灣文化裡的中國傳統，還真不是一時一刻的問題。此後，報紙仍不斷宣導實行新曆的好處。有人說，真不知道台灣人民猶豫不用新曆有甚麼道理；兩個過年那麼接近，「瞬間一正月。轉瞬復一正月。吾不知依依不忍去此舊曆者。

又有何趣味也。」

和西曆相關的「星期」概念，台灣究竟何時開始有此認知？中國在明清以前，官衙有所謂「旬休」，每月十、二十及最後一天放假，但在明清時完全廢掉，民國時才設星期天為假日。

台灣人有西方的星期概念，最早應與宗教傳入有關。至少在日治前，一八九〇年外籍神父李嘉祿寫信記錄了一段生動的對話，反映早期台灣庶民對「星期」的初識和對「星期天」的抗拒。神父勸村民上教堂：「做基督徒並不需花錢，來聽道理不必付錢。」民眾答說：「是不要花甚麼錢，但做教友，禮拜天和假日都不能工作，損失許多工錢。」神父反問：「你們拜拜、迎神和酬神演戲不也浪費賺錢機會？」村民回辯：「這個損失不大，因為不是每星期拜拜迎神……為什麼每年要浪費六十天不賺錢？」

日本時代，循學校教育的系統，台灣人生活自然逐漸有了星期的概念，從星期日到星期六，分別記作日曜日、月曜日、火曜日、水曜日、木曜日、金曜日、土曜日。不過，學生需要星期的作息週期，工、農、商人並不需要，因為天天都是工作天。黃武東牧師（一九〇九年生，曾任長老教會總會總幹事）回憶錄說，他七歲時，小地主的父親想去教堂做禮拜，一位虔誠教徒「乃詳細告訴家父，禮拜堂在牛桃灣，從這裡步行要走六里路。做禮拜是在

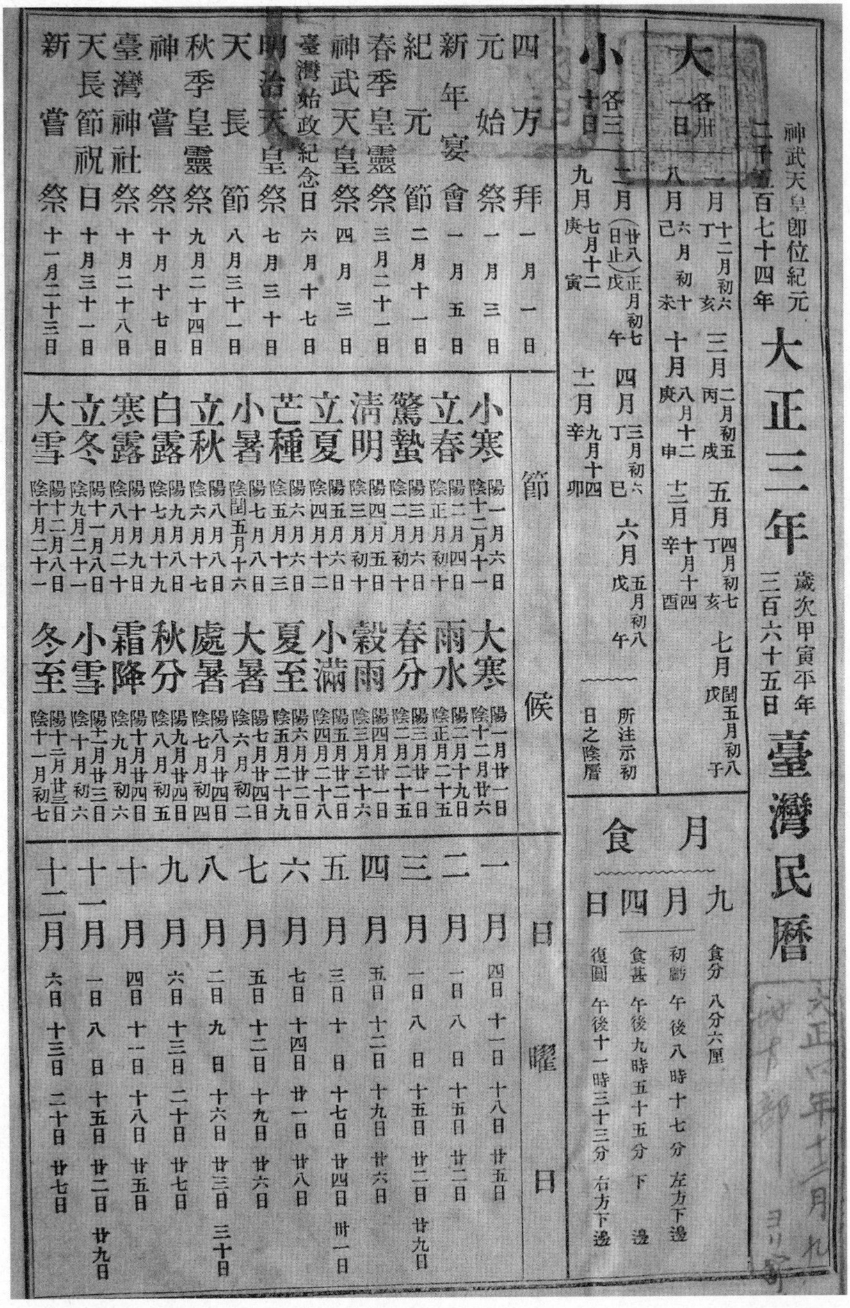

神武天皇即位紀元二千五百七十四年

大正三年 臺灣民曆

歲次甲寅平年 三百六十五日

大 各卅一日

一月 丁亥 十二月初六　三月 丙戌 二月初五　五月 丁亥 四月初七　七月 戊子 閏五月初八　八月 己未 六月初十　十月 庚申 八月十二　十二月 辛酉 十月十四

小 各三十日

二月（廿八日止）戊午 正月初七　四月 丁巳 三月初六　六月 戊午 五月初八　九月 庚寅 七月十二　十一月 辛卯 九月十四

所注示初日之陰曆

月食

九月四日

食分 八分六厘
初虧 午後八時十七分 左方下邊
食甚 午後九時五十五分 下邊
復圓 午後十一時三十三分 右方下邊

四方拜	一月一日
元始祭	一月三日
新年宴會	一月五日
紀元節	二月十一日
春季皇靈祭	三月二十一日
神武天皇祭	四月三日
臺灣始政紀念日	六月十七日
明治天皇祭	七月三十日
天長節	八月三十一日
秋季皇靈祭	九月二十四日
神嘗祭	十月十七日
臺灣神社祭	十月二十八日
天長節祝日	十月三十一日
新嘗祭	十一月二十三日

節候

小寒	陽一月六日	陰十二月十一日	大寒	陽一月廿一日	陰十二月廿六日
立春	陽二月四日	陰正月初十日	雨水	陽二月十九日	陰正月二十五日
驚蟄	陽三月六日	陰二月初十日	春分	陽三月廿一日	陰二月二十五日
清明	陽四月五日	陰三月初十日	穀雨	陽四月廿一日	陰三月二十六日
立夏	陽五月六日	陰四月十二日	小滿	陽五月廿二日	陰四月二十八日
芒種	陽六月六日	陰五月十三日	夏至	陽六月廿二日	陰五月二十九日
小暑	陽七月八日	陰閏五月十六日	大暑	陽七月廿四日	陰六月初二日
立秋	陽八月八日	陰六月十七日	處暑	陽八月廿四日	陰七月初四日
白露	陽九月八日	陰七月十九日	秋分	陽九月廿四日	陰八月初五日
寒露	陽十月九日	陰八月二十日	霜降	陽十月廿四日	陰九月初六日
立冬	陽十一月八日	陰九月二十一日	小雪	陽十一月廿三日	陰十月初六日
大雪	陽十二月八日	陰十月二十一日	冬至	陽十二月廿三日	陰十一月初七日

日曜日

一月	四日	十一日	十八日	廿五日	
二月	一日	八日	十五日	廿二日	
三月	一日	八日	十五日	廿二日	廿九日
四月	五日	十二日	十九日	廿六日	
五月	三日	十日	十七日	廿四日	卅一日
六月	七日	十四日	廿一日	廿八日	
七月	五日	十二日	十九日	廿六日	
八月	二日	九日	十六日	廿三日	三十日
九月	六日	十三日	二十日	廿七日	
十月	四日	十一日	十八日	廿五日	
十一月	一日	八日	十五日	廿二日	廿九日
十二月	六日	十三日	二十日	廿七日	

總督府一度還印農民曆發行。

每個禮拜的禮拜日，就是日曆上以紅紙印刷的那一天。」可見一般民眾距離「星期」有多遠，對他們的作息意義不大。

第四部

公共事務

…の開票終る

臺北市會議員當選者

最高點は蔡式穀氏

…最初の總選擧中、市部にて二十二日夜中に開票したものは、新竹、臺中、彰化、…東の四市であり殘る、臺北、基隆、嘉義、臺南、高雄の五市は何れも廿三日開票を…た右の內臺北市の開票は午後八時五十分を以て終了、次の如き結果を得た

臺北市（定員十八名）

蔡式穀	一、二四五票
唐澤信夫	一、一一三票
安田勝次郎	九八九票
陳逸松	八八九票
古川二郎	八三六票
松田繁義	八一九票
…川純	七九九票
…木讓三郎	七六一票
…龜久次	七〇二票
…田清	六六二票
…盛	六四八票
…兼斌	六三八票
…郎	六二一票
	六〇五票
	五二〇票

松田繁義　鈴木讓三郎　佐藤龜久治　飯田清　瀨戶山兼斌　菱村彥十郎

基隆市議當選者

基隆市（定員十四名）

汪榮振	四三五票
關木諄一郎	三五七票
林藤二	三〇三票
宇田繁	三〇一票
居川榮世	二九一票
森山藤七	二八四票
田尻信次	二七五票
邱德金	二五四票
陳漢周	二五二…
蔡星穀	
顏窓吟	
河合莊太郎	
猪俣敬…	
葉…	

銅像

原在新公園的後藤新平銅像。

日治時期著名的畫家立石鐵臣曾記道，他小時在台北住過八年，日後回想台灣，能夠想起的記憶之一，就是後藤新平的銅像。「當來回於小學校的途中，走過銅像下，我會把自己想成路邊小草，默默崇仰這巨大之物。」據立石鐵臣細膩的描寫，銅像胸前勳章和紀念章有十一個，左手握有書卷，笑得雄壯，卻笑得不細膩，因而更有後藤的感覺。

近代化展現於各種層面，銅像是其中一個表徵。台灣自古木雕或石刻像多與宗教有關，沒有把當代人物做成雕像的概念，日本亦然。

但明治維新之初，日本先有《西洋聞見錄》一書介紹歐美的銅像文化，指西洋人會在都市街道或建築旁豎立偉人銅像，表彰功勳，使後人永誌不忘。明治十三年（一八八〇年），日本有了第一座銅像「日本武尊」。在今天金澤的「兼六園」裡，五公尺半高的日本武尊銅像和日本最早的噴泉，更添「日本三大名園」首席的風采。

接著明治二十一年，在今天與皇居相隔不遠的靖國神社內，又矗立起大村益次郎的銅像。大村曾學英語與西方兵法，任過明治政府的兵部大輔，等同國防部長，建立徵兵制，對日本軍隊近代化有重大影響。大村銅像手拿望遠日本第一座銅像「武尊」位在金澤的兼六園內。

鏡、披傳統羽織、穿草鞋，強調他是具有和魂的習洋人才。設計者大熊氏廣是日本第一代的西洋雕刻家。明治九年，日本創立工部美術學校，聘請義大利雕塑家V. Ragusa 教授西方雕刻，大熊氏廣即出自他的門下。

到明治二十八年（一八九五年）台灣割讓日本前，日本已有鮮活的當代人物入了銅像，像是慶應義塾（今慶應大學前身）於明治二十六年揭幕的福澤諭吉銅像，念茲表彰的不外是福澤創辦慶應，並以流暢文筆著書，啟蒙了近代日本人的思想，引導日本全面朝西化前進。

在台灣，博物館旁新公園裡的後藤新平銅像，於一九一一年（明治四十四年）六月揭幕，隔年二月在臺南火車站前、四月在臺中公園內，又有他的銅像揭幕。後藤時任滿鐵總裁，人已離開台灣，卻是台灣的銅像紅人。

後藤新平影響台灣建設甚遠，他的紀念銅像分佈各處。

下右：原臺灣博物館內有第四任總督兒玉源太郎的塑像。
下左：台灣第一座銅像——水野遵銅像，位於圓山公園。
上：水野遵牡丹社事件時即隨樺山資紀來過台灣，後來也當首任總督樺山的民政局長。

台灣第四任總督兒玉源太郎於一八九八年就任時，台灣還一團亂，日本國內有人建議乾脆出一億元把台灣賣給法國。但他找來留德博士後藤新平擔任「民政長官」，一切有了改觀。後藤先轟走一千多名官員，吏治煥然一新。又著手調查戶口和地籍，發行公債，搞專賣制度，台灣迅速踏入近代化的歷史走廊。由於後藤的統治手段影響日後深遠，後來者不斷把他和他的老闆兒玉拱上銅像的基座。國立台灣博物館最初即為紀念兩人功績而建。

不過，台灣最早的銅像不是新公園裡的後藤，而是造於一九〇三年前，置於台灣第一個公園「圓山公園」裡的水野遵銅像。

知道水野遵之名，不在現今一般台灣人的常識範圍。但如果把他和前海基會董事長辜振甫連在一起談，水野遵就可以從歷史跳活出來。可以大膽這麼說，沒有水野遵，恐怕沒有繁榮百年的辜家。

辜家家勢由辜振甫的父親辜顯榮起步。當年清廷割台後，日本近衛師團從澳底登陸，準備往台北城接收。台民抗拒被割，群情激憤，但不同省籍的清兵自亂陣腳，放火掠奪，台北城內一片混亂，日軍不敢冒然挺進。辜顯榮承台北紳商的囑託，帶著一把傘和簡單的「嘆願書」，前往基隆請迎日軍進城敉平動亂。

時任總督府民政局長的水野遵和幾位軍方幹部一起見他。他們坐一圓桌，

澤井市造是臺北最早的消防隊長，同時是大營建商「澤井組」的老闆。

有人懷疑辜顯榮是抗日頭頭劉永福派來的間諜，有人更直指他是「土匪」，逼得辜顯榮情急落淚。唯獨最後水野遵力排眾議，指辜是「義民、富俠義心、決非壞人」，辜顯榮不僅保住性命，還抓到一把通往富貴榮華的鑰匙。

半年後，辜顯榮就與新政權的要人友好交遊了。先是跟水野遵去東京，接受敘勳，再半年多，水野遵又到鹿港辜家吃午飯。不久，辜顯榮既有臺北保甲總局長的官銜，一些製鹽賣鹽的專賣利益也隨後踵至，頗有富貴襲人之勢。

一九〇〇年，六十三歲的水野遵去世，辜顯榮有感於水野的知遇之恩，主催為水野立像，一個人就寄附四千圓的工事費。一九〇三年一月十八日，台灣第一座人物紀念銅像誕生。

此後，台灣開始有各式各樣的銅像矗立。像一九一三年，在今台北忠孝西路和中山北路口，就跑出另一位總督府民政長官大島久滿次的銅像。一九一七年，臺北府前街（今重慶南路）第一消防隊樓上，有已故的澤井市造銅像揭幕。英國蘇格蘭籍的巴爾頓（William K. Burton），也因籌建台灣自來水系統積勞病逝，在今台北公館淨水場內有他的半身銅像。八田與一對嘉南大圳投注的心血，造福千萬農民，嘉南大圳組合員工也於一九三一年製立銅像。

台灣人入銅像的，除了富裕家族請雕刻家製作私藏之外，被日本官方認可的公共空間造像少之又少。受過末期日式教育的台灣人多讀過「君が代少年」

二宮尊德先生像

學校常放二宮尊德像，勉勵學生勤奮唸書。

課文；「君が代」是日本國歌，所以這一課說的是一個十二歲苗栗少年詹德坤至死仍唱著日本國歌的故事。一九三六年四月，有人募款鑄造詹德坤銅像，放在他的母校苗栗公館公學校，銅像的模樣後來也印入課本。這座實人大小的銅像顯然散播濃濃的皇國思想，鼓勵台灣人化成真正的日本皇民。

日治時代的種種紀念人物銅像，最後歷經兩次劫難。第一次是一九四一年十二月，日本偷襲珍珠港並向英、美宣戰，原本對台建設有功的英美人士銅像首先遭殃。戰爭末期，日本強徵金屬造武器，曾被尊為台灣自來水之父的巴爾頓銅像就被摘走。淡水中學原有馬偕牧師銅像，也不堪「鬼畜英美」的咒罵，日籍校長只好把它拆下來藏在倉庫。

日本戰敗投降，國民政府接收台灣，這下換成日本人銅像遭殃。不論與政治有關無關，全被掃個精光，一一換上中國臉孔的銅像。臺中公園的後藤新平銅像被迫讓位給孫文。蔣介石銅像也開始無所不在，深入每一個校園。新公園的兒玉源太郎與後藤新平銅像蒸發不見，改由鄭成功、丘逢甲、梁啟超和連橫成為公園銅像的新主。

銅像看似有口不能言，然而，看盡百年，它們的心比任何人都清楚自己是如何被政治玩弄，讓最初銅像裝飾公共空間、供人欣賞與沉思的本意已相去甚遠。

公園

新公園（現二二八和平公園）充分仿效歐洲公園形式，有露天表演台、噴泉、特殊的八角亭。

台灣從鄭成功時代開始，中國移民愈來愈多，不同祖籍的移民聚成不同的村落，拜奉不同的神明，廟成為共同生活中心，也是精神團結的象徵，日後城市繁榮擴展時，也以廟為中心擴散。廟前廟埕通常也是唯一的公共空間。日治以前，「公園」的概念並不存在。所謂的「庭園」，則是富豪在自家內部興建的休閒空間，四周圍起的高牆，阻隔了一般百姓。

英文的「公園」，最早的字義跟現代不同，意指王侯貴族富商獨佔使用的狩獵場和大庭園。除非獲邀，擅入者不被處死，也會遭到嚴厲的懲罰。一直遲至十九世紀中期，封建制度崩解，市民要求開放，「公園」才注入「公共」的意涵，並成為近代都市結構中不可缺乏的元素之一。英國著名的海德公園就是這樣來的。

台灣最早的公園源於日本統治初期，日本之有公園又與積極西歐化相關連。明治天皇就位不久，個人就率先歐化，穿西服、剪髮、吃牛肉。明治六年（一八七三年），太政官（相當於行政院）移植西方的做法，公告「從民眾原就喜愛的社、寺、名勝古蹟等上等土地，劃為官有免租的公園」，日本有了最初的公園；東京的淺草寺蛻變成淺草公園，著名的上野公園脫身自寬永寺，芝公園則由增上寺變遷而來。

一八九五年六月，日本開始統治台灣，第三年就在台北圓山建造台灣第一

座公園——「圓山公園」，為台灣城市添置近代化的色彩。園裡陸續加入許多內容，先是陸軍公墓，第四任總督兒玉源太郎又建了臨濟宗的鎮南山護國禪寺和忠魂堂，後來再設有兒童遊樂場和動物園。

一如美國，波士頓公園被公認為最早的公共公園，紐約中央公園卻是第一個經過設計的大型景觀公園。也像日本，上野、淺草等公園是最早的公園，但一九〇三年開園的東京日比谷公園，卻是第一個刻意設計、充滿西洋風格的公園。在台灣，圓山公園最老資格，但台北公園卻是第一個模仿歐洲風格的城市公園。

一八九九年，環抱兩萬坪綠地的台北公園出現，因晚圓山公園兩年誕生，俗稱「新公園」。新公園之名有近百年歷史，直到一九九六年改稱「二二八和平紀念公園」，才逐漸退位。

日本時代的新公園，種植許多熱帶花木，綠樹

右：臺北的新公園常供作運動比賽場地。
左：吊橋和隧道會口旁的柱牌寫著「國立公園★タロコ」，即「國家公園★太魯閣」之意。

下又放置椅凳，給台灣人新奇的「公園」經驗。現在博物館後方的水池，原是一座鯉魚噴水池，據稱是台灣第一個充滿西方風情的噴水池。噴水池屬於西式庭園的一部分，緊鄰西式庭園的另有日式庭園，呈葫蘆型。

新公園內還有一項西方都會公園的特徵——露天表演臺。現今所見的蛋型音樂臺，日本時代就已是音樂臺，不過建造之初，原是一座圓型的露天表演區域，座椅排列成圓型，圍繞中央的表演臺。表演臺屋頂是八角形，明顯是新公園舊時的地標。

現今二二八公園臨台大醫院的側邊，有五座中國式亭閣，這個區域原是體育場。一九二三年圓山體育場（現中山足球場）興建完成前，多數台北市學校聯合運動會均在新公園體育場舉行。

除城市公園外，還有所謂兼具保育自然和遊憩功能的國家公園。

恐怕一般人多半以為，對台灣來說，國家公園是相對新興的公共建設，因為所有書籍都說，台灣的第一座國家公園，是一九八〇年代初期起步的墾丁國家公園。事實上，遠在七十年前，總督府即引進國家公園的觀念，且於一九三七年十二月，指定大屯山、次高太魯閣（今雪山、太魯閣）和新高阿里山（今玉山、阿里山）三處為「國立公園」（即日語的國家公園）。三個國立公園共佔台灣百分之十三的面積。國民政府時期以後所成立的國家公園，都優先考慮這三個地方。

國家公園起源於美國。一八七二年三月一日，美國總統簽署成立黃石國家公園，禁止私人開發水力、森林和放牧，獵殺動物及破壞既有地質當然更在禁止之列。「公園」因而開始有全新的意義，除了遊憩休閒，還有保育的觀念在其中。雖然黃石公園初始仍有遊客順手敲下鐘乳石帶走，但是國家公園的保育觀念已逐漸放散到各國。

戰前日本從未停歇學習與模仿西方文化，日本也認知到國家公園的觀念，在一九三一年便頒布了「國立公園法」。三年後，第一批國立公園，瀨戶內海、雲仙天草、霧島屋久三個國家公園正式出爐。台灣晚三年指定國立公園，但在此之前，已經醞釀多年。包括自一九三一年起就陸續有官紳合組的「國立公園協會」成立，各自為阿里山、大屯山後援宣傳，希望能被劃為國立公園。

根據台灣總督府的「第一回國立公園委員會議事錄」，一九三六年二月，

為慶祝鐵道縱貫線通車，總督府闢建了臺中公園。

會長中川健藏總督主持會議，會中有二十二位委員出席，絕大多數為日本官紳，包括臺北帝大總長（校長）幣原坦。台籍人士只有兩位，他們素來與總督府官方保持良好關係，當時也都擔任總督府評議員，是總督府攏絡台人的最高抬頭。

郭廷俊是台北大稻埕的聞人，每年農曆五月三十日大稻埕熱鬧迎城隍時，總督夫婦都會蒞臨郭府。另一位台籍委員顏國年出身基隆煤礦富族「基隆顏家」，其兄長顏雲年也擔任過總督府評議員。在那次會中，郭廷俊未有發言。顏國年則基於本業發言表示對國立公園的疑慮；他說，大屯山和太魯閣有豐富礦藏，若劃為國立公園，將不能開採。

同一會中，代表軍方的陸軍少將荻洲立兵，更持積極反對的態度。他指出大屯山可能因應戰事需要設演習場，他也擔心飛機飛行因而受限。雖然各種質疑未影響總督府隔年決定設立國立公園，但隨著軍國主義日熾，台灣的國家公園到終戰為止，只有調查與規劃，並未實際經營管理。

日本統治過後留下的具象事物，數量遠超過一般的感受與瞭解。拿公園來說，到一九三四年底，全台主要公園已有二十三處，而戰後台灣的公園建設架構也循著日本時代的計劃開展。國家公園如此，建於日本之手的台北、台中、台南及嘉義各都市公園也如此，戰後至今更是都市發展的核心原點。

法院

日治時代的法庭。厚重的木飾和窗簾是今天所沒有的。

法院往往被寄望能夠終結擾攘台灣的政治紛爭。時代的膠捲倒帶到一八九五年以前，台灣還在清廷皇帝腳下，有爭吵，要找的不是「法院」，而是「衙門」。

一八九五年五月八日馬關條約換約，台灣從中國之手被割給日本，衙門不見了。隨著六月十七日日本臺灣總督樺山資紀宣布「始政」（開始接管施政），十月七日發布「臺灣總督府法院職制」，台灣開始有了「法院」這個新詞和概念。

但是，名為法院，實質卻與近代西方的司法機關不同。當時，台灣人民對祖國割棄與異族接收，充滿棄地之民如孤兒般深沉之痛，在台官民憤而攜手組織「台灣民主國」抗拒日本接管。頭兩年，舉台各地的武裝抗日不斷與日軍激烈抗戰。總督府忙於平亂，法院審判官都選軍官和行政官充任，而不由專門的法職人員掌握法院。民刑事也都是一審終結，這樣的司法機關內涵跟近代化司法機關多三級三審的裁判制度不可相提並論。

總督府治台第二年廢除軍政，施行民政，一八九六年五月一日公布「臺灣總督府法院條例」，短短八條條文，但台灣因而開始有地方法院、覆審法院、高等法院三級法院，司法制度正式與西方近代的理念接軌。法院內重要職銜「判官」（即法官）、「檢察官」、「書記」，也同時確定。同時間在日本

本土，法院稱「裁判所」，法官稱「判事」，檢察官稱「檢事」，台灣總督府選用「法院」兩字並非獨創新立。在此之前，日本已有「臨時法院」與「高等法院」，此高等法院係一八八三年為審理自由黨員陰謀顛覆政府的「福島事件」，而開始運作。戰後，台灣由國民政府接收，法院仍稱法院，非因國民黨政府入境隨俗，而是恰巧中國的司法制度也襲自歐陸與日本，中國也稱「法院」之故。

日本在台灣的司法構造，已經迫使這個社會向西化大轉彎。中國律法與西方近代法制有許多根本不同，當透過日本統治的手，導入西方法制觀念以後，台灣人的司法生活變得極為不同，不用再進衙門去屈膝跪地外，也一改衙門統包調查、審理與論罪的制度，開始設有檢察官。

刑事之外，清代所執行的傳統中國律法，並

沒有現代「民事法」的概念。近代民事法規範個人之間的戶、婚、田、錢等方面的權利義務，清代法律卻是用一部大刑法來包住人民私法間的關係，像欠錢不還這種事，官大人除了有權命令還債，還可依拖欠時間長短和金額大小來杖打債務人屁股以示懲罰。

另外，日治初期就有發現，許多台灣人誤以為給辯護士費（律師費）是要去賄賂法官。會發這種疑問，或許從落腳台南的西班牙神父良方濟一八六七年的書信，可瞭解文化上的背景；「坦白說，這裡的統治者只對錢有興趣，只想如何讓口袋裝滿銀子，快點致富。老百姓都知道，沒錢當後盾，向衙官控訴是沒用的。即使有錢，也不一定保證收到效果，因為官員常常收了錢，卻不幫原告。所以，民眾如果受侵害，並不找官員幫忙，而是私下報仇，私刑懲治仇家。在這今天的司法院大廈，戰前屬高等法院和臺北地方法院。

裡，本地人和客家人常有械鬥，也就可想而知了。」

有近代西方模式的法院，自然有律師，對現代人是何等正常的事；就如同我們不會去疑惑或驚奇橘子長在樹上一樣。對一百年前台灣土地上的人民來說，日本帶進來的「辯護士」，卻是一個全新而難解的職業。

日本本土先前有人西遊歸來，把律師這個新奇的職種翻譯為「代言師」及「代言人」，但一八九三年頒布「辯護士法」，辯護士之名經官方確定後，便沿用至今。台灣於一九〇〇年初發布「臺灣辯護士規則」，之前已有日本籍律師登台營業。《始政五十年臺灣草創史》記載最初佔領台灣時，主要來台人士名單中，與首任總督樺山資紀同一天抵達台灣的少數人中，就有第一位來自熊本的辯護士山移定政。

依台大法律系教授王泰升所著《台灣日治時期的司法改革》，五十年治台之間，歷年辯護士的人數，最多不曾超過一百七十七人。而一九二一年以前，則沒有一位台籍辯護士在台開業。不過，台灣社會似乎逐漸瞭解辯護士的角色，地位也很高。

陳逸松（一九〇七年生，當選過日本時代台北市會議員，戰後曾任國府考試委員、中國中共政協常委）的回憶錄說，他成為宜蘭第一個東京帝大畢業，又考取司法科高考的辯護士。一九三二年返抵家鄉時，羅東車站「鑼鼓喧天」，連羅東街長（相當現在的鎮長）都出迎，「地方上也連續演了三、四台戲」慶祝，「好不風光」。足見辯護士受台灣人尊崇的程度。

台灣史民間學者莊永明寫台灣第一位法學博士葉清耀傳略，也提到一九一八年，葉清耀成為辯護士，「消息傳回鄉梓，東勢父老敲鑼打鼓，沿街鳴炮慶祝。」到一九三五年地方議會選舉後，留日法科出身者已成為議會中堅，辯護士的社會菁英地位也告確立。

法院內部除了法官、律師等人員外，硬體方面有進行審理用的各個「法庭」。據日本學者研究，「法庭」和「法律」、「抗議」、「投票」等數百個中文常用詞彙一樣，原是日本移植西方文明，翻譯得到的漢字日語，後來被中文直接借用。

近年遇重大政治爭議的訴訟，往往吸引異見雙方人馬搶進旁聽。日治時期亦有法庭旁聽，但略有不同。

一九二三年底，總督府對抗日份子進行全島大搜捕，一天搜查、扣押、傳訊共九十九人，大多數是醫生、律師等社會菁英。吳三連、蔡培火等人合著的《臺灣近代民族運動史》指這樁「治警事件」，搜索規模之大與範圍之廣，可說是日本半世紀統治期間「空前絕後的大事件」。最後有蔣渭水醫師、蔡培火（戰後曾任行政院政務委員）、陳逢源（戰後曾任省議員、台北一九〇六年，一獲判無罪的當事人登報向辯護律師致謝。

企銀董事長）等十四人被起訴。

一九二四年七月二十五日第一次開庭時，吸引民眾一如今日，《臺灣近代民族運動史》書上說，當天上午九點開庭，法院為限制人數，決定發售一張一角的門票三百張，清晨五點就有人開始在售票窗口鵠候，上午七時開賣，十幾分鐘的光景，票就銷售一空，向隅者把庭外擠得水泄不通。當年政府低階公務員月薪十幾圓，據稱「就很好過了」，一角的旁聽費大約有現在好幾百元的價值。

八十年前，法庭曾像戲院一樣賣票，以今天的眼睛來看，誠然匪夷所思。不過，八十年前，本案日本籍法官已然洞見，如果判決有罪，罪刑不重，被告卻會變成民眾的英雄。現在聽起來，仍能教人頻頻點頭。法院成為人民英雄的製作所，古今似乎沒有大不同。

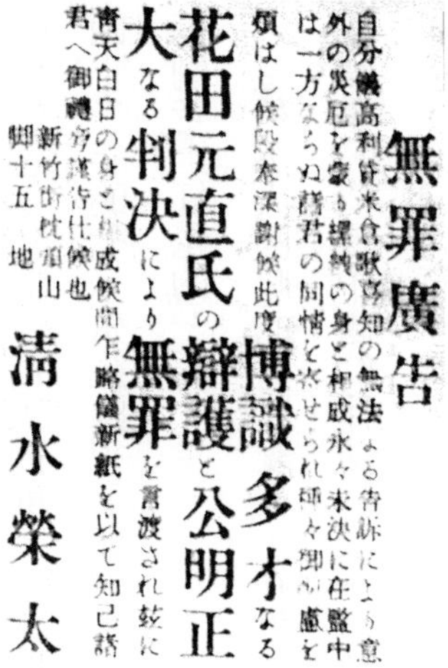
無罪廣告

自分儀高利貸米倉歌喜知の無法よる告訴により意外の災厄を蒙り縲紲の身と相成永々未決に在監中は一方ならぬ諸君の同情を寄せられ種々御配慮を煩はし候段奉深謝候此度博識多才なる花田元直氏の辯護と公明正大なる判決により無罪を言渡され茲に青天白日の身と相成候間乍略儀新紙を以て知己諸君へ御禮旁謹告仕候也

新竹街枕頭山脚十五地

清水榮太

監獄

二〇〇四年七夕情人節前，台灣的媒體選了美國一則新聞應景。有位被關四十二年的七十六歲囚犯無罪獲釋，他六十五歲的愛人等待四十二年，終於等到走上紅毯的一天。

這種感人肺腑的監獄愛情，在近代中國和台灣是不可能發生的。最根本的原因是，清代中國的律法缺乏「有期徒刑」這種東西。犯了罪，觸了法，官衙給的處罰只有「五刑」——死、流、徒、杖、笞（鞭刑）。死、杖和笞刑都是就地執行的處罰，流和徒是把罪犯遷往蠻荒僻地，全不需要監獄。關個十年、二十年，痴心等待愛人歸來的故事，缺乏「監獄」這項背景道具。

雖說如此，清代還是有「監獄」的設置和場所，像嘉義縣署的大堂左後方就設「監獄」。但此監獄非現代意義下的監獄，而接近現在的「看守所」，只短暫拘禁尚未判決的犯人，以及等待執行死刑或等待流放的犯人而已。

清代監獄品質為何？雖沒有文獻資料述明，但研究者認為，可想而知。清末湖南巡撫端方的奏摺就說該地牢房「黑暗閉塞不通光氣，監管各犯蜷伏蝟縮，或罹疾病，情形可憐。」在台灣，連掏錢投住的客棧都有豬雞同宿，拘禁作奸犯科壞蛋的監獄，能好到哪裡去？

一八九五年台灣割讓給日本，由於日本西化已經超過二十年，在法制上，台灣即隨著日本從東方體制轉換為西方體制，當然也把現代觀念的監獄引進台灣。

日本在一八七二年（明治五年）開始有「懲役法」，懲役就是有期徒刑，原本鞭十下的，改罰關十天，鞭二十下的，關二十天。一八九五年六月佔台開始，日本首先導入「懲役」。但剛接政權，兵荒馬亂，各地還有民兵抵抗接收，尚未興建監獄，臨時法院宣判有期徒刑的犯人，就暫時關進憲兵隊或警察署的留置場。所謂「留置場」，其實是臨時徵用清代遺留的官衙、廟宇或倉庫。隔年二月十六日，台灣第一個有近代刑罰觀念的「臺北監獄」才開始運作。

在硬體上，此時的臺北監獄只是整修改裝清廷留下的官衙而成，簡陋得常有越獄逃亡與囚犯病死情事。一八九九年起，總督府開始建造臺北、臺中和臺南三所新式監獄。依日本人井出季和太所著《臺灣治績志》指出，這批新監獄「依照歐美最新式設計，監房的配置排成扇面形。」

監獄的內在軟體則填入異於清代的現代刑罰觀念。中國傳統的刑罰目的在於懲罰與報復，殺人的就該被殺，偷燒擄掠，就該杖打鞭笞，用更明白的話說，就是「活該」。但近代的西方刑罰觀念重視罪犯的再生，期待出獄後，不再淪落，有益於社會。日本時代的監獄就設有教誨師，在牢裡勸說感化受刑人。只不過，《臺灣治績志》說，初期日籍教誨師和台籍犯人言語不通，

臺北北署（臺北兩大警局之一）內的「監房」，已有自來水和水龍頭等設備。

不能直接達意，效果有限。

監獄開窗戶，看似微不足道的舉動，卻是重視人權、把人當人看的重要一步。傳統中國的牢獄都是「暗無天日」，不開窗戶，空氣不流通，放任犯人自生自滅。日治時期的監獄除了開窗，衛生方面的新做法，還包括「便所便桶每日清掃兩次以上」、「禁飲用生水」、「食器、服裝、寢具等，每日曬太陽，又行蒸氣消毒」等等。《臺灣治績志》指出，一八九七年，監犯死亡率高達百分之四十七，一九〇二年降到百分之三，隔年再降到百分之二。

日治時代的台灣，監獄另一個全新的變化是獄內設有醫生。一九〇一年起開始設監獄專任醫師。三大監獄，臺北監獄設五位醫生，臺中三位，臺南四位。

張秀哲（一九〇五年生，東京帝大大學院畢業，曾因在中國從事抗日活動，而在台北入獄兩年。另名張月澄）在回憶錄《『勿忘台灣』落花夢》裡以略帶戲謔的筆調說，臺北監獄內有診療所，有一日籍老醫師看病，但是要預約。「每日於上午，須豫先要對看守大人報告申請，無事稱病求醫者也可以，你說頭痛就給你『頭痛粉』，你說傷風，也就給你ASPIRIN！你說肚皮痛！他就給你消化藥！一切有求必應，都任你指症投藥為常。我們在獄中常常故意『無病稱病』，因為這可以得多一次出去外面散步十數分鐘的機會！」

張秀哲還寫下十二項「入獄須知」，仔細說明獄內各種作息與運作，可以

清楚看見一九二〇年代後期的臺灣獄政。

依其描述，監獄分「未決犯」（尚未宣判者）的獨房和已決犯的牢房。未決獨房裡，有現代化的電燈、便所和水龍頭，隨時可用水。未決犯的衣食是自由的，可以穿家人送來的任何衣服。張秀哲就曾故意穿中國式長衫，以示不屈。有錢的未決犯，吃飯則可以叫外送，這種外送餐館，日語稱「差入屋」，食前需受獄卒檢查。

台灣知名的醫生文學家賴和在其《獄中日記》，就記有由彰化「芳乃亭」餐館送來各種食物；壽司、蓋飯、烏龍麵，還送茶，也有香蕉、蜜柑等水果。當然，沒錢或不願叫外送，監獄會提供粗飯。抗日領袖人物蔣渭水醫生，就在《獄中隨筆》說他吃的是「下等的糙米」。但他仍自我奮勵說，「總是比南部勞苦農胞專喫蕃薯米，還好些。……連飯中的小日本佔台初期抗日行動四起，圖為從臺南監獄押送抗日嫌犯到法院。

石，也一併吞下，文信國（按指文天祥）以鼎鑊甘如貽，石頭何嘗不是營養品呢。」

張秀哲的入獄須知還指出，凡第一次入獄者，都要用黑油打手印，留下十指指紋。日本是在明治末年引入德國指紋法，一九〇八年十月十六日，全國開始實施受刑人按捺指紋。

日本讓台灣的監獄制度脫胎換骨，走向現代化，諸如早在一九二四年，新竹就建有專門收容少年的監獄。

然而，獄內執行面仍有許多黑暗，也是不爭的事實。張秀哲就說，日本獄吏對某些被告「要打就打」，有時不用手掌，拿木板「兇暴打著獄房人的耳光」，這一打，「鼻血馬上奔流」。一九四一年被控叛亂、判處無期徒刑的歐清石律師，曾寫一首七言律詩「獄中吟」，後四句指出獄中刑求的把戲，有「灌水」、「龍蝦綑」（像龍蝦一樣綁起來）、「挾指」，還有吊起來像「飛機」、爬在地上如「豹虎行」。如此酷刑，歐清石說，「十八機械均受遍　嗚呼我幾喪殘生」。

要在監獄找到美事，誠為難事。就好似由書冊資料讀起來，日本時代的監獄好像很衛生整潔，但賴和的《獄中日記》仍透露，「覺得后頭部痒痒、在枕上見到臭蟲一隻。」

選舉

歷來「中華民國選舉史」都從民國元年講到現代，日治時代下的台灣選舉史彷彿歷史海上的孤島，很自然的被視而不見或當作不存在。事實上，日本統治時期，台灣人已有多次選舉投票經驗。

一九三五年十一月二十二日，台灣進行有史以來第一次投票，當年報紙書籍均稱此次為台灣的「處女選舉」。台北霪雨霏霏，其他各地則晴朗無雨。早上五點就有選民到場，七點一到，全島開始投票。據報載，宜蘭羅東且「以煙火二發為號開始投票」。新店有七十五歲老翁坐轎前往，中風的選民也抱病投下神聖的一票，和當前的選舉熱況古今一同。

投票現場，選民確認身分後，承辦官員發給一張「投票用紙」，等於是今天的選票，但是與現代選票不同，投票用紙上沒有印刷候選人名單及候選號碼，更沒有照片，選民必須事前就記住理想候選人的名字，自己親手寫下候選人的名字。候選人有台灣人，也有日本人，填寫名字時，寫的是漢字或依姓名的日文發音，寫下平假名或片假名，只要可以辨識何人，有效票均從寬認定，即使寫錯別字亦無妨。

投票間的佈置，以台北為例，用木板隔離成十幾個投票間，左右相鄰的選民無法相互窺視，符合秘密投票的基本要求。裡面放置毛筆和墨汁，選民寫下候選人名字後，就出來擲入投票箱。

台灣第一次選舉，報紙發出號外，公布部份選區的投票結果。

臺灣日日新報 號外

初選擧の開票終る

臺北市會議員當選者

最高點は蔡式穀氏

臺灣最初の總選擧中、市部にて二十二日夜中に開票したものは、新竹、臺中、彰化、屏東の四市であり殘る、臺北、基隆、嘉義、臺南、高雄の五市は何れも廿三日開票を見た右の內臺北市の開票は午後八時五十分を以て終了、次の如き結果を得た

臺北市（定員十八名）

蔡式穀	一、二四五票
唐澤信夫	一、一一三票
安田勝次郎	九八九票
陳逸松	八八九票
古川二郎	八三六票
松田繁義	八一九票
西川純	七九九票
鈴木讓三郎	七六一票
佐藤龜久次	七〇二票
飯田清	六六二票
楊海盛	六四八票
瀨戶山兼斌	六三八票
菱村彥十郎	六二一票
岩田此一	六〇五票
堀田眞猿	五二〇票
劉天祿	五〇七票
周宗源	四七八票

松田繁義　鈴木讓三郎　佐藤龜久治　飯田清　瀨戶山兼斌　菱村彥十郎

基隆市議當選者

基隆市の開票は二十三日午後六時[illegible]分終了したがその結果は次の如くである

基隆市（定員十四名）

汪榮振	四三五票
關本諄一郎	三五七票
林藤二	三〇三票
宇田繁	三〇一票
居川榮世	二九一票
森山藤七	二八四票
田尻信次	二七五票
邱德金	二五四票
陳漢周	二五二票
蔡星穀	二一五票
顏窓吟	一九六票
河合莊太郎	一九五票
猪俣敬藏	一九四票
葉松濤	一九一票
河井泉平（次點）	一七八票

陳漢周　蔡星穀　顏窓吟　河合莊太郎　猪俣敬藏

本號外は再錄せず

全島の九十[illegible]

各州別成績

市丑の總選擧に於ける投票者及無效投票は左の如くである

市別	有權者數	投[illegible]
臺北市	[illegible]	[illegible]
基隆市	[illegible]	[illegible]
新竹市	[illegible]	[illegible]
臺中市	[illegible]	[illegible]
彰化市	[illegible]	[illegible]
嘉義市	[illegible]	[illegible]
臺南市	[illegible]	[illegible]
高雄市	[illegible]	[illegible]
屏東市	[illegible]	[illegible]
計	[illegible]	[illegible]

以今天的眼光來看，這場選舉最不可思議的是選民資格的限制。除了滿二十五歲的年齡限制和住滿六個月的居住事實外，還必須是年繳稅額五圓的男子。如此排除女性和經濟弱勢者，造成當年四百多萬人口的台灣，適格台籍選民僅有兩萬八千人。

和世界各國比起來，紐西蘭的女性早於一八九三年擁有投票權，傲視全球。歐洲最早取得婦女投票權的芬蘭，時間早在一九〇六年。台灣遲至一九三五年都未能取得女性投票權，政治發展實在太晚太慢。但比之瑞士婦女，一九七一年才能走進投票所，又稍可安慰。

這場台灣第一屆市會及街庄協議會員選舉，因為選舉權人少，當選得票數隨之稀少，今天看來，規模還不及大學選舉學生會會長或主席，而似乎與小學自治市長選舉差不多。拿台北市會議員當選人最高票的台灣人蔡式穀來說，才一千兩百四十五票，高雄市的台籍最高票楊金虎，才得四百一十七票。

但回顧他們的競選活動，激烈的情形則不輸後來。在台北市拿台灣人第二高票的陳逸松（一九〇七年生，戰後曾任考試委員及中國人大常委）在回憶錄中指出，公開活動十幾天，他競選的主策略是政見演說。他接連在市內各地，每天演講兩、三場，每場兩、三小時，十幾天下來，講了三、四十場，

一九三五年十一月，隨著開辦議員選舉，報上出現諷刺政客的漫畫。
選舉前「請惠賜乾淨的一票！」
選舉後「恭喜當選！」
「哪裡哪裡，不值一提！」

那時沒有麥克風，講演要用盡力氣，聲音都啞了。

陳逸松本職律師，但雅好藝文，文化界朋友很多，他一參選，有的幫他編競選歌曲，有的組樂隊。其他候選人的競選招數，有的到處豎立招牌，有的發傳單和小冊子，有的一步一腳印，挨家挨戶去做家庭訪問，和現在的方式沒有不同，陳逸松形容此次選戰招數「不一而足，奇招盡出」。

居選舉尾聲的開票，情況大大超乎現在的理解。二十二日選舉當天，投票時間至午後六點為止，有的地區接著晚間七點就開票，但也有地區投票箱收一收，大家就各自回家休息了，隔天才開票。而且隔天開票速度緩慢，從上午八點進行到下午五點，仍未能開完。台灣近幾十年的開票似乎從未中場休息，但七十年前的開票，選務人員中午因用餐而停歇過。

台灣第一次的這場選舉，事後的評價好壞都有。好者集中於選風純淨。壞者則在於選舉結構仍不民主。

楊肇嘉（一八九二年生，曾任台灣省民政廳長）是日治時代爭取台灣人民權的領

選務人員扛起木造的投票櫃。

袖人物，曾任「台灣地方自治聯盟」常務理事。他認為這次選舉「成功」，令人欣慰。陳逸松則用「庶幾接近選賢與能的目標」來總評這次選舉。

楊肇嘉說，「好人」樂意出頭，出馬競選，「候選人以及其運動員（按，指助選員）絕無宴客或賄選情事發生。選民投票是自由而祕密的，投票所的主任是坐在高處踞上臨下來監督。」

陳逸松也特別提到「禁止面接」的規定。官方要求選舉活動期間，候選人不得單獨與選民當面接觸交談。到投票日，投票所外兩百公尺以內，不准候選人及助選員和選民寒暄拉票。陳逸松還說，「總督府確實想把台灣第一次選舉辦好」，「做了很多準備」，包括給文盲特別講習訓練，讓他們能把候選人名字正確寫在選票上，行使神聖的投票權。整場選舉選風乾淨，全台投票率高達九成以上，更為大家津津樂道。

不過這場選舉背後，基本上仍充斥對殖民地的不公平對待。小者諸如競選演講必須用日語發表，大焉者，台灣人是可以選自己的議會員，但只能選一半名額，另一半議員仍由官方指派。此外，由於限制選民資格，造成在台二十萬日本人，有三萬選舉權人，四百萬台灣人卻不到三萬選民的不公平現象。

蔡培火等人所著《臺灣近代民族運動史》指出，台灣人持續推動地方自治，要求民選議員，組織台灣議會，但日本一直反對實施。理由有幾個，台灣人還沒充分同化為日本人，日本語尚未普及，此其一。國民教育未普及，其二。第三點，在台日本人數不及台灣人的二十分之一，一旦選舉，台灣人議員多過日本人，對日本利益有損。最後一種意見認為台灣人有強烈民族意識，一旦自治，日、台人關係更不融洽。

處在被殖民者的卑微地位，那些意見像是大片烏雲，遮蔽了光明的天空。台灣人只能咬緊牙，不斷以柔性的演講方式，宣揚自治的理念，做長時間的抗爭。然而如此謙卑的抗爭，日本官方仍嚴厲刁難。曾經演說會場出現「改革曙光已現　總督公約一言重比九鼎　實施日期未明　島民心事片刻長似三秋」的標語，隨即被警察撤掉，可見當年台灣人爭取民權有多艱難。

困難終於突破，台灣人終於可以投票選自己的民意代表，大家都油然而生一定要辦好選舉的心情。楊肇嘉這位推動自治的領袖總結台灣第一次選舉的感想指出，「我們為臺灣人民、臺灣社會，創造了新的環境，開展了好的風氣。」

第五部

交通工具

汽車

影像上可以看見的最早輸入台灣的汽車。時為一九一四、一五年間。

一九〇〇年，移居美國舊金山的日本人，送了一部新奇時髦的汽車祝賀皇太子大婚。宮內省一試，結果車子煞不住，一頭栽進皇居的濠溝裡。日本歷史上的第一部汽車最終因潛在的危險，被鎖進倉庫陪蚊子。

台灣的第一部汽車，也有戲劇化的一生。

一九一二那一年年末，台北街道出現了第一部汽車。不像日本，車主是尊貴的王子，台灣史上第一位車主是當時知名旅館「日の丸館」的經營者杉森與吉。杉森很早就移住台灣，依《始政五十年台灣草創史》一書記載，一八九五年六月十七日，日本開始統治台灣，七月七日杉森就來台北了（按，同書別處另記作九月十二日）。他在離臺北火車站不遠的北門街（今博愛路、開封街一帶）經營旅店，和「朝陽號」並稱當時最好的兩家旅館。杉森買進汽車，一方面自家使用，也拿來迎送客人。

這部車在臺北街頭拉風了兩年，一九一四年（大正三年）十一月七日凌晨三點二十分，突然就從杉森的「日の丸館」起火，西風助長火勢，延燒兩個小時，附近八十六戶燒毀，隔天報紙標題寫著「領臺以來の大火」。台灣有史以來第一部汽車，就在史上大火裡，燒得只剩骨架。後來，車子的骸骨捐給工業學校作為輔助教學之用。結局似乎比日本的第一部車更加慘烈。

從一九三二年（昭和七年）創刊的雜誌「臺灣自動車界」的照片看，一九

右：台灣第一位車主杉森與吉是個旅館老闆。
左：高松豐次郎最早讓汽車商用化，並從東京聘來專業的駕駛。

一四、一五年左右台灣的汽車，跟現代房車的形體截然不同。外觀上類似西方的馬車，還沒有車門的裝置，但前頭已有兩枚圓圓的瓦斯頭燈。杉森的車子應該與之相去無多。

第一部走了，當時還有另一部汽車。「臺灣自動車界」（自動車即日文的汽車）裡有篇文章〈臺灣自動車發達史〉指出，一九一三年間，台灣還沒有哪個官廳有車，總督佐久間左馬太倒有一部自家使用。後來轉給鐵道飯店，仿照「日の丸館」的作法，拿來服務下榻的旅客。

隔一年，也就是一九一四年，知名劇院「朝日座」的專務（總經理）高松豐次郎一口氣從日本進口五部汽車，做起租車生意，固定載客往返台北和北投之間。這是台灣營業車的第一頁。

該文還說，那年頭是腳踏車和人力車盛行的時代，汽車被視為藍血貴族階級的專有物。高松豐次郎的創舉，時機上嫌早些，經營一年多，就關門大吉了。

「日の丸館」的第一部車由誰來開，無法得知，但高松豐次郎為了做生意，從東京聘來兩位「運轉手」（汽車駕駛）。駕駛的名字被清楚被記錄下來，一個叫「和田源治郎」，後來返回東京。另一個「小花安三郎」則繼續留在台灣，離開租用汽車公司後，改任鐵道飯店的司機。

下：車商橋口商店既賣道奇汽車，也代理固特異輪胎。

左上：美國汽車工業龍頭福特最早製造的汽車。
左下：一九三四年型雪佛蘭在台北的新車發表會。

一九一六年以前，台灣全島擁有的汽車數量，用一雙手就可以數完了。但這一年四月總督府大張旗鼓舉辦的「臺灣勸業共進會」，給自動車的發展注入新的契機。由於是商業大會，一些總公司在日本的店號，紛紛從日本內地運來汽車以壯聲勢。一時間，台北變出二十幾部邊跑邊發爆破噪音的汽車奔馳。從此以後，台灣社會對現代汽車有更多認識，車輛愈來愈多，用途也愈來愈多元。到一九二五年，昭和年代開始，短短十年，台灣的汽車界已經非常熱鬧。

由現存昭和七年到十二年的幾十本汽車專門雜誌「臺灣自動車界」來看，台灣當時的車業頗為繁榮。有許多車店，販賣各廠牌知名汽車，跟現在的光景沒有太大差別。車店外排著成堆的新車；新年度的新款汽車到台灣，會舉辦所謂的新車發表會。單台北專門的車公司就達九家，販賣的廠牌眾多，有雪佛蘭、奧斯摩比、龐帝克、別克、福特、樸利茅斯（Plymouth）、克萊斯勒、道奇、凱迪拉克，全為美國廠牌汽車。

汽車可能是當時最貴的動產，以福特一九三二年出產的名款V8型來說，號

完全な近代流線型大衆車

シボレー・デラツクス・セダン

スマートな流線美、ゆつたりした車室、爽快な乘心地、そして絕對に安全な超油壓式ブレーキ、成程タクシーの人氣がシボレーに集注されるのは尤もな話です。それに、強くて然かもガソリン經濟なら名實共に世界一の頭上弁式エンヂンや、耐久無比のボデーやシャシー廻りでシボレーはきつとお金を儲けさせます。シボレーが世界一の販賣高を毎年續けてゐるのも尤もすぎる話であります。」

CHEVROLET

シボレー特約販賣店

南邦自動車株式會社
臺北市表町一丁目
電話334・834番

東洋商會
臺中市榮町四丁目二七
電話1028番

合資會社 山田商店
臺南市大宮町一丁目
電話66・242番

日本ゼネラル・モータース株式會社

右：一九三六年雪佛蘭在報上刊登的廣告。

左：代理福特汽車的日本自動車會社臺北出張所。屋內展示車的牌子寫著「試運轉車」。

稱一罐汽油可以跑八十到八十五哩，全車安裝玻璃，標準型的價格是四千三百七十五圓。這個金額之大，必須比對當時的所得。大學生在那時非常稀罕，畢業初期的月薪是普通上班族的兩、三倍，也只有六十圓。換言之，也要傾其六年的薪水，才買得到美國進口轎車。

若不買高級進口車，也有較便宜的選擇，雖然對普通人家仍是天價。日本戰前已能自產汽車，對台灣而言，就是所謂的「國產車」。以一九三五年「日產自動車株式會社」生產的DATSUN來看，三種等級，價位在一千八百五十圓到兩千圓之間。

所有的貴重物品，鑽石、鋼琴或汽車，價格永遠只會為難中下階層。日治時期的幾個台籍大戶人家，板橋林家、霧峰林家都有闊氣少爺買轎車。高雄陳家年輕的第二代陳啟川（戰後曾任高雄市長）就買了克萊斯勒，汽車雜誌曾刊登他站在自家門前和愛車的合照，並稱他是「頂尖車主」。

以前的車牌隨便車主掛車頭任何位置，有的放左，有的放右。車牌上面，只寫地區和編號「北×××」、「中×××」、「東×××」。從昭和七年到十二年的「臺灣自動車界」雜誌，可以陸續看見北區（含宜蘭）車號從「北187」，累積到「北1504」。

下：高雄豪族陳家的陳啟川，一派名士作風，打高爾夫，也玩車，戰前買過克萊斯勒汽車。
左：大礦主後宮信太郎和他新購的別克車。

這麼多的車對一九三〇年代、有二十五萬人的台北，開始有建立交通秩序的必要。除了街頭出現交通警察指揮車輛外，一九三一年，台灣交通史上的第一次「交通安全週」也於九月十日展開，全面灌輸現代社會基本的交通規範。宣導重點從最基本的「左側通行」開始。為此，台北幾十個重要地點放置看板，寫著「交通安全左側通行」。一些交通標語也出爐了，像是提醒駕駛人「左小迴り右大迴り」（左轉小彎右轉大彎）以及「左極樂右地獄」。還有放宣導電影、發下一萬五千枝小旗給小學生等等。

昭和初年，開車不再是買了就上，必須通過考試。方式跟戰後大同小異，一樣有實地試驗、學科試驗和身體檢查三項。台北的路考就在圓山運動場的操場。學科考試部分，除了駕駛專門知識，還考「地理及常識」，題目像是內閣總理大臣是誰、臺中州警務部長是誰、解釋甚麼叫「赤化」。

通過考試的不只日本人，也有台灣人；不只男人，也有女人。很難想像，

今年快一百歲的台灣女性，曾經七、八十年前，就會握方向盤。而且她們不是千金小姐，玩車兜風，相反的，她們以開公車、卡車為業。新竹的田英妹、宜蘭的詹盡、松山的林阿苓，她們敢於先行，挑戰社會既有風氣，難怪當時充滿陽剛味的汽車雜誌，都迫不及待專題報導她們的故事。

上：以前柏油路不普遍，部分地方政府購置撒水車。
下：日本時代台北已有公車直上草山（陽明山），載客去泡溫泉。

馬路

每天分分秒秒踩著馬路，我們大概已忘記，「路」並非天生長那個樣子；現代的馬路是人們在大自然臉上的強行創作。

一百多年前，台灣的路多半是人走出來的。清廷治台快兩百年，雖把這些腳踩出來的路，修闢成所謂的南北官道，但是，不外乎泥路小徑，遇雨難行。台北和台南有舖石子的街道，但並不是以現代道路的工法鋪設。一八七六年，一位名叫柯勒的英國商人在《福爾摩沙紀行》遊記中說，在今台南縣的農村，大水牛拉著兩個大木輪牛車，「在狹窄的鄉間路上……，轎子或其他車輛無法並肩擦身。」

一八九五年日本開始統治台灣，當年十月，首任總督樺山資紀南巡視察，對台南市街也曾描述說，不規則而狹窄，且不像台北市街商店前有亭仔腳（即騎樓），「所以若遇一匹馱馬，非側身閃避不可，實不能自由往來。」當時的道路情況增加了人際往來的困難。中部士紳傅錫祺於一九三〇年代寫他住豐原潭子，朋友住在台中的樹子腳，「相距十餘臺里耳，然在四、五十年前，交通未便，不易相聞問也。」

時代進入日治後，馬路有了現代化的契機。在市區道路方面，首先就讓馬路有排水溝，以改善衛生。像是一九〇一年，為了拓修道路，拆除新竹城門和城牆後，原來的城濠改建為排水溝。

上：綠蔭大道搭配歐式建築，三線道成為摩登台北的標記。
下：三線道上曾有路跑十圈比賽。

最具現代意義道路的台北「三線道」，也從一八九八年開始動工，拆除舊有的台北城，就地拓寬闢建。當時的城牆不是薄薄一片，台北城牆厚四公尺，闢成的三線道當然又遠寬過四公尺。三線道隨城而呈四方形，等於今天台北總統府外圍的中山南路、愛國西路、中華路和忠孝西路的總合。

三線道的現代意義主要在於仿自西歐。十九世紀下半葉起，西方大城市受巴黎的影響，城市裡必備林蔭大道。三線道便是彰顯台北現代感的第一條林蔭大道；以兩列三公尺寬的綠帶，隔出三條分道，中央為車行馬路，兩旁才是人行步道。日籍文人曾描寫過在三線道散步的景致：「夜晚，三線道上的水銀燈漂亮異常，路邊的椰子樹上，懸掛著亞熱帶的大月亮。」幾句描述已說明三線道除了綠色分隔島，還包含了街燈、行道樹等現代道路外觀上的基本元素。

至於現代道路的內在結構，台灣在日治期間也追上時代腳步。現代

上：三線道即今台北市中山南路、愛國西路、中華路和忠孝西路的總和。
下：敕使街道即今台北市的中山北路，是日初具代表性的礫石路。

道路的造法，十九世紀時興碎石路。路基做成拱狀，用泥土壓砸密實，上面再鋪兩層厚十公分的石子。最後覆蓋小卵石，來往馬車會自然把小礫石碾碎，讓道路表面質地更細。

這樣的礫石路，日治初期以「敕使街道」最具代表性。一九〇一年，日本人把劍潭的古寺遷走，原地興建臺灣神社，就在今天圓山飯店現址。一九二三年，日本皇太子裕仁到台灣巡訪，隔年，他的弟弟秩父宮也遊訪台灣，接著皇室成員訪台的隊伍沒有斷過。他們從基隆登岸，坐火車進台北之後，最重要的禮儀就是從臺北火車站出發，沿今天的中山北路，走到臺灣神社祭拜。由於這條參拜道有皇太子等皇族走過，所以多被稱為「敕使街道」。

敕使街道上同樣裝設路燈，兩旁還植相思樹，也成為台北最有看頭的市街之一。一九三八、三九年前後，加種一百七十二株樟樹和楓香樹，至今還為中山北路添增風情。

到了二十世紀，世界大城市的道路築法推進到以柏油為主流。柏油最早用於道路是一八二四年的事。鋪設柏油路，路基要先設一層礫石，而後一層混凝土，再一層柏油，最後以瀝青壓平路面。柏油路普遍化的速度遲緩，一八七二年，紐約的第五街才鋪上柏油。

台灣的柏油路在日治時代的一九三〇年代已經普遍可見。交通部運輸研究上：台北市北署一位姓「澤野」的交通專務巡查（交通警察）正在太平町二丁目路口值勤。
下：台北市南署的交通警察。

所陳俊編寫的《臺灣道路發展史》，曾詳列日治時期鋪柏油或混凝土的高級路面；若不計算較繁華市區的部分，全台灣築有四百八十六公里的高級馬路，西岸各地都有。即使像雲林縣西螺到莿桐，或高雄縣的鳳山到大寮這種鄉間道路，也有柏油路的蹤影。東半部地區，宜蘭蘇澳有一段，花蓮和台東則還沒有柏油路面。

台灣近代的馬路上，地鋪柏油或小礫石，旁有樹有燈，路面上走的當然不外乎人和車。但那時候的走法跟現在完全不同。現在台灣人車都靠右行駛，日本時代卻是靠左走。據石井研堂的《明治事物起原》，日本防人車雜沓危險而規定靠左行走，已是大正年代（一九一二年起）以後的事。但那時候的陸軍隊伍卻靠右整編行進。一直到一九二四年才全國統一，一律靠左走。

據說，靠右行源起歐陸。軍人右手拿矛或劍，左手持盾牌，右行的話，擦身而過時，盾牌相錯，比較不生敵意與衝突。靠左走的起源也在歐洲；騎士習慣由左側上下馬，上馬石自然放置左側路邊，久而久之，騎士也沿左側路邊行進。

台灣於一九三〇年代初期開始宣導人車左行，後來總督府編的《公學校修身書》（類似戰後的公民與道德課程用書），也有課文教育學童「應遵守道路左側通行，車道與人道有所分別的規則。」

大東館

上：台北市榮町一丁目路口（今衡陽街和重慶南路口），可見道路地面的規劃線，行人已有專用道。

下：戰前台灣馬路上常見的交通標誌。中間一個指出「左側通行」，「左轉小彎，右轉大彎」的規則。

台灣道路的發展最奇特的一頁，可能是縱貫公路如何築造完成的歷史。清代台灣西部說是有南北官道，實際上，西岸河川多，阻斷道路，所謂官道其實柔腸寸斷，不能稱為「一」條路。清代台灣的路並沒有「橋」來銜接。日治初期，道路重整拓寬，情況改善，但南北道路仍不相續。終於一九一九年元旦，總督明石元二郎宣布要完成南北縱貫道路。

乍看起來，積極交通建設本是件好事，然而造一座鋼筋鐵橋耗費動輒百萬圓，工程耗費驚人，所以也不知道總督府哪個傢伙出點子，竟然決定強制動員台灣男人去修建馬路，還強行拆屋，進行不樂之捐，強迫民眾無償「獻地」，讓好事憑添各種不同的觀看角度。

楊肇嘉（戰後曾任台灣省民政廳長）當時剛辭公學校教員，縱貫線通過家鄉臺中清水，他在回憶錄說，六十米寬的縱貫道正開始，「當局把土地白白徵用了，卻一文錢都不付，而且無窮盡地動用了不給工錢的保甲工，使這一帶的地主和佃農都受了莫大的損失，有的竟陷入了破產的危機……。」

蔡培火（戰後曾任行政院政務委員）當時曾為文反諷說，台灣人如此順從，日本人簡直比不上，修這條縱貫道路，跟修萬里長城沒兩樣，如果人民沒有怨聲，真是大幸啊！

今天我們再走上這條縱貫線（台一線），若能感受一絲先人一牛車一牛車從溪埔載回砂石的辛勞汗水，或可安慰一點當年前人在這條路上所受的苦。

飛機

一九〇三年十二月十七日是美國萊特兄弟完成人類首飛的日子。雖然他們的「飛行者一號」才飛短短十二秒；雖然國際航空聯合會登記的最早飛航，不是萊特兄弟，而是法國的桑托斯・杜蒙特，駕駛雙翼機「雙14」離地兩公尺飛了六十公尺；雖然有人懷疑萊特兄弟藉海灘斜坡之助起飛，見證人又只有寥寥五人，但這些似乎都無損人類對萊特兄弟駕駛「飛行者一號」，完成古今人類飛行夢想的認定。

一九〇三年，萊特兄弟撕下人類航空歷史的第一頁後，文明世界開始跑出許多所謂載夢的「飛行家」，他們不斷挑戰天空屋頂的高度。世界首飛十一年後，台灣島上空也出現第一架飛機的身影。

原來是有個叫「幾原知重」的日本飛行家，從美國學得一身技藝回東方，來過台灣計畫飛行表演，但回日本不久生病，飛機和計畫給了一樣留美的野島銀藏。一九一四年三月二十一日，有七十二位原住民聞風而下山，蹲在飛機螺旋槳後頭好奇這隻人造大鳥，等野島飛機的發動機運轉，爆炸一般的聲音，捲起激烈的強風，他們趕快轉身跑開，一邊驚叫：「是暴風啊！」

就在今天台北市新店溪旁中華路二段、水源路的南機場，即日本時代的馬場町練兵場，三月二十一日早上十點三十六分，野島銀藏舉起左手，現場三萬多人屏息以待，幾乎忘記要吞口水，七萬隻眼珠聚集在蠢蠢欲動的飛機身上。霎時，野島的助手放開飛機，滑行四十公尺後，喝采聲瞬間直破台北的天際，「萬歲！萬歲！萬歲！」練兵場內外一片像黑白浪花漂蕩，大家不是揮手帕，就是向天空猛揮帽子。

野島銀藏的飛行僅四分鐘，但時間長短無關緊要，跟萊特兄弟的十二秒一樣，依然寫下台灣航空史動人的第一頁。

上：臺北飛行場（今松山機場）於一九三五年九月二十五日正式啟用。圖中左為機場事務所，右為日本航空輸送會社事務所。
下：日本航空輸送會社所屬的「格納庫」（機棚）。

一九三四年七月三十日的新聞漫畫，些許透露人們對搭機的恐懼。
女兒：「爸爸，你拿著我的陽傘做甚麼？」
爸爸：「這個呢……萬一出事，可以逃難用呀！」

為了迎接這歷史性的時刻，當年總督府鐵道部頗有行銷觀念，發行了參觀台灣首飛的八折乘車券。擔心人潮引發人力車哄抬車資，相關部門也限制從台北火車站載客到練兵場的車費在十五錢以下。

多數西方文明傳入台灣的管道是日本向歐美學習，台灣再轉道由日本傳入。台中豐原人謝文達就是在日本千葉縣的伊藤飛行學校學習，成為台灣第一位飛行家。一九二〇年，他在家鄉台中做了「鄉土訪問飛行」。一九二三年，也是台灣知菁士紳組團向帝國議會請願爭取成立台灣議會運動的第三年，謝文達曾飛越東京，灑下幾十萬張宣傳單，東京街頭一時散落「給台灣人議會！」「殖民地總督獨裁主義是立憲國日本的恥辱」的傳單。

日本時代，共出八位台灣籍飛行士，其中排序第五的楊清溪卻教人記憶最深，可能與他返台做飛行表演途中機毀人亡有關。和謝文達因戰受傷，終止飛行生涯比起來，楊清溪劃下的句點更令人多幾分不捨。大概也因此，回顧楊清溪生前種種的文字，遠多過號稱「台灣第一」的謝文達。

照史（與楊清溪的姐夫林東辰熟識。林東辰時為「臺灣日日新報」記者）所著《高雄人物第一輯》指出，一九三三年，楊清溪係向兄長籌款兩千圓，向日本陸軍買偵察機，整修之後取名「高雄號」，是當時全日本民間僅有的六架私人飛機之一。

日本航空輸送會社的客機。

一九三四年十月十七日起，二十六歲的楊清溪開始了他的鄉土訪問飛行。當時人形容飛機沿途所經的地方「無處不是萬人空巷，人人翹首仰望，似乎都有一種難以形容的快樂與鼓舞。」

楊清溪飛行事跡，最讓人回味無窮的倒非旁人種種的追述，而是刊登於報紙「臺灣新民報」的楊清溪手記。楊清溪彷彿給讀者他的眼睛，雖然讀者不能飛登上青天，一樣可以隨他的文字鳥瞰台灣山川大地，周旋於詭譎的雲層之中。楊清溪寫道：「其中最耀眼的還是白得如銀河的淡水河。悠悠的河流，與陸地上的眺望大異其趣。……大臺北很鮮艷，可能是紅磚建築烘托，彷彿一幅西洋畫……。驟然，飛入沉鬱的黑雲裡，伸手不見五指……碰上最險惡的黑暗，只好將機艙關起來，盲人騎瞎馬。」楊清溪從容對應，終於衝向明亮的南台灣天空。台南長榮中學師生在操場排成「祝」字歡迎這位校友，他低空飛過投下花束，差一點撞到竹林。高雄的小學母校數百人聚集，楊清溪說：「成黑色的凝結，揮動小旗，歡迎遊子回來。我想到那裡面有親戚和隔壁流鼻涕的小孩，不禁熱淚盈眶。」

除飛行士外，戰前只有極少數台灣民眾搭乘過飛機，其中台籍貴族院議員許丙的太太葉白曾留下她的搭機感想。依許丙長子許伯埏（一九一九年生）的《回想錄》記載，許丙太太於一九三一年秋天搭上飛機，是因民航機進行

一九三四年「雀號」載七十二人遊覽飛行臺北上空。

營業前測試，招待少數官民試飛遊覽。她飛了短短十分鐘左右，在空中俯瞰，並不感覺恐怖，「房子如火柴盒，人像螞蟻一樣走動。」許伯埏推想，他的母親葉白可能是台灣第一位搭飛機的女性。

中國第一家民營「中國航空公司」，於一九三〇年開始營運，台灣民航則以一九三五年十月八日，日本航空輸送株式會社的「雁號」飛機飛台北福岡線為濫觴。在此前一年的七月二十七日，也有一次盛大的招待遊覽飛行。所招待的七十二位官民，分十三趟搭「雀號」升空。第一批的總督中川健藏，說他是第一次搭飛機。被分在第六批的台籍貴族院議員辜顯榮，應是唯一的台灣人乘客。事後，辜顯榮受訪指出，在飛機上看台北市，好像排列著火柴盒，農田像切塊的豆腐。又說他已經知道坐飛機很安全舒適。以前去日本，要花四天（搭船），坐飛機只需十小時。以後去日本開會，應該改乘飛機。

定期台日航線開始營運後，第一年載客一千兩百一十六人，其中多少台灣人無法辨知。但日治時期，即使富貴家族往返日本，也多只是搭船，搭飛機的少之又少。據報載，一九三七年六月，曾有一位八十歲老太太莊阿隨搭機回台灣。莊阿隨在日治之初，就是女中豪傑，能在屏東家鄉騎馬指揮壯丁。八旬之年敢坐飛機，也不會太令人驚嘆了。

女性首先介入航空業的，不外空中小姐。一九三八年台灣開始有空中小姐，日本時代稱「エア・ガール」，即譯自英文「air girl」的外來語。第一次只招募兩位，要求學歷在高女以上、身高一五六公分以下、父兄同意、未婚、二十歲左右等等條件。最後出線者為兩位北一女畢業的日本女性「波多美智」和「村田千鶴」。

一九四一年日本偷襲珍珠港，太平洋戰爭爆發，台灣的天空開始出現嚇人的美國轟炸機。雖然大人急於躲進防空洞，但是天真無知的小孩依舊看飛機如天上的大鳥一般，興奮得對飛機揮手歡呼。其中隱藏的心情，和十五世紀達文西畫航空器圖沒甚麼不同，和現代派老詩人紀弦寫下「我從小就想飛」也一樣。紀弦在詩的前三句寫著：「我從小就想飛　我從小就想飛　我從小就想飛」。相信百年、千年以後，人類還會執著這個近乎本能的、純真的夢想，繼續飛行。

一九一六年，小學生校外教學，參觀飛機構造並學習飛行的常識。

輪船

蓬萊丸是台灣人最熟悉的台日航線定期客船之一。

快一百年前，台中清水海邊長大的少年說他「對於海是司空見慣的，並不稀罕，可是浮在海上的東西，以前曾經見過的卻只有漁民用來打魚的竹筏而已。」在學校，岡村校長卻跟他說起「輪船」這種新鮮名詞，他很驚疑；「據說輪船比我們的房屋還大，這麼大的東西，怎麼能浮在海上走呢？」有一天，他就要前往東京留學，他將看見校長口中神奇的「輪船」，行前疑惑還在心裡反覆：「這麼大的一座城，怎樣能弄到海裡來呢？」「鐵造的城怎能浮在海上？」

這位清水少年楊肇嘉（一八九二年生，戰後曾任台灣省民政廳長），一九〇八年，在基隆港見到輪船那一天，「巨輪」果真把他「嚇了一大跳」。一九二〇年，輪船依然教宜蘭少年陳逸松（一九〇七年生，日本時代的台北市會員，戰後曾任考試委員）「目瞪口呆，震驚不已」。十三歲第一次看到噴出黑煙的大黑船，才知道船不只有木頭做的，還有鐵皮做的；以前的經驗，只有房子燒了才會冒煙，「沒想到船有煙囪會冒煙」。

十九世紀中期，「輪船」更像巨人了，每次現身都會把東方的國家和人民嚇到。一八五三年，美國的海軍艦隊開進東京灣，強迫日本開放門戶，讓船隻停泊和做生意。熱熱的夏天七月，以蒸汽機為動力的船，逆風直溯東京灣，還有那麼大的黑色鐵皮船殼，叫日本人看得冷汗直流。

上：舊時的高雄港，停泊各類不同的船隻。
下：清日兩代，戎克船一直是台灣最主要的貿易用船。圖背景為臺南運河。

中國的文學大師林語堂（一八九五年生）一生寫過無數英文著作，介紹中國給西方。他在《八十自敘》談到他和西方世界的第二次接觸，媒介就是輪船。「是我在石碼和廈門間的輪船上首度看到蒸汽引擎的運作。我看得入迷，目瞪口呆。後來在學校看到一個活塞引擎的圖解，才完全明白。」

輪船和各國傳統船舶最大不同就是蒸汽引擎。一七八九年，瓦特發明蒸汽機，隨即被運用到各種交通工具上。蒸汽船發展史上關鍵的起步在一八〇七年，美國人建造了最早稱為「蒸汽船」的克雷蒙特號。蒸汽機推動船腰上的輪軸，速度明顯超過傳統帆船。一八五五年，這種一小時走四英里（約六公里半），轉輪在船身兩側的「外輪船」，荷蘭獻了一艘給日本德川幕府，命名為「觀光丸」，成為日本最早的汽船。

清代台灣的茶、糖和米等買賣事業旺盛，溝通有無，船舶是最重要的運輸工具。但不論是來往中國大陸或日本，商人多使用木造帆船載運人貨。有「糖船」、「橫洋船」、「販漕船」，小船則有澎仔、杉板頭等等。

台灣於一八九五年割給日本以前，與汽船的發明與普及已經有段時間距離，岸邊汽船的身影已經不少。依日本人井出季和太所著《臺灣治績志》，一八七七年，就有「菲爾頓」號航行淡水與基隆之間。怡和洋行也有自己的汽船，在台灣南部和東部穿梭。台灣北部長老教會的開創者馬偕牧師，一八七二年三月從打狗（高雄）啟航到淡水，搭的是「海龍號」輪船。一八八五年，也有英國道格拉斯公司開始經營淡水、福州和安平間的輪船載運。

近代台灣史上，汽船最鮮明的身影，應數台灣巡撫唐景崧逃離台灣乘坐的那一艘英籍汽船。

一八九五年，台灣面臨巨變，當五月八日，清、日代表在煙台交換批准書，割台已成不可改變的定局後，在台灣的清廷官僚和士紳商賈，群情激憤。幾次哀哀上告清廷中央，請求勿棄台灣，都沒有下文。於是，自己組成「台灣民主國」，進士丘逢甲帶台北士紳向唐景崧呈獻台灣總統金印和藍地黃清朝代表李經方登上橫濱丸，完成割賠台灣的手續。

虎圖案的國旗。雖然割台之約讓台灣百姓「哭聲震天」，但唐景崧這個總統似乎只是被趕上架的總統而已，沒真心要與民死守台灣土地，抵抗異族新主到最後一兵一卒。才十三天的工夫，就與內務大臣俞明震、軍務大臣李秉瑞「一同潛行至滬尾、藏匿於英商忌利士海運公司、遂在六月四日、趁著黑夜、不顧一切的搭上英輪亞沙號逃回廈門。」（見史明著《台灣人四百年史》），迫使台灣民主國夭折。這艘汽船安全帶走唐景崧，卻留給台灣百姓更大的悲憤。

台灣進入日治，輪船載運也進入大規模、有規律的時期。日治第二年四月，總督府開始給大阪商船株式會社補助金六萬圓，讓它的船定期來往台灣與日本（相對於台灣，稱日本為「內地」，所以此航線稱「內臺航路」）之間，每個月兩次。當時使用的三艘船「須磨丸」、「明石丸」和「舞鶴丸」，噸位都不超過兩千。

後來，船隻愈來愈多，噸位愈來愈大，航線愈來愈密，依一九二五年的資料，台灣的航運已經非常發達。台灣本島有沿岸航路，甲線走東岸，從基隆經蘇澳、花蓮港、新港（台東成功）、台東、火燒島（綠島）、紅頭嶼（蘭嶼）、海口（近屏東車城）到高雄。乙線從基隆，經澎湖馬公，轉到高雄。和日本之間的內臺航路，有橫濱高雄線、那霸基隆線，但以神戶基隆線最一九三七年建造的富士丸有九千一百多噸，可載九百多位乘客。

盛，一個月有十二次往返，每月逢日期有一、四、六、八者，正午從神戶開船，隔天一早到達九州門司，午後四點再離開門司，經兩個半晝夜的時間，清晨駛入基隆港。返航路線則每月逢日期一、三、六、九，午後四點啟航。這條航路幾乎是所有日治時期留日菁英必走之路，留下無數回憶與歷史的特殊海線。

這條航路都用近一萬噸的大輪船，雖然與戰後起碼的五、六萬噸的船比較，無異小巫見大巫，但

台灣中南部多溪流，多用竹筏載運人貨。

當時確實為人們心目中的「巨輪」。最大的叫「蓬萊丸」，有九千五百噸，「扶桑丸」有八千三百多噸。

日本時代在台灣看到的日本輪船，全叫甚麼甚麼丸。據林衡道教授在口述的《臺灣風情》書中說，平安時代（約中國宋代）貴族之子的幼名都叫某某丸。為求航海平安，朝廷賜給官船名字，也都叫某某丸。經查日文字典，刀劍、樂器，乃至狗名，其實也會以「丸」結尾。

林衡道另指出，一等艙吃西餐，二、三等艙吃日本菜。「最不愉快的就是一、二等餐廳座位由船長安排時，日本人排在上坐，台灣人排在下坐。」依一九二五年版的《臺灣之交通》所示，各種船都分三等，一等艙票價幾乎恆為三等的三倍，二等又為三等的兩倍價格。

現在的天空，分分秒秒都有航班，輪船早已追不上飛機的速度。但在那個遙遠的過去，輪船猶如現在的飛機，是被運用得最頻繁的國際交通工具，可以載人到全世界各國。日本時代在台灣搭船，最遠已可到達曼谷、新加坡及越南西貢、海防港，每月發一次船。

到新加坡的三等票價為六十二圓，到香港十八圓，到菲律賓二十三圓，到日本神戶二十圓。一般中下級公務員月薪十幾圓上下，這樣的搭船旅費相對不算太貴。

第六部

體育活動

開始運動

一九〇一年左右，纏小腳的女學童，開始到戶外遊戲運動。

台灣人不愛運動，似乎源於重文輕武的傳統價值觀。幾任總統除李登輝外，都不熱衷，其中嚴家淦總統（一九〇五年生）最是誇張，他從觀念上就不認為需要運動。朋友勸他要運動，他回答：「人生五臟六腑分布胸腔之內，自然妥切，為何要用外力，使它動盪不安呢？」

蔣夢麟在談中國承受西方文明衝擊的《西潮》書中就提過，一位著名中國科學家認為中國未曾發展自然科學，四個理由之一正是「中國學者不肯用手，鄙夷體力勞動。」

台灣到清治末期為止，有在「動」的，只是庶民階級的「勞動」及原住民傳統的獸獵活動。士紳階級在家抽鴉片、吟詩讀文，基本上是「不動」的。地主家族裡的團勇打拳耍刀，是為防禦原住民和族群間的械鬥，保護田土利益。其中並沒有現代運動的觀念與內容。

固然在淡水海邊，有加拿大籍的馬偕牧師（一八七二年抵台宣教）天天去海泳；雖然一八八五年有英國砲船水手在今天的淡水高爾夫球場，大開運動會；外國商人也曾聚在同一地

各機關常辦紀念日運動會。咬麵包賽跑是日本人喜歡的項目。

打板球賽，但台灣土地上的人民尚不知賽跑、打球為何物，許多女人還纏足，處於半殘障的狀態下。

事實上，上層階級不僅沒有運動強身的觀念，還認為不動身體才能確保安全。據台灣史學家林衡道說，日治時代，台灣首富板橋林家的林熊徵（一八八八年生，總督府評議員、華南銀行創辦人，也是林衡道的伯父）因是長孫，祖母寵愛太甚，一、兩歲就開始吃高麗蔘，人長得很胖。當初就不知道該多跑跳，做持續性運動減肥，反倒「他的祖母怕他跌倒，叫家裡的佣人扶他到書齋，他到九歲才真正會走路。」

林衡道（一九一五年生）在就讀樺山小學校（位於今行政院）時，也曾見到日本女同學的健康身材，「回憶起福州陳家的表姊妹，才發覺那些表姊妹因為關在家裡，沒有受過學校教育，一個個都是營養不良的樣子……。」

前副總統謝東閔（一九〇八年生）的父親是彰化二林庄長，家境富裕。謝東閔於回憶錄《歸返》中說，他上面原有位哥哥，不幸夭折，所以打從他出生，家人就小心翼翼照顧他。長輩採取「消極性的保護」辦法。特別是祖父母，「訂了許多限制，比如不准我像村裡一般小孩那樣到河溝學游泳；不准我騎腳踏車；不准我爬樹……。」

新竹古老的望族鄭家，先祖出了一位「開臺進士」鄭用錫，門第高而守

上：參加講習會，早晨也要做體操。
下：昭和十七年，戰時做體力檢定。

舊。出身新竹鄭家的鄭翼宗（一九一三年生，曾任臺大熱帶醫學研究所細菌免疫血清系主任）在《歷劫歸來話半生》中說，姐姐們公學校畢業以後，就「一步都不出大門」，只有舊曆新年依傳統和母親去新竹走一圈新公園「行春」。鄭翼宗等他們回家，就開玩笑說：「看到了世界的三分之一了吧。」

這樣偏文輕武、缺乏運動的生活傳統，到日本接管台灣以後，發生無法反抗的轉變。中國人面對「西風東漸」，許多知識份子鼓吹改革，進行西化，但也有許多不同意見從保有中國文化主體的角度提出來，基本上它有自主的過濾網，決定西化甚麼及西化到哪個程度。但日本人是來台灣搞殖民統治，台灣人的新生活是被強制設計的，像被強灌水泥一樣。兩者間不同，好壞難論。

日本對西方文化採取徹底的模仿與移植，從清廷手裡拿到台灣，也就把日本學到的那一套搬過來，在台灣土地上蓋起「西方文明的樣品屋」。

源於西方體育的各項技能就這樣陸續搬過海來。經由學校教育的系統，一下子台灣人便開始做體操、開運動會、打棒球、摔柔道、打日本劍道、打網球了。

日本重視體育以增進國民體力的程度，在許多台灣人的回憶片段留下印記。台灣第一位醫學博士杜聰明（一八九三年生），差點不能在台灣史上留下「第一」的記錄，因為他長得瘦小，身體檢查得「丙下」，依規定不予錄取，還好臺灣總督府醫學校認為他學業成績優等卻落第太可惜，才同意讓他入學試一試。

日治以前，台灣讀書人考秀才、貢生，沒人管是否吸鴉片吸到面黃肌瘦或精神萎靡。當今之世，中學、大學的入學關卡除體育專科外，未聽說與體能有關者。但是，日本時代的台灣，體能測驗就是部分學校入學的考試項目之一。

日治台灣三大職業學校之一的嘉義農林學校，校友陳保德在《嘉農口述歷史》書裡說，體能測驗過關才能筆試，包括「一百公尺、一千五百公尺跑步、跳遠、擲遠與引體上升（拉單槓）。體能不好的，不管小學成績再好，一律淘汰。」一九四五年考入「嘉農」的曾天賜則說，要「扛沙包，三十公斤的沙包要扛一百公尺，單槓要吊五個以上，這二項如果不及格，學科考試一百分也是不能進去唸……。」

一九二〇年，女校生還垂著辮髮做體操，歡迎日本皇室成員蒞臨。

張超英（一九三三年生，前駐日代表處新聞處長）在尚未發表的回憶錄中說，他考台北二中（今成功中學）那年競爭激烈，若沒有考取，一律要送廣島、長崎等港口當海軍造船工人。更嚴重的是，在送往日本的海上，十艘船去，可能有五艘在中途會被擊沈。雖然志在必得，但他小時體弱多病，這項考試卻除了筆試外，還得考體育，必須做伏地挺身幾下，吊單槓幾下。所以祖父母緊張萬分，教人在院子架單槓，下面鋪沙堆，讓他練習。他一不小心摔下來，手腕脫臼，雙腕從此大小不同。

楊基銓（一九一八年生，前經濟部次長）在回憶錄裡指出，讀台中一中時，體操、武道（指日本國技劍道和柔道，中學生必須二選一學習）的成績計入學科總成績。與現在學校裡的前三名是那些卷子答得好的人真是大不同。

嘉義農林學校重視鍛鍊體魄，每年舉辦十公里馬拉松長跑比賽，「全校所有學生一律參加」。劍道和柔道則是天天要練的。陳保德說：「到了十一、二月最冷的時候，早上四點鐘，就得身著柔道服集合，練上幾個鐘頭的柔道，前後大約持續兩三個禮拜，這項活動名之為『寒稽古』，意思當然就是要抵抗寒冷，不懼嚴冬。」

現在的台灣人四肢不勤、體能差，近視胖子（快七百萬人過重或肥胖）滿街跑，好像只剩準備比賽的運動員或校隊會持續大量運動。亮紅燈的調查報告一份又一份，苦口婆心的宣導一回又一回，作用顯然不彰。看看幾十年前老台灣人所受的體魄教育，雖然我們不搞軍國主義那一套，但一個國家總要想辦法強國強種，總該有強勢的國家政策，透過學校系統，建立運動的價值和國民運動的習慣，把下一代的體能給救回來。

網球

硬網球員在臺灣銀行網球場留影。硬網服裝有世界性標準，明顯比軟網講究。

現代人談打網球，手拿的是硬式網球，眼看的是溫布敦那種硬網大賽。但是，時光倒回日本統治下的台灣，情況就截然不同了，雖然也有人打硬式網球，但軟網更為普遍流行，深入社會各階層。

日本統治前，不曾聽聞有台灣人民或居台的中國官員接觸過網球運動。在《北台封鎖記》書中，住淡水的英國茶商陶德（John Dodd）於一八八五年五月二十四日記錄中，對相處九個月，卻即將離台的英國砲船官兵依依不捨；他感嘆說，「不怎麼起眼的彈子房、草地網球場等著他們回來重拾歡笑。」陶德在書中多處記載他們從事各類運動，賽跑、打板球、拔河、跳高、跳遠，不一而足。對網球活動則沒有進一步記錄。不過，即使有，也是居台英國僑民間的封閉式活動，沾染著些許思鄉的色彩（網球運動源起英國），並未推廣或開放向當時的台灣社會，和後來的歷史發展呈現不相連的關係。

一八九五年，日本時代揭幕，洋化多年的日本人開始把網球傳進台灣。一九三三年（昭和八年）臺灣體育協會發行的《臺灣體育史》指出，「明治三十五、六年」（一九〇二、一九〇三年）前後，僅只臺北的「臺育俱樂部」、「臺灣銀行」、「鐵道部」和近臺北的淡水稅關有網球場，當時打的是硬球。軟球進來台灣是一九〇七年的事。

日本官員戶水昇記述得更為精確。戶水畢業自東京帝大，來台歷任鐵道

部、殖產局和臺北州廳要職，最後曾任交通局遞信部長。在回顧官職生涯的書中，他明確指出，明治三十一年（一八九八年），在「淡水館」的寬廣後院，開始建造水泥網球場。淡水館前身為臺北舊城內的登瀛書院，是一中國式建築，清廷知府陳星聚所建，位在今天總統府後方的長沙街、桃源街一帶。日本於一八九五年底改修完成，是當時唯一公眾室內聚會的場所。

戶水昇說，當時打的是硬式網球，球拍、球和網子都由香港直接進口。依他所想，最早打硬網的是年輕的官僚，如代理殖產局長竹島慶四郎和時任總督府參事官的大島久滿次。這些人練習時，老打不到球，球一直跑出界外，得請兩、三個人撿球。如此打球不怎麼有趣，加上個人種種工作在身，慢慢就放棄了。

總之，依戶水昇的回憶，一八九八年是台灣網球史上值得標記的元年，這一年，網球開始打入台灣社會。

軟網則由一名日本記者傳入。一九〇七年左右，「大阪時事新聞社」的記者，也是報社的運動部長島山隆夫帶著軟網器材到台北，並且熱心指導，軟網的種子開始如蒲公英般飄散台灣各地。

台灣網球史「先硬後軟」的發展順序，跟日本國內一致。日本於一八七八年（明治十一年），由美國籍教師李蘭德（George Adams Leland）博士引介網球到日本。此處的「網球」概念並不包含軟網，西方玩的只有硬式網球。當時進口硬網球具困難，價格又貴，八年後，東京高等師範學校（後曾改立為東京教育大學，再變為今之筑波大學）的教授坪井玄道，委託「三田土護謨製造會社」製造橡膠皮球，具備日本獨特色彩的軟網於是開始起步。

在日本，軟網運動耗費金錢少過硬網，因而很快擴散。在台灣，軟網也很快凌越硬網，在各階層角落流行起來。公務機關方面，專賣局、稅關，各自有內部的年度大賽。

學校方面，「中央日報」十年前報導日治時代一位網球健將簡崑壁的故事。簡崑壁就讀的小學「南投公學校」，於一九二三年就在校內興建網球場。一個非城市的小學，會建網球場，足見此運動深入校園的程度。簡崑壁

上：中學校內都有網球隊。
下：臺北新公園常常舉辦網球賽。後方的牌坊今天仍在。

就說，當年學校打網球風氣很盛，網球場早晚都有人使用。他也很癡迷網球，「每天下了課之後，我一定到網球場看球。」

網球打得最熱烈的，其實是中學生。新竹商業學校一年級的學生徐漢強就曾興奮的形容「庭球の快味」教人「血湧肉躍」，他最喜歡打網球，雖然不喜歡的人覺得軟網是女性的東西，他卻認為真真實實是男人的運動；除了手腕像鐵一般強而有力之外，打網球鈍頭鈍腦而能克敵制勝的，更是很奇怪的事。

戰前軟網盛行時，台灣沒有一所男子中學沒有網球隊和網球場。各州內（大約今天的三、四個縣市，劃為一個州）有中等學校錦標賽，又有全島的中等學校錦標賽。蔡華山在寫臺灣商工學校的網球歷史時，就提到這些大賽都是「全校師生最期待、最盼望的重要活動。全校師生都到場地加油。大家鼓腫了掌、唱啞了歌，最後勝利，大家遊行回校。多麼熱烈！威風！」

「臺灣商工」是當時的網球名校，嘉義農林學校也是。前台灣省議長蔡鴻文回憶

臺南稅務團各課網球比賽告捷後合影。

專賣局新竹支局局長辦公室櫃子上放著球拍，可嗅知當時網球流行的程度，也可以看出拍面比現在小一些。

母校「嘉農」的網球風光時，流露出驕傲與光榮。他說，日本全國中等學校網賽，每「縣」（約等於「省」的概念）只選一隊，台灣也只選一隊。「嘉農網球隊榮獲全臺冠軍，代表臺灣到東京明治神宮運動場比賽，而明治神宮運動場的網球場，就好像是棒球比賽的甲子園球場一樣，是全日本最出名的，等於是日本網球運動的聖地，嘉農的網球隊能到那裡比賽，可見我們嘉農的實力有多強了。」

蔡福仁在《台灣軟式網球的歷史性考察》論文中指出，初期軟網運動是日籍教師和公務員的專用運動，極少台籍公教人員打。一九二二年開始實施日、台人「共學制」，台籍中學生和師範生有機會與日籍學生競技，優秀選手因而輩出。一九二五年，比神宮大會更權威的「奉納杯」網賽，臺灣商工學校的張有傳和張如陵雙打優勝，震驚日本網壇。往後，台籍網球選手一直表現強過日本人，也刺激社會人士拿起網拍，軟網人口因此快速增加。

拿昭和十二年（一九三七年）刊行的名人錄《臺灣人士鑑》來看，一千多位台籍的上層有錢有閒階級，以「庭球」或「テニス」（即日語的「網球」）為興趣的有六十七人。其他通認為上流運動的「高爾夫」和「撞球」，分別才只有十四人和十七人，網球受喜歡的程度達四、五倍之多。或許可以這麼說，其魅力貫通了貴族與平民的界線，是網球在台灣球類運動史上的最大特色。

戰爭大大逆轉了台灣日治時期的生活面貌。球場被迫改充農園，蓬勃的網球運動深受影響。「嘉農」校友陳保德回憶說，戰時校內「物資缺乏，以前那些較花錢的社團體育活動，如棒球、網球等，都停止了，只有不花錢的田徑、柔道、劍術等活動仍持續下去。」

不過，軟網已在台灣生根，打球人口早散布各地。待戰爭結束，網球很快活回來，戰後第二年，台北新公園的舊球場又開始舉辦賽事了。

游泳

二〇〇三年炎炎六月初，馬英九率領市府官員參加一項游泳接力。記者故意問他，是否將帶領市府團隊游到二〇〇八年？馬英九故意聽不懂，岔歪答稱他們要游到二〇三八年。二〇三八年是甚麼風景，沒人能預料，不過，游回到十九世紀，畫面倒是清晰可見。

一八九五年台灣割讓日本以前，依黃純青（一八七五年生，曾任總督府評議員，戰後任過省參議員）於《晴園老人述舊》所說，從前台灣端午節有「男浴清流，女浴蒲湯」的風俗，老老少少「或浴於江，或游於河，或沐於澄潭，或濯於清溪」。而且台灣到處有埤圳，最方便游泳。黃純青還說，他童年時的私塾老師卻特別於端午節訓誡，嚴禁隨俗玩水，以免滅頂，並在他們手臂寫「禁浴」兩字，如果隔天黑字褪去，表示下過水，就要嚴懲。

依俗可以下水的節日，都被禁止涉足，平時就不用說了。所以，老一輩台灣人常有父母嚴責或處罰游泳的回憶。前總統李登輝（一九二三年生）在《台灣的主張》中就說到，有一次暗地去游泳，母親罰他跪地認錯。游泳不被台灣家長鼓勵的民風文化，橫亙了十九、二十兩個世紀。等日本統治台灣，政府透過學校系統強迫游泳，游泳才明顯進入近代化，有了現代化的發展。

人類不是天生的水中動物，卻似乎天生好水。任何地區有湖有溪或有海岸，就有浪漫天真的戲水孩童。台灣也不例外。但世界上，游泳變成一項

右：一九二四年拍攝的古亭庄川端水泳場。在台灣，水泳場為游泳池前身，藉溪流而設。
左：宜蘭農林學校舉行新游泳池開池式。

「運動」，開始發展各種泳式技巧，並將游泳場所從湖、埤、溪、河搬到城市內的人工水池，卻是十九世紀初的事情。近代游泳發展最早的英國，到一八三七年以前，倫敦已經有六個游泳池（swimming pool）。

日本初領台灣，游泳池遲未出現，但游泳風氣已經漸漸滲入台灣。主要的游泳場所是「海水浴場」。一九〇一年於淡水去世的加拿大籍牧師馬偕，在台三十年間，據女婿柯維思記述，他每天會去淡水海灘做「海水浴」。對日本來說，海水浴場是個舶來品，一八八五年，陸軍軍醫總監松本順提出基於保健，海水浴有其必要的說法，日本開始在離東京不到一百公里的神奈川縣大磯海邊，有了最早的海水浴場。台灣環海，一九三〇年以前，已有許多海水浴場，像是基隆、八里、蘇澳等等。林獻堂（曾任總督府評議員及戰後的省參議員）一九三一年的日記且有友人陳炘「欲招待諸親友於大安海水浴場」的片段。

另一方面，現代意義的游泳也源頭細流般的開始流向台灣社會。最早是一九〇七年，臺北廳長佐藤友藏找來加福豐次檢察官等人商量，在古亭庄渡船場附近設「水泳場」，開講習會，教大家游泳。之後，加福調任臺北廳長，再轉任臺中，一九一九年又在臺中綠川開設水泳場。臺南一中也差不多同時間在臺南安平海邊設場，游泳風氣才漸次打開。

第一個公營游泳池東門游泳池於一九二六年開場，比私立的YMCA游泳池晚一年。

當時所謂的「水泳場」跟游泳池不同。水泳場是借用自然水域，圈一塊地方架起設備。因此，一九一二年（大正元年）大洪水侵襲臺北，才會發生古亭水泳場設備歸於烏有的情事。

台灣最早期的典型游泳池（日文寫作プール，為源自英文pool的外來語）該屬台北東門町游泳池，建於一九二六年七月一日。

相對於海水浴場與水泳場，游泳池出現得很晚。叫プール的游泳場所，在東門游泳池之前，其實一九二五年四月已有Y.M.C.A.プール（臺灣基督教青年會游泳池）完成。但規模顯然遠不及東門游泳池，一百八十坪被一千三百六十七坪的東門一比，顯得小巧玲瓏。

Y.M.C.A.的游泳池長二十米，寬十一米，池深從三十六公分到七十公分，以今天眼光，不過一個兒童戲水小池而已，無法與東門的長五十米，寬十六米半，水深一米二到二米六併比。東門使用十馬力幫浦注水，注滿水池只需十二小時，Y.M.C.A.的游泳池小，卻反要耗費二十四小時的兩倍時間。

東門游泳池位於當時的赤十字臺灣支部（今國民黨中央黨部）和「旭」小學校（今東門國小）之間，是台北市第一個公營泳池。興建當初就是鐵筋混凝土構造，有大小兩池，有鐵製跳臺、救護間、茶水間，以及可供四百五十五人放置脫衣的櫃子，很具現代性。一九二六年七月一日午後一點開幕，市尹（市長）太田吾一東邀重要官民列席。第一天只開放參觀，第二天才開放進場游泳。跟現在一樣，入場必須繳費，十二歲以上的一回券十錢，五十回券四圓，不便宜，也不算太貴。

東門游泳池剛開幕，就有許多人被拒門外，原因不是沒帶錢或穿拖鞋，而是泳衣顏色不對。像馬英九戴黃泳帽進場，就別想踏進泳池一步。當時要求只能穿黑色或藏青色泳裝。戰後初期，這種遺風還留住一段時間，像校內有游泳池的臺南一中就規定，「應穿著游泳衣褲（黑色或藍色）以重觀瞻」。

今天男士的游泳裝束，在八十年前，恐怕非被抓進派出所不可。當年男人泳裝跟今天女性泳衣相似，一件式連身、細肩帶、露背、下沿平口。不過，一九四〇年代已看見台南的長榮中學學生穿著比現在還前衛的泳裝，全身只一件丁字褲。

日治時期，民風保守，男女同泳幾乎很難想像，若有的話，也只是男教練和女學生之間。彭明敏（一九二三年生，總統府資政）回憶高雄中學時，有一群學生想去女校運動會「偷看穿著緊身衣服的女學生」，被校長撞見，歇斯

日治時期的男性泳裝正反面。

右：日治末期，中學男生的泳裝已出現光裸上身、只穿丁字褲的變化。

上：女學生的泳裝，裙擺約蓋住半個大腿。
下：日本時代中學生有到海邊上的游泳課。

底里臭罵了一頓。「我們心裡不服，私底下閒聊著那女中的游泳男教練，年輕力壯，卻可以與女學生同泳。」

事實上，一九二六年夏天臺北的東門游泳池開放之初，就規定每週三和週六下午一點到六點的時段，僅供女性入場。當然這跟現在某些餐廳、酒吧推出「女性日」給予優惠不同；既非尊重女性，也不是優待，而是社會風氣恐懼男女接近造成。

或許游泳的裝扮裸露多過球類，累及了游泳運動的推廣速度。日治時代到正規泳池，接受正規泳訓的台灣人還不多。游泳人口主要集中於中學以上的學校，學校多有自己的游泳池。但像北一女、臺中女中、南一中等校，卻又以日本學生居多。所以，台灣人在游泳項目的表現不明顯。

到一九三〇年代初期，台灣的游泳隊伍雖已有遠征菲律賓馬尼拉的國際經驗，又雖然學校不論男女，多輪番往水浴場或海邊實施游泳或水上訓練，但各種游泳比賽成績表上，仍清一色日本名字，泳壇要人及領導階層也沒有台灣人的蹤影。從台灣人的角度想，不免有點黯然。

高爾夫球

高爾夫球運動於一九一八年引進台灣，與其他西方運動傳入走的路徑不完全相同。

明治時期，日本多由美國媒介西方球類運動，台灣再經日本統治，自然開始認識與接受西方運動。日本第一個高爾夫球場位於神戶的六甲山，建於一九〇三年，卻未直接影響台灣的高爾夫球起源。飛入台灣的第一顆高爾夫球，不是飛越台日之間的黃海，而是像清明時節的候鳥灰面鷲，飛行巴士海峽上空，從菲律賓來到台灣。

不過，灰面鷲靠基因，年年可以找到彰化八卦山，高爾夫球卻要靠一個叫「松岡富雄」的日本商人帶進台灣。松岡原是九州熊本的士族之後，三十三歲到台灣糖務局任職，由此逐步展開事業。松岡富雄先在糖業發達，當上帝國製糖株式會社專務取締役（執行董事），又任台中的「臺灣新聞社」社長。一九一七年，四十七歲的松岡把事業觸角伸向菲律賓的馬尼拉和民答那峨島，兩地都有公司。一九一八年，他回台灣時，行李就帶著高爾夫球桿和球鞋，球當然也在其中。

菲律賓被西班牙殖民三百年，一八九八年美國打敗西班牙，成為統治新主，直到一九四一年日本佔領菲律賓。松岡去菲律賓時，正值美國統治，因此不如說他從美國的領地把高爾夫球帶來台灣，更加明白與切題。

右：總督府第二號人物民政長官下村宏。
左：石井光次郎離台返日後，曾任日本國會議長。

臺灣高爾夫球起源的歷史，在日本前眾議院議長石井光次郎的回憶錄《回想八十八年》有當事者第一手的記載。石井當時是不到三十歲的臺灣總督秘書官，他在回憶錄說，松岡富雄從馬尼拉回台沒幾天，就招待他和民政長官（總督府僅次於總督的官職）下村宏到「料亭」（高級餐廳）吃飯。松岡致贈高爾夫球桿、球和有鞋釘、綁帶子的皮製球鞋作為禮物。在舖榻榻米的料亭房間現場，松岡並拿球桿示範，一邊說明高爾夫球的規則。

那天飯局，松岡最後提到一個重點，這個運動需要很大的場地。然而，要找一塊那麼大的高爾夫球場地實在不容易，所以當天的結論有點不了了之。可是，另一時機接著來報到；幾個月後，三井物產株式會社的職員井上信，剛好到台北出差。井上信曾駐美國紐約，學會打高爾夫，回日本後，馬上獲得日本業餘錦標賽冠軍，在他之前，奪冠的都是外國人。台北體壇的愛好者於是齊集到民政長官下村宏的官邸（今總統府前右側停車場），聽井上信用黑板畫圖「上課」，講解高爾夫球的種種。

石井光次郎秘書官後來想到馬場町練兵場（今台北市青年公園一帶）雜草叢生，廢棄未用，就找陸軍經理部長交涉，使用一部分的練兵場。石井就憑井上信那裡學來的高爾夫球知識，找來工人割草，割出一個Z字型、長兩百碼、寬六十碼的克難高爾夫球場。再用三個茶葉罐子埋進土裡作成三個球洞，洞口標示桿則用竹竿綁紅布，如此打造台灣最早的高爾夫球場雛型。

依石井光次郎的回憶，是陸軍經理部長跟他說，練兵場非長久之計，淡水有塊陸軍用地，一年除兩、三天會去紮營演習之外，平時都未使用。必要的話，可以借作高爾夫球場。但日治時代出版的《臺灣體育史》則記載，是淡水稅關長原鶴次郎向臺灣銀行頭取（總經理）櫻井鐵太郎建議，才去淡水找到清朝時期遺留下來的練兵場舊址，開闢完成台灣第一個高爾夫球場——淡水高爾夫球場。

不論如何，一九一九年六月一日淡水高爾夫球場正式開場，為台灣的高爾夫球運動正式掀開序幕。一直到一九三七年，依《臺南州觀光案內》所載，全台主要高爾夫球場已有「淡水」、「新竹」、「臺中」、「嘉義」、「宮の森」、「高雄」、「花蓮港」等。

各球場都採俱樂部會員制，除花蓮港球場外，入會金均為五十圓，大約是中下級公教人員兩個半月的薪水。非會員打球，非假日要花一圓，假日倍增為兩圓。每次桿弟費也要十五錢到三十五錢不等。

當年，最教人咋舌驚嚇的花費在於球具，據照史所著《高雄人物評述第一輯》指出，日治時期，高雄最熱鬧的「鹽埕埔的二層樓店舖一棟約八百圓就可買到，筆者託人轉詢陳啟川先生的結果，士普齡牌球桿一套約五百圓，普

台灣第一個高爾夫球場——淡水高爾夫球場。

通牌子三百圓之譜。」一項休閒運動要花費這麼多錢，高爾夫球的貴族性格從日治時代就已定型，能玩高爾夫球的是少數中的少數。

讀得到的記錄中，霧峰豪族林家出身的林獻堂在《灌園先生日記》裡，一九三一年多次記有子侄、兒媳去打高爾夫球的生活片段，像是「猶龍、愛子往大肚山打ゴルフ（按，日文外來語，即「高爾夫」，唸作「go-lu-fu」），晚冒雨而歸。」或「雲龍同猶龍、六龍往大肚山打ゴルフ，不在。」

再以淡水球場的臺灣高爾夫球俱樂部的記錄，一直到一九三七年，台籍會

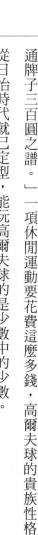

上：高雄高爾夫球場。
中：高雄高爾夫球場的俱樂部House。
下左、下右：高雄高爾夫球場House內部的休憩室。

員屈指可數，只有台灣最富的板橋林家出身的林熊徵（現華南銀行董事長林明成之父）、林熊光、林松壽和林柏壽（戰後曾任台泥董事長），以及林熊徵的總管許丙（後曾任日本帝國貴族院議員）等少數財勢人物。劉明朝是少見的台籍高階行政官，又是霧峰林家的女婿。另一會員陳啟川（戰後曾任高雄市長）則出身高雄最富裕的家族。在可尋的書面記錄裡，一九三四年十一月四日在淡水球場，陳啟川打出台灣人第一個一桿進洞。

由以上的人名及其背景，就知道台灣最早一批打高爾夫球的人，盡是最有錢有地位的上流階級，完全不像足球或棒球運動，青少年學生是最早的接觸者。

任何運動最後都要比賽，產生選手。台灣那些有錢有閒的富貴子弟養尊處優，只拿高爾夫當高尚休閒玩，成不了選手。台灣最早的高爾夫選手意外從淡水球場邊上放牛的八、九歲男孩中產生。他們由擔任桿弟切入這項貴族運動，耳濡目染十幾年，一九三〇年後，逐漸嶄露頭角，陳清水就得過日本公開賽冠軍。陳金獅則培訓後來的高爾夫選手，成為台灣高球界的祖師爺。

也有不意外的。高爾夫運動在日本時代因階級性的色彩，就有人忍不住寫出「高爾夫亡國論」。然而和現在一樣，這些個東西只是歷史的耳邊風。

淡水高爾夫球俱樂部House。

足球

熱鬧程度僅次於世界盃的歐洲足球賽，二〇〇四年英格蘭一開始就敗給法國，有貝克漢也枉然。英格蘭球迷氣急敗壞、惱羞成怒，大鬧地主國葡萄牙的街頭。最後，野蠻不法的球迷被驅逐出境，英國首相也說該打，法院則沒收護照，暫時不讓他們再出國作亂。

英國人在足球場上火氣旺盛，恐怕素有淵源。十四、五世紀英國市井即流行踢球，粗暴到屢遭禁止。但英國人對踢球熱情難減，十九世紀已有貴族學校的體育課必修足球。現代足球運動（Soccer）的形式也於一八六三年源起英國。這一年倫敦成立的足球協會（London Football Association；此會把足球命名為association football。一般咸信soccer源於assoc，也就是association的簡寫。）立下沿襲至今的比賽規則。足球賽也首度架起球門；兩根大柱子中間拉一條繩子的空心球門，迎接了近代足球運動的第一個進球。

台灣的足球運動來得很晚，不過，足球進入台灣卻是直接由「原產地」輸入，不像絕大多數的西方運動是經由日本拐彎進入台灣。

一八八五年，英國基督教長老大會在台南創立「長老教會中學」（今私立長榮中學前身），一九一六年，新任校長萬榮華（Edward Band）把英式足球引入學校，在台灣埋下第一顆足球種子。

萬榮華本人是劍橋大學的足球選手，到長榮後，組織足球隊，也經常親自指導學生在課外時間踢球，和學生玩在一起，很快帶動了全校的足球風。

據《長榮中學百年史》記述戰前校內踢足球的熱況，「除了大運動場北邊足球專用運動場之外，凡有空地便有人在踢球。」班級內分小組對打，同年級的打班際比賽，不同學年的打越級挑戰賽，天天有人在踢球。

前長榮中學董事長吳基福博士（一九二九年入學）曾回憶說：「下午四時學課上完，任何學生都要到運動場運動，不准在室內。我入學第二天就被迫混在學生中，在北運動場踢足球。」足球之於長榮，彷彿空氣之於人；人不能不吸空氣，既為長榮學生也非要在足球場奔馳不可。結果，作為足場菜鳥，那一天吳基福守球門，把飛來的一球踢進球門，反送對方一分，慘遭學長痛罵。

一位長榮足球隊友洪南海（一九三八年入學），也描述過足球風氣如何興盛。洪南海小時候住東門城邊，長榮中學在此租屋充當學生宿舍，有長十二公尺、寬四公尺的二樓陽台。學生放學後。就在陽台拿軟式網球的小皮球，赤腳玩小型足球賽。東門城圓環原是廣場，長榮的學生也會以城門和樹幹為球門，就地踢起足球。

長榮的足球熱且感染了不踢球的職員。洪南海說，學校職員李新斗曾全神觀戰，興奮處不禁喊：「射！射！射！」腳不由自主跟著踢，結果踢到蹲在前排人的屁股。

長榮中學成為台灣足運的熱力源頭，英籍的萬榮華可說位居首功。萬榮華常帶學生到運動場練球。教學生從球腰綁繩子，掛在蓮霧樹下，練習頭頂球。足球校隊隊員洪南海回憶道，每次參加比賽前，萬校長一定說：「Do your best!」而他們每次聽到「萬校長來了！」士氣也一定大振，那場球打得特別起勁。

萬榮華利用許多校外比賽開拓足球風氣。一九三三年辦過台南市少年足球賽，一九三〇年十一月英國海軍軍艦停靠高雄港，萬榮華就邀請艦上的水手隊與長榮友誼賽。這場特殊的比賽留給大家深刻印象，有人記得「下午二時未到，球場已人山人海擠滿好奇的觀眾。」「他們的二個後衛的腳，像白白粗粗的牛腿，一踢球就超過半場。」也有足球隊長黃順記回憶說，長榮隊赤腳迎戰穿鞋的英國水手，「搶球時常被踢得好痛」。黃順記另指出，萬校長帶他們去香港、汕頭和廈門畢業旅行，順便安排了和當地的中學友誼比賽。

台灣足球運動的發展，除了經由長榮中學的途徑，日本體育界是另一輸入管道。日本統治台灣之初，重視體育，但即便日本本土也直到一九〇五年（明治三十八年，佔台已十年），才開始依現代足球比賽規則踢球，引入台灣自是更晚了。

一九三三年在臺北新公園舉行的足球賽。

一九二五年初夏，日本海軍第二艦隊駛入基隆港，水手很盼望能在台灣、基隆地區找到可以切磋球藝的隊伍，好不容易聞風找到第二中學校。但是，一比賽，發現「二中」的足球打法很怪異，水手們不無遺憾。那年暑假，臺北高等學校的船曳老師有感台灣足運如此不振，就在該校創立「蹴球部」（足球社團）。

一九二九年，日本足球聯盟理事鈴木重儀的弟弟鈴木義弘和足球選手中野正行到台灣來，足球運動才以較大幅度往前推廣。隔年才有所謂的「サッカー」（日文外來語，即英文的soccer）第一回全島大會。

從十九個參賽團體來看，足球隊多來自中學，也有「引擎」、「三C」、「洋杖」和「臺北蹴球」等俱樂部。學校隊的球技優於俱樂部隊，而學校隊伍中，又以最有歷史的臺北高校實力最強，獲得冠軍。但這些校園足球隊，絕大多數屬於純日本人就讀的學校，換句話說，當時台灣人踢足球的經驗，仍以台南的長榮中學為核心。日治時期，據說北部學校僅臺北二中（今成功中學前身）是「台北唯一有本省籍子弟踢球的學校」。

長榮中學多年與北部中學的足球爭鬥，多少有台灣人與日本人較勁的味道。「長榮」顯得後勢較強，日治末期幾年，「長榮」曾連續三年擊敗群雄，獲得全台中學足球賽冠軍，代表台灣到大阪甲子園球場，參加日本全國中學足球賽。

早期台灣人踢足球，也打架的。台南公園一直有定期球賽，長榮對上南一中往往精彩可期，吸引最多觀察。楊基榮（一九三五年入學，戰後曾任師大體育系教授）回憶說，「對方是日本人唸的南一中。比賽完回來就打架。比賽中各據一方對罵，賽完了短兵相接，混戰一番是例行公事……。」後來協議不准帶棍子和竹桿，南一中學生卻改帶紅甘蔗和旗竿，「南一中的學生衝過來，我們也不顧一切，很快的衝過去……，把『日本狗仔』打得頭破血流。」

隨著日本戰敗退離台灣，失去異民族間不對眼的催化，台灣踢足球似乎又回到紳士競爭的狀態，少再聽見有為踢足球而打架的情事了。

第七部

教育

鋼琴

右：早期用於演奏會的平臺鋼琴，多搭配一張圓形椅子，和今天的長方形椅不同。
左：一九三六年山葉鋼琴的雜誌廣告，詳列各式鋼琴的價格、附椅及各地經銷店。

早二、三十年，有學鋼琴的小孩不知吸引多少羨慕的眼光，以致現代許多媽媽為彌補當年失落的鋼琴夢，而送孩子進鋼琴教室。現在則情勢逆轉，學琴孩子滿街跑，孩子不學琴，反而要交代個特別的原因。

如果早個八十、一百年，該問的命題不再是有無學鋼琴或為什麼不學鋼琴，而是誰能學鋼琴？

資深音樂教育家王子妙在《台灣音樂發展史》中，清楚簡要描述日治時代鋼琴教育的樣貌。「……只是當時鋼琴在台灣無法自行生產，仰賴日本進口，其中尤以山葉、河合品牌居多，因此價格非常昂貴，除少數經濟優裕及富有藝術觀念之家庭外，一般人無法學習鋼琴……。」

一九三六年所見的山葉鋼琴販售廣告，「普及型」五百圓，演奏會用的「平型」鋼琴則兩倍價錢，要價一千圓。由於價格超高，非一般人能支付，賣鋼琴的「日本樂器製造株式會社台灣出張所」提供分期購置方法，但每個月需付十九圓，仍是清苦的普通平民肩扛不起的奢侈負擔。「山葉」之外，知名書店「新高堂」的樂器部也賣三木牌小型鋼琴，一九三二年的價格要一百五十圓。

台灣文學名家葉石濤（一九二五年生）在口述歷史中說，他父親任臺南州廳雇員，月薪二十多圓。公學校每學期學費五角錢。「當時一個月如有十幾

元，就很好過了。菜粽一粒半文錢……。」前長老教會總幹事黃武東在一九三七年的牧師月俸是五十圓。所以，把一九三〇年代的鋼琴價格和薪俸兩相比較，即使以高薪的五十圓算，一架普通等級的山葉鋼琴也要十個月薪水。若用葉石濤所謂足以讓日子「好過」的二十圓算，鋼琴更要兩年不吃不喝的薪水才買得到。

因此，日治時代能個別學習鋼琴的，絕大多數是富豪世家子弟。數一數二鉅富的霧峰林家，才能從台南請老師到台中霧峰家裡教鋼琴。台灣名紳林獻堂的《灌園先生日記》一九三一年八月十九日記錄：「近午高錦花來教愛子ピヤノ，二時餘仍往五弟處。」ピヤノ即日文的「鋼琴」。日記中，高錦花（一九〇六年生）是台灣第一位留學日本的女鋼琴家，而愛子是林獻堂的日籍媳婦。鋼琴不是可攜帶式的樂器，顯然霧峰林家備有私人鋼琴。

名作曲家呂泉生（一九一六年生）出身台中名門「神岡呂家」，是那種十幾歲向祖母央求買小提琴而能償願的家庭。中學時，呂泉生曾請求台中市女鋼琴家陳信貞破例收男學生，而開始學琴。

前台泥董事長辜振甫的弟弟辜偉甫，當時和呂泉生同在臺中一中，同樣熱愛音樂，也拜入陳信貞門下。練琴簡單，繳鋼琴費卻不容易。辜偉甫住校，生活費依規定由舍監保管，需用時再報告支領。當舍監知道他們與一堆女生一起練琴，辜偉甫和呂泉生被狠狠教訓了一頓。

日治時代，富裕家庭子弟才有能力聘請鋼琴家教，但學習鋼琴管道卻不限家教。前資深立委梁許春菊（一九一八年生）在中研院近史所的訪問記錄指出，她從澎湖家鄉到台南讀臺南第二高女，除各學科外，學校對家事和鋼琴等藝能課也很重視。音樂老師都利用課餘時間個別指導學生彈鋼琴，不另收費。因此，梁許春菊說：「我到現在都不能理解為什麼要另外繳學費學鋼琴，以前只要在學校專心學習就能學得很好……。」

小說家葉石濤能學鋼琴則又是另一種情況。日治末期，他擔任公學校「助教」，也就是代課教員。有一天，校長突然問他：「會不會教音樂？會不會彈鋼琴？」然後就派日本女老師教他。幾個月後，他把拜爾教本都學會了，也彈到貝多芬的「月光奏鳴曲」。

不論是葉石濤、辜偉甫或呂泉生，他們學鋼琴都是一九三〇年代以後的事。有台灣人公開獨奏鋼琴也是一九三〇年代的新鮮事。在此之前，少數能接觸琴鍵的學生，學習的都是風琴。

在西方，鋼琴已發展三百年，號稱「樂器之王」。一八六九年，日本明治天皇登基第二年，日本首度輸入鋼琴，是一種德國製造的方形鋼琴（square piano，一種十八世紀發明的長方形、平台式鋼琴）。同年九月，奧地利和日

臺北一家叫「上田屋」的樂器專賣店。

本締約，奧地利公使呈獻明治天皇種種稀奇禮物，裡頭就有鋼琴。

又過了兩、三年，一位畫家留給日本鋼琴演奏史一個哭笑不得的開頭。這位名叫「淡島椿岳」的畫家買進鋼琴，在東京神田召開西洋音樂機械展現場，鋼琴前椅子一坐，就開始彈起來了。只見鋼琴咚咚作響，談不上演奏曲子。不過，一般日本人也不知道鋼琴曲應該怎麼彈，目睹全然陌生的樂器發出聲音，全場一陣熱烈拍手，共同完成所謂的「日本最初的鋼琴演奏會」。

一八九五年台灣變成日本殖民地以前，若會知道鋼琴這種樂器，也只有經由西方傳教士的引介。但目前並不知有相關記錄。鋼琴恐怕還是日本統治後，經日本管道引入台灣。

西方教會最早引入的只有風琴。一八八五年在台南創辦的「長老教會中學」（現今長榮中學前身），一九〇一到一九〇八年費仁純（Fredrick R. Johnson）校長任內，寄回英國的信中曾說：「學校現在非常需要一臺小風琴或簧風琴，也許有善心人士幫我們想辦法。」

後來，學校有了風琴，學校便增設風琴課程，由費仁純校長的太太擔任教座。戰後初期任過台灣大學文學院教授、死於二二八的林茂生，當時便是費校長夫人的學生。林茂生學會彈奏風琴，後來在教會師生做禮拜時，曾擔負「司琴」的工作。

一九三〇年，一個同窗會員講習會活動中，以風琴伴奏舞蹈。

根據《長榮中學百年史》記載，費校長上體操課時，有一種體操要舉球桿，為求動作一致，費太太搬出風琴，演奏進行曲，讓學生邊做邊唱。

台灣學生早期學習風琴，另一個管道是公式學校的系統。日本入台第一年，總督府首任學務部長伊澤修二開始設立第一個學校「芝山巖學堂」，以教授日語為主。隔年改制為「國語（日語）傳習所」。這些傳習所畢業生可說是台灣最早一批學日語的人。一八九八年五月二十日的「臺灣日日新報」就有新聞指出，三十幾位國語傳習所畢業生開懇親會。會中，幹事蔡啟明、林傳式等人以日語致詞，並「手奏風琴」。可見十九、二十世紀之交就有台灣人藉由非教會管道，也接觸到風琴。

二十世紀初開始，各級學校陸續有音樂課，像師範學校學生一週就有兩小時音樂課，必須學習彈風琴；臺北的三高女（中山女高前身）三年級必學風琴，每年再從其中挑選優秀的六人學鋼琴。

一直到一九七〇年代，和同學手忙腳亂搬風琴進教室的情景，還常浮現在許多台灣人的童年回憶裡。比較起來，風琴才是多數中年以上台灣人歷史記憶的伴侶。風琴小家碧玉，易於親近，鋼琴終究相對如富家千金，只堪遠觀與遙想。

西畫

看看你家客廳的白牆，掛了一幅畫嗎？是梵谷的，還是莫內的複製畫？究竟哪一天開始，台灣的屋子裡，開始掛起西畫來的？

至少在一九三〇年前後，台灣的許多政府機關和公共會所、百貨公司、學校、咖啡店，已經普遍仿效西洋作法，用西畫來佈置室內牆面。通常，日本統治台灣時期的建築舊照片，多從外部拍攝，難窺內部裝潢裝飾的變化。不過，昭和四年（一九二九年）開始刊行的「臺灣建築會誌」，因是建築界的專門刊物，許多建築內部的影像被留存下來，牆上西畫的影跡也就處處可見了。

政府機關內，像是地方法院院長室、潮州郡守（近似潮州鎮長）辦公室、專賣局新竹支局的事務室，都看得到掛著風景畫。即便是早年台灣人聞風喪膽的警察局台北「北署」的署長室，桌椅背後的白牆，幾乎碰到天花板的高處，也掛了一小幅西畫。一些公眾集會所，像臺灣教育館、警察會館、臺北公會堂，其餐廳、會議室、走廊，木框裱成的西畫以不可或缺的姿態鑲嵌在牆上，硬要打造出現代化的風味來。

類似鐵道飯店、菊元百貨、明治製菓喫茶店這類洋風特重的場所，西畫更是凸顯洋味的必備道具。同樣的理由，臺南第一高等女學校的「洋式作法室」內，也是左右兩片牆都掛著西洋畫。「作法」兩字在日文裡有一意是「禮儀」；日治時代的女子高校，有訓練禮儀的課程。像北一女學習和式禮儀的

高雄第一世家陳家的客廳有祖先肖像、中國畫、時鐘、大鏡子，但沒有西洋掛畫。

作法室就在游泳池旁，上這種課，通常非要跪坐榻榻米一、兩小時不可。至於洋式禮儀，南一女本身有專門的洋式作法室，北一女則是去臺北火車站前的鐵道飯店上課。

私人宅邸方面，一九三〇年代，可能流風仍未吹進台灣人家庭。以「臺灣建築會誌」與相關書籍所見，知名的總督府土木技師井手薰家裡的「應接室」（客廳），全然洋化，窗邊矮櫃上有幾件雕塑，角落還有白色的維納斯女神像，窗兩側各掛一幅花卉的西畫。台籍的台中富商楊子培宅邸雖是洋房，內部裝潢也極盡西洋品味，有沙發、酒櫃、厚重的布質落地窗簾。但在客廳、書齋、餐廳，卻見不到西畫的影子。南部巨族「高雄陳家」的豪宅裡，客廳所見，更是偏向傳統台灣上層家庭的習慣擺設；有一面大鏡子，父祖陳中和肖像，牆面垂著書法和中國水墨畫卷軸，但沒有西畫。

以幾張照片、三戶人家的掛畫來管窺台、日間的差異，並非全無道理。日本接受西洋文化洗禮的年資遠高過台灣，日本且積極改造自己成為先進國家的一員。日本明治維新的改變，不只學歐美的科學、醫學、教育，政府連洋畫都大力提倡。除了聘義大利人於一八七六年創立「工部美術學校」，還派遣黑田清輝等

右：東京的湯島聖堂現在還是日本學生祈求考運昌隆的場所。
左：臺北第二師範學校的圖畫課，學生正對著石膏像、陶器學習素描。

畫家留法留德。

而台灣，十九世紀後半，還是清國屬地，書畫仍然以毛筆為唯一畫具。西方美術強調的素描、遠近、透視、明暗，都尚未傳入台灣士紳的耳朵和眼睛裡。台灣被割那年出生的前輩洋畫家陳澄波，在一九三五年的「臺灣新民報」曾回顧三十年前，也就是二十世紀初，「當時世人幾乎不認為美術是有價值的，相反地會被罵為『畫尪仔』……如在書房裡畫圖的話，教師馬上要打幾下手心。」

進入日本佔領時代，洋畫自然隨著日本傳入。依顏娟英所編《台灣近代美術大事年表》，台灣第一個把非中國畫掛上牆壁的建築，是士林的芝山巖學堂，也就是日治台灣的第一個學校。《年表》顯示，一八九六年，日治第二年的十二月二十五日，日本知名洋畫家淺井忠的「湯島の聖堂」，被「飾於芝山巖學堂」。

湯島聖堂係日本幕府一位儒臣原在邸內建孔子廟，十七世紀末，第五代將軍德川綱吉將之移建湯島，孔子像也遷過去，「湯島聖堂」於焉成為幕府的教學中心。明治新政府接收後改稱「學校」，又改稱「大學校」，最後改編大學。所以，把湯島聖堂畫像裝置於芝山巖學堂，大概取其教育之源的意思。

雖然早在一八九六年，就把洋畫放進第一座新學校，但西畫在台灣展開的

速度，仍如山洞滴水一般緩緩往前推進。

最早是一八九七年，第一任總督府學務部長伊澤修二，為台灣設計教育制度，提出「有用學術」的概念。圖畫、體操、音樂、算術，這些原本漢學堂的絕緣課程，此時才開始升格為「有用的學術」。

不過，真正概念落實，有學校開始上圖畫課，已經是一九〇二年的事了，而且只有「國語學校」（日治前期和醫學校並列為台灣兩大最高學府，畢業生可任教員）一所學校的師範部乙科，一個年級只有七十人不到。公學校（小學）則於一九一二年才有圖畫課，學生用粉筆和鉛筆學畫畫。

在這樣貧瘠的西畫荒地，台灣的西畫家要鑽出土礫，茁壯成大樹，誠非易事。日本畫家石川欽一郎兩次來台（一九〇七到一九一六和一九二四到一九三二年）任教，可謂帶來水和養分。從結果看，台灣前輩畫家有一大半出自他的門下。

石川帶領學生寫生和觀摩作品，臺北師範學校一時畫畫成風，每間教室門口都掛兩幅畫框，學生爭著秀自己的畫作在教室門口。畫家李澤藩就說，聽石川老師上課，「生平第一次，我有了作畫的慾望如潮湧。」

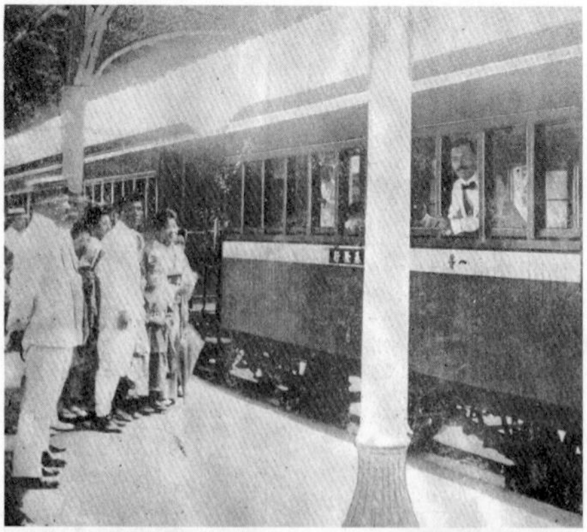

上：一九一六年八月九日，石川欽一郎坐上插著「基隆行」牌子的火車，即將到基隆搭船返回日本。
下：一九一六年，著名洋畫家石川寅治就到臺北鐵道飯店開畫展、賣畫。

石川教畫水彩畫，以當時學生的經濟能力，嘗試主流的油畫，有點可望而不可及。李澤藩即因經濟因素放棄油畫。另一位畫家廖繼春，一九一八年考進師範學校當時，台灣沒有畫材店賣油彩，要整套標準的油畫畫具，必須向日本郵購，如此嚴酷的障礙，廖繼春只好退而使用油漆學習。小小的灌裝、少少的顏色，就這樣在硬紙板上畫起所謂的「油畫」。

類似的窘迫也發生在前輩畫家顏水龍身上。一九二〇年到日本準備考美術學校，入學考只素描一科，但顏水龍竟買錯炭筆，他說：「我買到化學作的炭，在考場上才知道買錯了，後來鄰座考生給了我炭條。而麵包的用法，也是看別人用才知道的。」一九二六年到東京的林玉山，也是常到字紙簍去撿

右：一九一六年，國語學校校慶舉辦學藝會，學生上台做黑板畫。

下：一九二一年總督府編的公學校四年級圖畫教科書及其書內教遠近、立體等概念的例圖。

同學只畫一、兩筆就丟的廢紙，充當練習紙。拿油漆畫油畫、買錯炭筆、撿廢紙，一九三〇年以前，雖然也有富家少爺如楊三郎、陳清汾，遠征法國學畫，但西畫家多半還在荊棘路上匍匐前進。

一九二七年，官辦的「臺灣美術展覽會」（臺展）創設，總督府且以購藏激勵，台灣的西洋繪畫發展才開始站穩腳跟。台灣並從富裕家庭開始培植買畫、請油畫家畫家族或個人肖像的素養。

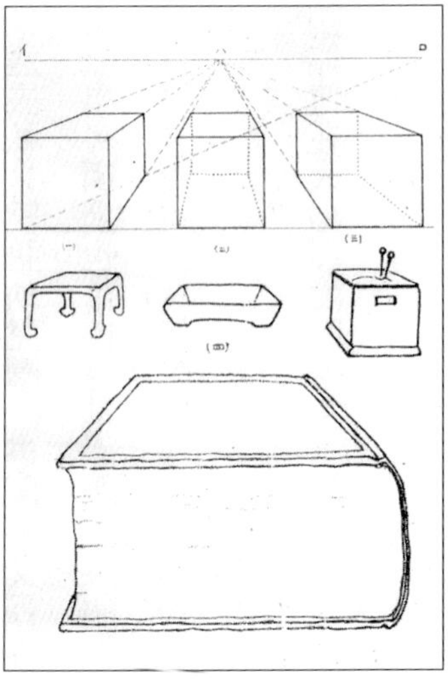

英語

現代的家長早在小孩三、四歲時，就送去私立雙語幼兒園，書店英文書專區永遠聽得見年輕媽媽抑揚頓挫講英文故事，街上也常擦身飛過親子英語對話。台灣甚至有把英語立為第二國家語言的念頭。

究竟甚麼時候台灣人開始學英語？

日治以前，一八八七年，台灣巡撫劉銘傳在大稻埕設西學堂，甄選二十幾名學生，除上傳統國學，也修讀算術、測繪、理化等西方學問，英文、法文更是必修。其中，由英國人轄治臣（Hating）教授英文。繼任的巡撫邵友濂卻一上任半年，就撤廢了西學堂。近五年生命的西學堂總共培養六十四人。這批學生多少台籍？後來如何發展？所學英文如何運用？目前不得而知，似乎未延續到日本統治的時代。

台灣歸為日本領土當時，日本已西化四分之一世紀，普遍知道英語重要性。德川幕府自一六三〇年代鎖國，只跟荷蘭人一種外國人接觸，直到一八五四年開國，兩百多年來只知讀荷蘭文，所謂「蘭學」，獨枝興盛。但兩百多年間，國際局勢洗牌，西班牙和葡萄牙、荷蘭等國家逐漸沒落，英、美代之而起，十九世紀，英語已成為國際最重要的語言。

日本近代化的啟蒙大師福澤諭吉（日鈔一萬圓上的肖像人物）原學荷蘭文，一八五九年到外商群集的橫濱，就發現荷語根本行不通，大家都說英文。福澤諭吉是鼓吹西化的號角，連他都捨蘭學，決心改學英語，對日本社會的標竿作用不言可喻。

台灣作為日本殖民地，自然同受其主流觀念影響。日治初期，報紙上不斷出現函授英語、通信講學的廣告。一九〇一年元月，報紙也出現大稻埕「稻江義塾」的廣告，教授三科，除土語科和讀書科外，就是英語科了。

台南的「長老教會中學」（長榮中學前身）的校長余饒理（George Ede）在日治第二年也有報告指出，「很多到臺灣的日本人，多少懂一些英文，我們的青年沒有理由比他們差。我已開始替中學幾位高年級的學生上英文課。」余校長選聖經的馬可福音作教本。

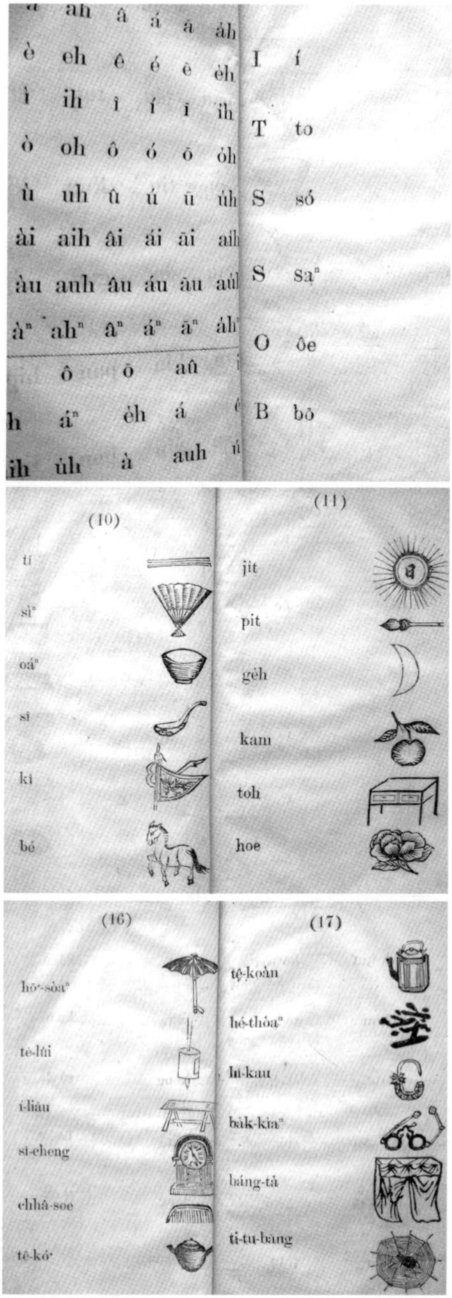

一九〇二年，用羅馬字拼福佬話的繪本。

基督教和英語的連結，讓敏感的西班牙籍天主教神父倍感壓力。一九〇六年，一位台北大稻埕的神父在教務報告中說，「受日本人影響的本地人也一樣，遇見外國人，第一句話就是問：『你會說英語嗎？』」這位神父建議教會，選派到台灣的神父除了會說中國語，最好也會英文或法文，尤其是英文，因為英文已漸漸成為國際性語言了。」

在正規的學校系統裡，台灣人要應付的「外語」，還是日語。公學校（小學）跟戰後五十年一樣，沒有英語課程。小學生每日背天皇的「教育敕語」很拚命，但不知ABC為何物。中學校開始，就有英語課了。依一九〇七年頒布的府令「總督府中學校規則」，第一年每週有九小時英文課，第二年到第六年也有七小時。全台最好的中學「臺北高等學校」和臺北一女中，還聘有外籍的英文教師。

彭明敏（一九二三年生，總統府資政）在回憶錄《自由的滋味》中說，他就讀高雄中學，「完成五年的英文教育，雖然講英文的能力不完美，閱讀英文的能力則相當高。」

這或許正是已修完台中一中四年級課程的謝東閔（一九〇八年生，前副總統）陷入窘境的原因。在回憶錄《歸返》書中，他談到十七歲去上海，想藉由幫英美人士的家庭割草打掃，學習英語；「我們想向他們找工作，必須說

日本重視東南亞的商業利益，馬來語也是重要外文。

明意願，說意願必須講英語。我的英語比曹貫世好些，但真正面對洋人時，實在派不上用場。於是決定寫英文信，以便遇到機會時遞給對方。」有天早上，終於有位洋人見他們在庭園門口徘徊而下樓來問，謝東閔說，他膽怯想退，但洋人已站在面前，退無可退，就鼓起勇氣講英語，很不幸，「他聽不懂」。

謝東閔的英語經驗令人會心一笑；即便情境略有差異，但說不出英語或說出讓英語系人士一頭霧水的經驗，顯然台灣兩、三代人都差不多。

日治時，文官的高考雖然要考外語，由英、德、法語三選一，但未特別獨尊英文。一九一九年以前，位屬台灣高等學府的商業學校，為配合日本在華南及東南亞的經濟需要，設有中文、馬來語和荷蘭語，英語也未受特別重視。另一高等學府總督府醫學校也沒有英語課。

畢業於醫學校、台灣第一位醫學博士杜聰明（一八九三年生）在其回憶錄說，他學多種外語，都是自修或向個別老師求教，「沒有在學校正式聽過講義」、「當時除了日本文以外，沒有外國語課程。」

杜聰明學英文的歷程多與基督教會有關係。他留學美國前，曾到馬偕醫院外國人宣教師宿舍，追隨一位牧師太太，有時還特意到廚房上課，避免有客人打擾。他也曾在台北艋舺禮拜堂跟柯維思學英語會話。柯維思是開創北部基督教傳道的加拿大籍牧師馬偕的台籍女婿。

土語科 英語科 讀書科
右各科生募集ス來月一日迄申込マルベシ
建昌街 稻江義塾

一九〇一年報上的教授英語廣告。

教會學校是早期學習英語的重鎮。部分早期與教會有接觸的台灣人，經由和傳教人員交換教學，各取所需，而學會英語。汪培英（一八七八年生）牧師就是如此學會英文。之後他在基督教長榮中學教英文，教出台灣第一位拿到美國哲學博士的林茂生。

基督教在淡水開辦教會女學校，有加拿大籍老師，多繳學費就可以跟他們學英語。台灣第一位女醫師蔡阿信（一八九六年生）是全班二十四人中唯一堅持學英文的一位。蔡阿信回顧人生時不斷強調，堅持學英文對她一生影響很大。

不過，不是每個早期能學英語的台灣人，都從學習中得到成就與滿足。《中縣口述歷史第三輯》裡，施璇璣（一九〇五年生，畢業於東京女子醫學校）表示，她就讀於英國人辦的淡水高等女子學校時，覺得學校「對語言也有相當的歧視」。假如想外出上街，必須用英文，很禮貌地請求：「請您讓我到街上，好嗎？我將非常感激您！」如果用台語，絕對無法獲准。

日治整整五十年間，留美人數不過六十上下，留學英、德、法等歐洲國家也大約三十人而已。理論上，扣除一部分年輕富家子弟人被直接送往香港、

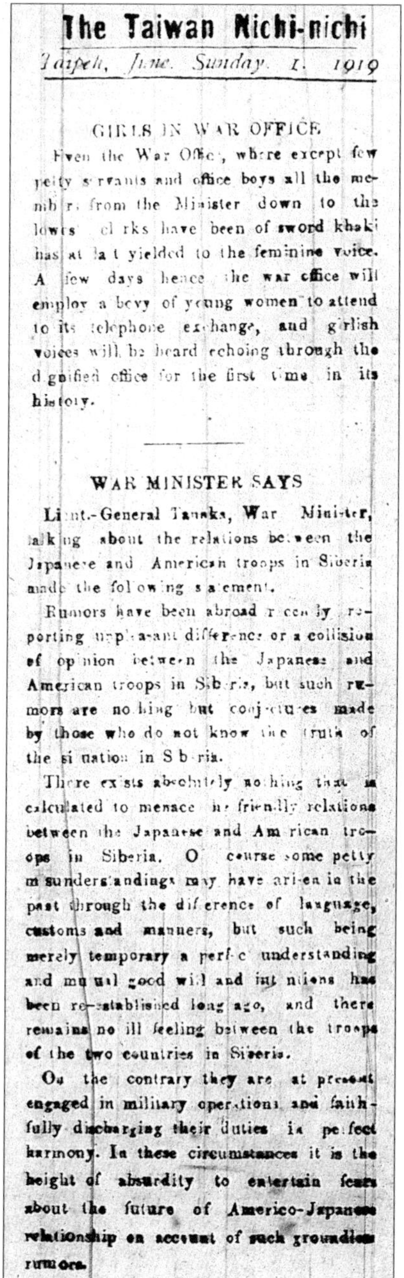

The Taiwan Nichi-nichi

Taipeh, June. Sunday. 1. 1919

GIRLS IN WAR OFFICE

Even the War Office, where except few petty servants and office boys all the members from the Minister down to the lowest clerks have been of sword khaki has at last yielded to the feminine voice. A few days hence the war office will employ a bevy of young women to attend to its telephone exchange, and girlish voices will be heard echoing through the dignified office for the first time in its history.

WAR MINISTER SAYS

Lieut.-General Tanaka, War Minister, talking about the relations between the Japanese and American troops in Siberia made the following statement.

Rumors have been abroad recently reporting unpleasant difference or a collision of opinion between the Japanese and American troops in Siberia, but such rumors are nothing but conjectures made by those who do not know the truth of the situation in Siberia.

There exists absolutely nothing that is calculated to menace the friendly relations between the Japanese and American troops in Siberia. Of course some petty misunderstandings may have arisen in the past through the difference of language, customs and manners, but such being merely temporary a perfect understanding and mutual good will and intentions has been re-established long ago, and there remains no ill feeling between the troops of the two countries in Siberia.

On the contrary they are at present engaged in military operations and faithfully discharging their duties in perfect harmony. In these circumstances it is the height of absurdity to entertain fears about the future of Americo-Japanese relationship on account of such groundless rumors.

報紙偶爾出現的英文報導。（見「臺灣日日新報」一九一九年六月一日）

福州或上海的外國人辦的學校之外，有需要深造英語的人口少得有限。

台灣早有人認識英語的重要性與未來性，但日治時代，除了教會有關人士，多半僅限上層階級家族和子弟能夠在課外接觸英語。一九二〇年代初期就會請外籍英語家教到府的，也只有像台灣名列前茅的富族鹿港辜家。一九一七年生的前台泥董事長辜振甫學齡前，已經從英國老師學了三、四年英語。辜振甫還深深記得，他曾指淡水河邊的夕陽是red（紅色），但英籍老師馬上修正為crimson（暗紅色）。這種深刻印象恐怕是八十年前不出一二人的稀有童年經驗。

英語曾是少數富豪菁英才會接觸的語言，當時大概料想不到今天，竟然幾乎每一位台灣父母都恨不得從三歲小娃嘴裡挖出ABC來。

圖書館

圖書館也是舶來品，它的到來意味台灣西化進程又往前走了一步。自古當然就有藏書所，世界各國的古圖書館起源，要追溯到多早就有多早。像中國，據說夏代就有圖書館；出土甲骨文則證明殷商時代就有圖書館。但是，畢竟跟今天我們所進出借閱的圖書館意涵不同。

台灣近代觀念的圖書館始自日本統治時期，而日本創建圖書館的念頭，又學自西方。日本最早由知名的思想啟蒙先驅福澤諭吉（日鈔一萬圓上的肖像人物）介紹西方近代的圖書館建置與運作方法。一八六六年，他在《西洋事情》書中說，西洋各國都府多有「文庫」，收置各種圖書，大家可以在庫內閱讀，但不能帶回家。英國倫敦「文庫」藏八十萬本，法國巴黎的「文庫」有一百五十萬本。

經過福澤諭吉開頭引介，「全面歐化、富國強兵」的口號聲聲吹彈，圖書館的概念便逐漸落實。一八七二年，最早的近代圖書館於東京湯島聖堂（日本德川幕府所設的孔子廟、教學中心）內開館，當時稱之「書籍館」。八年後改稱「東京圖書館」，「圖書館」的名稱開始行世。

台灣近代圖書館的發展即襲自日本，先有私立「文庫」，而後有官立的「圖書館」。基本上，與中國的發展軌跡沒有牽連。清末變法維新，西學漸入，光緒二十九年（一九〇三年）才有第一座公共圖書館「浙江藏書館」。

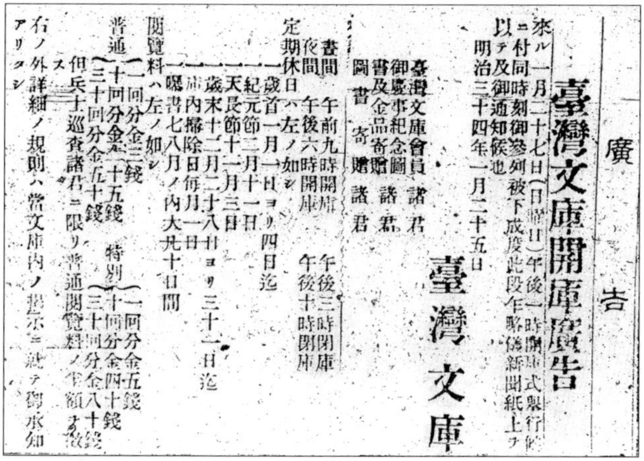
廣告

臺灣文庫開庫廣告

來ル一月二十七日(日曜日)午後一時開庫式舉行ニ付同時刻御參列被下度此段乍略儀新聞紙上ヲ以テ及御通知候也

明治三十四年一月二十五日

臺灣文庫

臺灣文庫會員 諸君
御慶事紀念圖 諸君
書及金品寄贈 諸君
圖書 寄贈 諸君

書間 午前九時開庫 午後三時閉庫
夜間 午後六時開庫 午後十時閉庫

定期休日ハ左ノ如シ
一歲首一月一日ヨリ四日迄
一紀元節二月十一日
一天長節十一月三日
一歲末十二月二十八日ヨリ三十一日迄
一庫內掃除日每月一日
一曝書七八月ノ內大凡十日間

閱覽料ハ左ノ如シ
普通 一回分金三錢 十回分金二十五錢 三十回分金五十錢
特別 一回分金五錢 十回分金四十錢 三十回分金八十錢
但兵士巡查諸君ニ限リ普通閱覽料ノ半額ヲ徵ス
右ノ外詳細ノ規則ハ當文庫內ノ揭示ニ就テ御承知アリタシ

一九〇一年元月「臺灣文庫」透過報紙廣告傳達開館消息。

「圖書館」之稱首見於湖南巡撫龐鴻書奏請在長沙設立圖書館，那已是一九〇六年，晚於日本。

台灣自清代以來，豪族世家或有藏書，但並不具公共分享的性質。首次有近代圖書館模型的，應推「臺灣文庫」。日本統治台灣第四年，有位記者動創立圖書館的念頭。他叫「栃內正六」，是台灣第二份報紙「臺灣日報」的編輯（即記者）。多位官員贊同此議，曾在民政長官後藤新平的官邸開過「臺北圖書館發起人會」。他們認為，台灣人文未開，文化落後，社會組織薄弱，人們不守律規，要矯正弊端，應從研究自修開始。「所謂研究自修途徑，唯有設置公共圖書館，也別無他途。」

「臺灣文庫」設在「淡水館」內，即今天總統府後方的長沙街一段。清末為登瀛書院，日本來台第一任總督樺山資紀取意「君子之交淡如水」，加上臺北原為淡水縣，有淡水河流過，改築命名為淡水館，供作駐台文武官員的俱樂所。

一九〇一年（明治三十四年）一月二十七日，「臺灣文庫」在「臺灣日日新報」上刊登開張廣告，當天是星期日，午後一點鐘開始營運。開館當時，約有藏書近六千冊。

「臺灣文庫」每天早上九點開放到晚上十點，比現在任何一所

私人創辦的石坂文庫原址在今基隆市。內外看起來都頗具規模。

圖書館要晚休館，但午後三到六時是休息時間，不開放。一星期七天，全不閉館，也和現代圖書館例休星期一不同。

更大的不同是進入「臺灣文庫」，必須收費。普通閱覽一次三錢，兵士和巡查（警察）半價優惠。當時一份報紙售價兩錢，進圖書館稍貴於看報紙。不過，看起來並非台灣殖民地獨有的特殊做法。

「半仙」（即羅萬俥，曾留學美國，戰後任彰化銀行董事長和立委）一九二二年曾寫文章〈東京の文明〉，指出紐約與東京文明的諸種不同。其一就說，進紐約的圖書館不需繳費，可以自己去書架直接拿書。東京的圖書館要付費，又要脫鞋，並在紙上填寫姓名、地址和職業。

如果單從付費的角度看圖書館的進步程度，一九〇九年創建的台灣第二座圖書館「石坂文庫」，毋寧更進一步。這個文庫藏八千多本書籍，進庫閱覽全然免費。

石坂莊作定居基隆，做過土木和度量衡器生意。

日治時代圖書館有所謂「巡迴書庫」制度，讓遠地學校可以有短暫的圖書館。圖為總督府圖書館正打包書籍，作巡迴書庫的準備。

「石坂文庫」創辦人石坂莊作，來自日本群馬縣，任過中學教員，來台灣定居基隆，做過土木和度量衡器的生意，出任過市會議員。石坂說，日本本土圖書館事業發達，大都會不說，地方村里也無不力爭經營。反觀台灣，無一完整的圖書館，坊間只賣雜誌小說，讓深思好學之士徒喚奈何，因此創立「石坂文庫」。

文庫設在基隆市日新町一丁目，即今義一路和信一路口的臺灣銀行旁邊。《基隆港大觀》書中描述文庫為「兩層樓建築，寬約有四個店面，深度約六間店面，除了六排書架外，另有四排書架……」。二樓有男閱覽室與婦女閱覽室、目錄櫃，一樓則設新聞雜誌閱覽室、新到圖書陳列室、參展書陳列室，規模完全與今天的圖書館無異。

較特別的是一樓另有抽菸談話室，館外庭院還提供相撲及體操設施和劍道器具，讓讀者一面讀書，一面也可以運動。

「石坂文庫」最大的創舉在於採用巡迴書庫的概念，讓圖書館流動化，不單基隆一地市民可以利用。任何公務機關、學校或公共團體申請，並自付運費，文庫即可出借圖書，每回巡迴借閱期限為一個禮拜。據記錄，石坂文庫曾巡迴到台東、花蓮、台南和台北金山，甚至中國的廈門、福州，巡迴腳跡也到過沖繩。

總督府圖書館的大閱覽室。放大照片，似乎看得到地板貼磁磚、讀者穿著拖鞋。

石坂莊作非豪富，卻能以私人之力，在那個官方圖書館都未出現的年代，經營私立文庫達十五年之久，藏書近兩萬冊，其熱心與貢獻，實不容易，然而歷來的台灣史對此不特著墨，真是怪哉。

跟其他公共空間建設比起來，總督府建置圖書館顯得動作緩慢；一九一五年八月九日，總督府圖書館才開館。開館沒幾天，報紙曾報導，入館者眾，「竟滿員，至有謝絕入場」的情況發生。

總督府圖書館位於今總統府後方的國防部博愛大樓，建築精緻氣派，終其日治時代，一直是全島各地圖書館的龍頭老大，每年有十幾萬人次造訪利用。藏書逐年累積，到一九四二年，已有十五萬多本。

總督府圖書館在史上有一特殊創舉，開館第二年（一九一六年），開設了台灣最早的兒童閱覽室。兒童室平時只在週末六日和假日開放，暑假期間才每天開放。進去之前，兒童要洗手、脫木屐。男、女兒童必須分開到不同閱覽室的規定，恐怕會讓現代人忍不住苦笑。

圖書館裡有說故事時間，似乎是晚近才有的發展，但早在日治時期，總督府圖書館每逢週六午後兩點，就已經有所謂的「童話會」。

在一九二〇年以前，全台圖書館的數量屈指可數。一九二三年起，因總督府頒布公、私圖書館規則，圖書館快速成長，到一九四三年日治末期，各郡、街、庄圖書館已多達三百一十七個。在這樣的地方圖書館裡，有一項經驗是今人所無的。據《基隆市志》記載，市民張埕溪說，以前到基隆市圖書館借書，先到二樓找書目卡片，交館員找書即可，完全不需要借書證。比較起來，人心不古，現在圖書館設下的防範就多了。

上：總督府圖書館設兒童室，男女分坐。
中：日本時代，各地廣設圖書館。圖為臺南市立圖書館。
下：臺中州立圖書館。

幼稚園

一九三二年，由臺北知名茶商陳天來（後右四）創辦的大稻埕幼稚園留下第一屆畢業合照。（張超英提供）

當今幼稚園已經「小學化」，小小台灣人各個上幼稚園去學十八般文武才藝，生活景觀與三、四代前的幼兒相差十萬八千里。

吳三連（一八九九年生，前台北市長）生於台南窮鄉，家無田產，父兄必須外出做木工，家裡只剩母親和他兩人。幼年時期，母親每天又需趕豬到村外放養，經常留他一人在家，吳三連於回憶錄說：「留在家裡的我，便形同孤兒。」他的中餐，母親會「抓一把甘藷簽，託鄰居在做午飯時，順便幫忙煮煮，供我充饑。有時沒有了這兩碗甘藷簽，我便餓著肚子，撐過整個下午。」連吃飽飯都成問題，唸書簡直是天邊遠的奇譚。

家境好一點的人家，學前會受教育，泰半像柯台山（一九一四年生，前台北市民政局長），父親是殷實的「篤農家」，五歲時，母親開始教他羅馬字（以羅馬字拼閩南音的一種文字），所以很小就能讀《聖經》，父親也教他《三字經》、《千字文》。林洋港（一九二七年生，曾任台灣省主席、司法院長）也在四歲左右開始背《三字經》，多少受叔叔在家鄉私塾教漢文的影響。五歲時，有位算命仙到林家替林洋港批流年，斷言他命帶文昌，很會唸書。家人欣喜出「狀元子」，他也常跟在私塾聽叔叔教《論語》、《孟子》。但柯、林兩位的經驗畢竟仍屬極少數。

八十歲以上一代的台灣人，若童年未失學而受起碼的「公學校」（小學）

大稻埕幼稚園第一回保育修了記念
昭和七年三月十二日
大稻埕幼稚園

台灣第一所幼稚園由台南秀才蔡夢熊創辦。

教育的，回憶童年絕大多數都由七歲啟蒙入學開始談，學齡前教育可說一片空白。若文學一點，也可說他們接受的是「大自然的教育」，過著摘龍眼、玩溪水、抓蝴蝶的日子。所以如此，「幼稚園」在當時的概念裡，還是一個很先進的、屬於有錢階級的稀有教育商品。

林衡道（一九一五年生，前台灣省文獻會主委）出身台灣第一豪族「板橋林家」，四、五歲開始「被迫念書」，父親請先生在家課讀。在此之前，他偶然有過兩個月的幼稚園經驗。當時他入福州的一個幼稚園，他回憶說：「在當時的福州而言，是一件很時髦的事情……。祖母幫我訂作西裝，奶媽抱我坐人力車去上學，我記得當車子從楊橋巷出來轉東街的時候，警察看見我穿西裝，還對我敬禮。」

台灣之有幼稚園則始於日本統治初期。在台灣教育史上，近代教育形式的學校多由外國人傳入新觀念與創辦。幼稚園教育的理念也由日本輸入，卻產生近乎離奇的歷史結果：台灣第一所幼稚園是由台灣人自己創辦。這個有新創能力的台灣人名叫蔡夢熊，在日本人寫的《臺灣教育沿革誌》（一九三九年出版）裡小小一隅，記錄了他興辦台灣第一所幼稚園的事跡。

《臺灣教育沿革誌》指出，「臺南教育會」的幹事蔡夢熊曾到日本京都、大阪觀光，目睹幼稚園的教育活動，非常讚賞，回台後就鼓吹興辦。日本入據台灣第三年，一八九七年的十月十八日，由臺南士紳學儒組織的「臺南教育會」，向臺南縣知事提出申設幼稚園，通過後，十二月一日隨即開園。

根據日本時代的名人錄，一八九七年辦幼稚園那年，蔡夢熊才三十歲，家產二十萬日圓，比尋常地方富族的幾萬圓家產多，比台北首富茶商李春生的一百萬日圓又顯得有一段距離。父親曾舉貢生，官至「戶部主事」，蔡夢熊本人是「廪生」，也就是俗稱的「秀才」。日本治台初期，政權更迭，他搖變官拜臺南縣參事。

日本治台第二年底，第三任總督乃木希典就新職，便表示當務之急要設置基層行政機關，採用具德望的台灣人擔任官吏，以疏通上下政府與人民的感情。隔年一八九七年即改全台為六縣三廳，廳內設名譽與顧問性質的參事，由總督遴選有學識名望的台灣人擔任，享有奏任官（中層官員）待遇。參事可謂是新政權的政治新貴。第一年蔡夢熊就被選任臺南縣參事，是全台十五位參事中最年輕的一位。

這所幼稚園最先有一位日本人和四位台灣人為創立委員，再推舉蔡夢熊出任園長，另招聘了兩位女子師範學校畢業的日本人擔任「保姆」（當時對幼稚園老師的稱呼）。台灣史上第一批幼稚園學生，於一八九七年的十二月一日，在台南市區的關帝廟內開始上課，史上稱為「臺南關帝廟幼稚園」。初始學生有二十名，女孩佔三分之一，男孩佔三分之二，都是臺南縣參事（當時縣參事只有舉人蔡國琳和蔡夢熊兩位）和富豪家族的小孩。這跟日本第一個幼稚園散放的上流階級色彩如出同一枝筆下。

一八七六年，日本東京女子師範學校附設幼稚園開辦，學生五、六十人，淨是富豪或顯貴家族嬌寵的小孩，都有隨從或侍女貼身伴讀。一年後，舉行正式而盛大的開園典禮時，明治皇后更且親臨。

關帝廟幼稚園於一九〇〇年十月，開園未滿三年就關閉了。《臺灣教育沿革誌》分析原因說，「由無學識經驗的本島人擔任園長，有許多怨言。」加上後來沒有半個台灣人學童入園，清一色是日本小孩。不過，名人錄記載蔡夢熊於一九〇〇年去世，所謂「無學識經驗的本島人」園長，指的恐怕不是他。相反的，關帝廟幼稚園也有可能因他英年早逝，中樞無人，才步向關閉的命運。

關帝廟幼稚園之後十幾年，直到一九一七年，台灣的幼稚園數目才突破個位數，這一年讀幼稚園的台灣籍小孩才兩百六十七人。

彭明敏（一九二三年生，曾是一九九六年民進黨提名的總統候選人、現任總統府資政）在回憶錄《自由的滋味》提到，他進入台北的大正幼稚園，經過嚴格的入學考試，「在我的幼稚園裡，除我以外，只有一名台灣小孩。」

戰前的幼稚園兒童也上台表演純真的唱遊。（張超英提供）

張超英（一九三三年生，前駐日新聞處長）出身煤礦富商的家庭，在其尚未出版的回憶錄中也指出，日治時，「幼稚園不屬於義務教育，要付學費，能去讀的小朋友都來自有錢人家。我讀的大稻埕幼稚園，在永樂町，與中山北路的家有點距離，每天由人力車接送。」戰前，幼稚園仍維持貴族色彩，殆無疑問。

百年來，幼稚園從貴族化走到平民化，從二十人能讀變到人人必讀，雖然園內孩童的歌聲依舊，但現在幼兒是否比百年前的孩子幸運，卻是讓人無法衝口就答得上來的問題。

畢業典禮

曾幾何時，畢業典禮變成現今學校綜藝競技的舞臺。北一女和中山女高兩大女中的校長曾經一扮印度舞孃，一扮古代將軍主持畢業典禮；鳳凰花開，不啻意味五花八門創意競出的季節來臨。

但是，歷來並非所有的畢業典禮都在鳳凰花飛舞中創意揭開。

日治時代和戰後的學校年中行事，最大不同在於學年的始終時間相異。現在學年末尾在六月，畢業式當然在六月。半世紀以前，日本旗下的台灣學校，三月休業，「卒業式」（畢業典禮）集中於三月下半月舉行。那時節飛的不再是橘紅鳳凰，杜鵑花才是火紅熱鬧歡送畢業生的主角。

因為學年制度不同，所以前副總統謝東閔不甘異族統治，中學時潛赴「祖國」，回憶冊才會記錄為一九二五年「春天，我已十九歲，讀完一中四年級，將升入五年級時……」、「民國十四年四月，寶島還剩下一絲春天的涼意，我和曹貫世踏上那充滿挑戰性而又不可知的征程，迂迴日本到上海去。」

不過，台灣近代公立學校的第一場畢業典禮，不在春三月，也不在夏六月，而是一八九五年的秋天十月十九日，距離日本開始統治台灣的六月十七日，不過四個月，台灣中部抗日民兵還和日本軍激烈交戰，日本軍剛登陸南部接管沒幾天，抗日軍領袖劉永福則正好這一天逃離台灣。

總督府學務部展開教育工作的腳步很快。首先為培訓台灣人講日本話，學

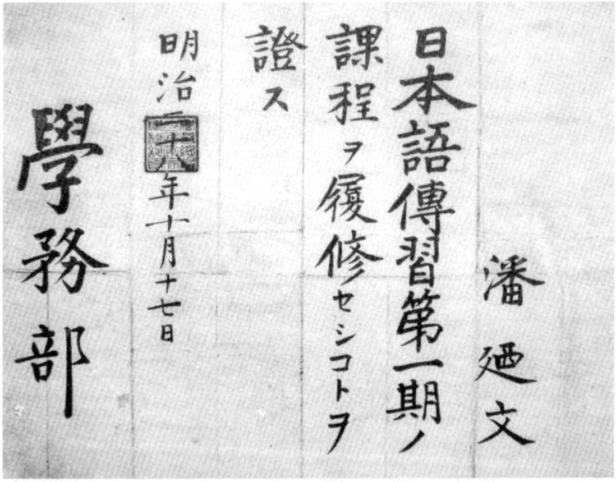

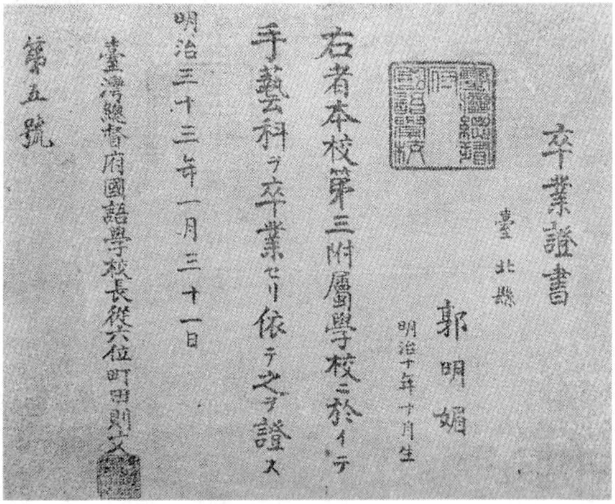

上：日治時期最早頒發的結業證書。
下：和前張比較，畢業證書已更近似現在的格式。

務部長伊澤修二向台北商紳打聽，知道八芝蘭士林街學者輩出、文風鼎盛，佔台一個多月後，就在士林的小山丘「芝山巖」設立台灣近代第一個西式公學，稱之「芝山巖學堂」。姑且不討論日治前基督教在台興學情形，純就正式官制學校來說，台灣第一個「近代學校」的第一回畢業生都是老學生。伊澤修二最初到士林，找到前清進士陳登元和舉人潘成清幫忙考試招生，考生年齡在十七到二十七歲之間。

七月十六日開始上學，只六名學生，十月十七日就告一段落。時間短促，所以舉辦的是「修了」(結業)證書頒發典禮。結業學生共有柯秋潔、潘光儲、潘光楷、潘光明、潘迺文、陳兆鸞和學習進度超前的二期生朱俊英七人。官方很重視，造成出席觀禮人數遠超過結業生的奇特現象。總督府的第三號人物、民政局長水野遵（當時除總督外，各局長之上還有一位副總督）出席外，還有海軍局長、臺北縣知事（等同「縣長」）及士林儒紳數十人到場觀禮。

這一期頒發的潘迺文的結業證書，現在還存放在士林國小校史館。看起來粗具現代的畢業證書格式，已有官防用印。跟三年後女子學校最初的畢業證書相比，後者多了「卒業證書」的標誌，畢業生的籍貫、生年與生月也標記清楚，頒發證書者也從單位變學校校長，證書更開始有編號，模樣已極接近今天的畢業證書。

後來的畢業典禮逐漸形成一套固定程序。拿一九一四年（大正三年）三月二十二日的臺南女子公學校來說，畢業典禮上午九點開始，畢業生和來賓先入座。據紀田順一郎所著《近代事物起源事典》，日本治台前，日本的畢業生曾經是先在另一房間等待，被叫到名字，領完證書再入場。沒叫到名字的就很丟臉了，有人因被留級無法畢業而

日本時代的畢業典禮單調，依一套公式程序進行。（靜修女中提供）

大哭，讓畢業典禮現場很尷尬。還好，在台灣的畢業典禮已經改良，由學生魚貫上台或少數學生「總代」（代表）上台領證書。

畢業證書可說是許多人數年寒窗的唯一目的，但也有人視之如敝屣，台灣第一個雕塑家黃土水就是這樣的人。作家張深切（一九〇四年生）當初眼見黃土水領了東京美術學校的畢業證書回來，一邊忿忿說：「哼，只給我九十九分，用不著這證書！」一邊就把畢業證書撕了。黃土水自視之高，不被文憑所縛，充分展露藝術家的氣質。

日本時代各級學校的畢業典禮，容或有在上午、下午舉行的差別，容或有學校搭配學藝會或展覽會，但校長奉讀教育敕語和唱「君之代」，則是每一場畢業典禮必有的節目。

「君之代」其實就是日本國歌「君が代」（讀作Ki-Mi-Ga-Yo），原是一八八〇年，日本海軍為祝賀明治天皇壽誕的獻歌，詞採自一首祝人長壽的古歌，再由林廣守作曲。一八九三年，文部省指定為小學校祝祭日必唱的歌曲，慢慢被視同國歌。但一直要到一九九九年，首相小淵惠三任內，才明定為國歌。

至於「教育敕語」，指的是明治天皇的訓示。性質就像戰後台灣的「國父遺囑」和「蔣公遺訓」，學校大小典禮，非唸過這兩位「世界偉人」、「民族

救星」的訓誨，否則典禮無法進行。

一八九〇年十月三十日，明治天皇頒布教育敕語，全日本的學校曾舉行隆重儀式奉迎，因而成為日本教育的最高指導方針。台灣殖民地自不例外。日本治台第三年就頒布漢譯敕語，初期遇任何節慶典禮，一律中、日敕語各誦一遍。走過日本統治的老台灣人，上過學的，都曾經被要求把教育敕語背得滾瓜爛熟，而且小學畢業前必須要會默寫。

漢譯的教育敕語全文為：「朕惟我皇祖皇宗，肇國宏遠，樹德深厚，我臣民，克忠克孝，億兆一心，世濟厥美，此我國體之精華，而教育之淵源，亦實存乎此，爾臣民，孝于父母，友于兄弟，夫婦相和，朋友相信，恭儉持己，博愛及眾，修學習業，以啟發智能，成就德器，進廣公益，開世務，常臺北州立第二商校的畢業典禮。

重國憲，遵國法，一旦緩急，則義勇奉公，以扶翼天壤無窮之皇運，如是，不獨為朕之忠良臣民，亦足以顯彰爾祖先之遺風矣，斯道也，實我皇祖皇宗之遺訓，而子孫臣民所宜俱遵守焉，通之古今不謬，施之中外不悖，朕與爾臣民，拳拳服膺，庶幾咸一其德。」共一百九十三字，日本皇國思想全寫在上面。

日治時代的畢業典禮之無聊無味可以想見一斑。各種回憶幾乎不見談及畢業典禮，似乎可以佐證。畢業典禮上最能讓人把細胞打醒的，該是唱畢業歌了。該唱甚麼歌並未統一規定。日本本國戰前必唱的畢業歌「螢の光」，到台灣，有的唱，有的不唱。依「臺灣日日新報」歷年報導，畢業歌曲有師恩歌、感謝歌、送別歌等等。

那時候的畢業典禮常常一個鐘頭就結束，長一些的也不超過兩小時。典禮上拿到「銀時計」（銀錶）和「市尹獎學賜金」（市長獎學金）畢竟是極少數，多的只是聽到訓話。所謂畢業，值得追想起的絕不是典禮。

第八部

裝扮

鬍子

第四任臺灣總督兒玉源太郎蓄山羊鬍。

日本統治台灣五十年，日本人留給台灣甚麼？其中一項是對「鬍子」的體驗。

屏東高樹鄉出身的作家鍾理和（一九一五年生）在著名小說《原鄉人》提到對日本人印象，「經常穿著制服制帽，腰佩長刀，鼻下蓄著撮短鬚，昂首闊步，威風凜凜。他們所到，鴉雀無聲，人遠遠避開。」

前輩畫家劉啟祥小時，父親從日本請來畫家到台南柳營家裡畫肖像。畫家出神入化的彩筆和他嘴上的兩撇鬍鬚，相映成迷人的風采。劉啟祥開始對畫家這種身分產生無限嚮往。

還有許多老台灣人對日本老師的特別回憶是鬍子。台灣第一位醫學博士杜聰明，在總督府醫學校的數學老師是「有長鬚的一位溫厚老師」。現任總統府國策顧問楊基銓也說到，在台中一中求學時，一位教漢文的前田老師「在下顎留髭，同學們送他一個綽號：『山羊』」前台灣省民政廳長楊肇嘉回憶在台中牛罵頭公學校的岡村校長，「他為人極好，待學生如待朋友。記得我曾爬在他的大腿上，扭著他的鬍子玩，逗得大家歡笑呢！」

鬍子雖說是上天賦予男人的臉部裝飾品，但對古早的台灣人來說，只是「番仔」的特徵之一。一八六七年，來台宣教的西班牙天主教良方濟神父寫道，起初看到民眾熱烈歡迎傳教士，誤以為心向天主者眾，後來才發現，

右：第二任總督桂太郎。
左：落腮鬍是第三任總督乃木希典最特別的形象標誌。

「人們只是好奇，大家都想看看郭神父的大鬍子。」一八七二年到台灣北部傳教的加拿大籍牧師馬偕也一臉大鬍子，他的女婿柯維思曾說，小孩子因此叫他「番仔」，一開始都不敢靠近他。

一百年前，台灣人也稱日本人「番仔」，稱走避日本接管台灣為「走番仔」。是否與日本軍多蓄鬍有關，不得而知，但台籍老報人葉榮鐘曾指出，家鄉鹿港的日本衛生警察是標準的「番仔」，「身材矮小，但體魄精悍頑健。兩道濃眉，滿臉橫肉，唇上兩撇凱撒鬍，目露凶光，面呈殺氣，一副尊相令人望而生畏。」

翻閱日治時代的書籍資料，很容易發現，在台日本要人留鬍子的真如過江之鯽。歷任臺灣總督多半留鬍子，像負責與李鴻章的兒子李經方調印交割台灣的第一任總督樺山資紀；啟用後藤新平為民政長官，而治績斐然的第四任總督兒玉源太郎，都有特殊的鬍型。第三任的乃木希典更是以滿腮灰白的大鬍子，留下鮮明影像，似乎更容易勾起人們對乃木夫妻為明治天皇殉死的追想。其他如臺灣製糖株式會社、臺灣銀行的取締役（董事），十之八九留著各式各樣的鬍子。

當時日本國內，蓄鬍可謂一片流風。一八六八年即位的明治天皇和一九一二年登基的大正天皇都留鬍鬚。自明治十八年，日本開始有首相起，明治時代的九位首相，七位蓄鬍。大正十五個年頭的八位首相，只有原敬，一人臉上無鬚。戰前的昭和年代，流風依舊堅挺，鬍子首相人數呈壓倒性多數。但戰後至今，從現任內閣總理小泉純一郎上溯，最近的二十位日本首相，雖有長長雙眉下垂的村山富市及頭髮燙得彷彿明星的小泉純一郎，卻再也找不到一位美髯長鬚的首相。

明治、大正年代的日本主流社會，男人的鬍鬚大約跟今天滿口英語一樣，具有追上世界潮流的隱喻。十九世紀可說是歐洲人的世紀，近代科學文明不斷從歐洲湧現。日本知道西方強盛之後，急起直追，毫不受民族尊嚴的抑制，努力要把自己化身在東方的歐洲人。除了種種制度和知識的移植與吸收，人的裝束上也大幅改造。明治初年各地方就大頒斷髮令。剪個西方頭髮，就可搖變成所謂的「開化人」。十九世紀歐美人特有的蓄鬍風，豈有不模仿追效之理。

明治維新前的「幕末志士」（德川幕府末期有志歐化革新者），原本不留鬍子的面容，出洋一趟，回到日本，出任明治政府要職後，紛紛「改頭換面」，換上有鬍鬚的臉龐，登上歷史舞台。第一任首相伊藤博文如此，那群「維新元勳」，像是大久保利通、山縣有朋、副島種臣、松方正義等人，也莫不如是。

名人錄上指新竹名門鄭家的鄭神寶努力同化，穿日本服，改住和洋混合式住宅。學日本上層人士留個仁丹鬍，就不奇怪了。

表面上，世界各人種都有鬍子，但東、西方的鬍型還是有很大差距。中國漢人只老者留鬍子，且形狀千年只有一種，唇上一撮，下巴又一長撮，構成「中國鬚」。除非特殊武人或江湖盜匪，中國傳統男人的鬍子多不翹不捲、不單留髭、不單留鬚。但近代西方的鬍型相對多樣，基本款有山羊鬍（goat-ee）、頰髭（whiskers，兩頰蓄鬍）、大鬍子（full beard）、仁丹鬍（handlebar，唇上鬍子呈倒菱角狀，兩端上翹）、短髭（short moustache，唇上一撮），其他還有「皇帝髯」、「方形鬚」、「范大克髯」、「亨利四世鬍」等等，並透過上蠟來造型。

英文「鬍子」（beard）這個字，本有知識份子、冷靜的人、先覺者的意思，無鬚的（beardless）則意指乳臭未乾。可見鬍子之於西方，顯然與東方截然不同。美國愛鬍團體就驕傲的宣稱，十九世紀美國內戰的將軍和隊長，九十九人蓄鬍，三人並成為美國總統。

日本人向歐美模仿，企在鬍子尾端沾點文明開化的醬汁。此風傳入台灣，卻未感染到台灣的男人，成為台灣受日影響而近代化歷程中的異數。主要原因似乎是日本的優越感和台灣文化傳統不愛留鬍子造成。

曾任總督府評議員的黃純青，在《晴園老人述舊》說過一個真實故事。皇民化運動時期，一位台北樹林的鄉親老農去請辦戶口謄本，承辦警察捋其鬚問，這不是八字形的中國鬚嗎！？又拉衣服問，這不是中國服嗎！？輕蔑老農「非國民」而逐出門外。老農被迫剪掉鬍子，才辦出戶口謄本。作為殖民地次等公民，台灣男人並不被鼓勵蓄鬍，以彰顯進步感。

另一方面，台灣原住民的傳統，不論高山族或平埔族（為漢人移入前已居住在平地水邊的原住民。學者推論九成台灣人有平埔族血統），也極少人蓄鬍。一八三六年刊行的《彰化縣誌》，甚且記錄高山原住民的風俗，「無髭髯，毛附體者盡拔之」。

日治五十年，年輕與壯年男人留鬍子的實在不多。或者如林鳳麟，三十歲擔任法官時，為讓自己「看起來較老成及威嚴」，蓄過小鬍鬚。或者就如台灣第一位留美學生楊仲鯨，把他大學在美國留的西式鬍子帶回台灣。

戰後台灣，整個上層社會不僅沒有蓄鬍風氣，還有不准留鬍子的默契。蔣介石在大陸時期，曾斥責後來曾任陸軍總司令的黃杰，身為指揮官，留著長鬍鬚，容易成為敵人狙擊的明顯標的。一直到最近，風氣自由，才有愈來愈多台灣男人把心思放到鬍子上。日本權威的鬍子已遠，而憑添人生趣味的鬍子正在開始流行。

西服

台灣男人甚麼時候開始脫掉長袍，穿起西服？追索答案，必須從剪辮子談起。

清代台灣男人的外觀，富裕人家身穿長袍，農工階級穿衫褲。頭頂垂一條長辮子，則兩者沒有不同。這條辮子是十七世紀中期滿人入關滅明後，硬給漢人安上的「勝戰紀念品」。許多不從異制的明朝臣民，曾經不惜以人頭落地來抗拒這條滿清辮子。

但是，物換星移，兩百多年過後，中國人要西化，剪辮子，像蔣夢麟（一八八六年生，前北京大學校長）在一九〇八年（光緒三十四年）留美前去剪辮子時，卻又要一番掙扎，有「上斷頭台的感覺，全身汗毛直豎」。魯迅在小說《阿Q正傳》裡，另有生動描寫剪了辮子的留日學生回國，母親為此「哭了十幾場，他的太太跳了三回井」。辮子連結著民族認同，要卡嚓一刀剪去，真不是件輕鬆的事。

對中國人如此，對在台灣的中國人民也是如此。南投籍作家張深切（一九〇四年生）九歲剪辮，「一家人都哭了。跪在祖先神位前，痛哭流涕。」為他斷髮的父親「好像殺了人，茫然自失，揮淚走出外面。」

一八九五年日本開始統治台灣，西風隨之吹入，幾乎沒有人願意改穿西服，卻蓄著長辮的；剪辮易服，往往是相伴相生的一件事情。此所以談西服

日治初期，總督府國語學校的學生仍然垂著辮子上課。

傳入台灣，必須先談辮子的理由。

依目前所見資料，第一個斷辮髮的台灣人是十五歲的姚水土。一八九五年日軍近衛師團開進台北北門城下，見城門深鎖，兩個士兵穿了釘鞋，放了繩梯，準備登城。這時有位婦人帶著兒子送上竹梯，近衛師團團長北白川宮能久親王除了給予獎賞，並且馬上把婦人的第二子姚水土帶在身邊。《興味の臺灣史話》指出，姚水土「斷髮洋裝」，隨能久親王往南部走。能久親王幾個月後病死，姚土水後來還有受到特殊照顧，曾被一個商人帶到東京，住進第一任臺灣總督樺山資紀家裡，唸了小學，返台後就死了。

歷史的偶然毫無彆扭的促成少年姚水土剪辮穿西服，接下來的台灣人面對的就不再輕鬆，而是歷史的沉重潮流了。

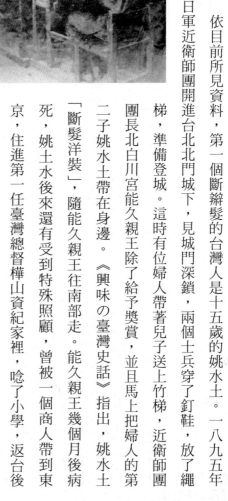

日本新統治者並未強迫剪辮改裝，但一些台北商人因著不同的情勢，率先動剪掉辮子的念頭，接著索性易服，穿起西式衣裝來了。

一百多年前，台北大稻埕的大茶商李春生（一八三八年生）在台灣割日第二年二月，隨同總督樺山資紀到東京遊訪。據

茶商吳文秀在香港剪辮子，改穿西裝，才前往巴黎參加博覽會。

日治初期，最能接受日本帶進的西潮者流，多李春生（左頁之右）和辜顯榮（左頁之左）一類的商賈。

他寫的《東遊六十四日隨筆》指出，日本村童見他清國裝束，「勢如仇讎」，咒罵「唱唱保」，譯成中文就是「豬尾奴」。李春生說自己素來喜歡方便的西式裝扮，現在「身為棄地遺民」，這次到東京，「沿途頻遭無賴輩、擲石謾罵之苦」，所以決定改裝。於是，三月二日晚間，請旅館主人「邀匠定製外國衣服、大小各一襲、限三日內備用。」

三月七日，李春生迫不及待回旅館試穿，隨即行「剪辮禮」，完成所謂的「斷髮改妝」。李春生感覺「身非歐西族類，然英俊之氣，勃然流露，已非昔時孱弱傴僂之比。」不過，穿了六十年漢服，一朝改穿西服，並不習慣；李春生當晚穿西服去應酬，但「不耐恆久膝坐，酒甫罷，即興辭而歸。」

另一位開風氣之先的吳文秀，也是大稻埕的茶商，二十五歲就當上「臺北茶商公會」會長。跟李春生一樣，會說英語。一八九九年冬十二月，代表公會啟程前往法國巴黎參加博覽會。出發時，吳文秀是留著辮子，一襲漢裝。但據一九〇〇年（明治三十三年）四月十三日「臺灣日日新報」漢文版報導，吳文秀抵達香港後，想起以前到日本，雖蓄辮尾，但談生意的城市還有清國人「雜之，猶不至驚世駭俗」，但這次前往巴黎，鐵定沒有半個清國人，因而在十二月某日「籌思一夜，毅然斷髮，易裝併照像，以分贈在臺親友。」

前台泥董事長辜振甫的父親辜顯榮（一八六六年生）斷髮改穿西服，也算

是先行者之一。辜氏哀榮錄《辜顯榮翁傳》裡有一張附照，標記攝於明治三十二年，即一八九九年。拍攝地不明，但已很清楚看到辜顯榮穿著有蝴蝶結的西裝。

在台灣近代化史上，基督教會系統是傳入西方制度、思想、器物的主要管道之一，但穿西服來台的英國、加拿大傳教士，卻沒有引發台灣人穿西服的想望。甚至日治前已經來台三十幾年的馬偕牧師，他教出來的學生、他的台籍女婿，都未開風氣之先易服改裝。從《愛在臺灣 馬偕博士影像紀念輯》的照片和說明可知，即使到一九〇一年，馬偕的女婿學生陳清義和柯維思仍穿著清服，留著辮髮。

一九〇二年初之前，據報紙記載，斷髮去辮，留西式頭髮的台灣人僅李春生、辜顯榮等商紳二十八人。剪掉辮子的人如此之

少，改穿西裝的人數可想而知。要到一九一〇年以後，風氣才逐漸擴及地主士紳階級。

詩社是早期士紳集會酬遊的組織，理論上，詩社會員讀漢文書，浸染儒家忠孝思想，對中土傳統的根著性最深，對政權易幟、改穿異族服裝，必然相當排斥。

從《臺灣霧峰林家留真集》觀察，一九一〇年，台灣三大詩社之一的「櫟社」在台中聚會的紀念照，一眼望去果然仍一片辮髮漢服。會員之一的林獻堂，後來領導非武力抗日，當時也還一襲舊裝打扮。但相隔三年，一九一三年在鹿港辜顯榮宅院的合照，就不再有半個清國裝扮了。十二人的合照中，人人頂個西方髮型，身上穿的，有三件式西裝、獵裝，有鴉舌帽，有枴杖，有領帶、蝴蝶結，腳下都穿皮鞋，形容這是一場男人「爭奇鬥豔」的聚會，似乎並不為過。

日治時期的大家族合照，像極一場聯合國服裝秀。

日治五十年，西服一直不便宜，且愈早期愈是如此。一九一一年起，台灣民間士紳紛紛倡導「斷髮不改裝」，開始讓剪辮子和穿西服這兩項標誌近代化的活動脫鉤，主要的思考點就是因為剪辮子和穿西服是焦孟不離的連體嬰，而西服昂貴，多少阻礙了剪辮的意願。

西服的價格，台泥前董事長辜振甫一九四〇年在日本做出納辦事員，月薪七十五圓，「可以做三套西裝」。小說家葉石濤（一九二五年生）在日治末期擔任小學「助教」（代課教員），月薪四十二圓，外加戰時津貼六圓。第一次領薪水，他就去做一件西裝，花了五、六圓。服飾因材質品牌不同，價格差距原本就大，但西裝屬於高價消費品，殆無疑問。

據紀田順一郎著《近代事物起源事典》指出，昭和初期（昭和元年為一九二六年）對受薪階級來說，西裝是「高嶺の花」，可望不可及，大家流行唱著「等薪水多了，我要買帽子和洋服」的歌。

而時光進入二次世界大戰，日本和美、英交戰，西裝淪為敵國服裝，大家害怕被譴責，開始避穿西裝唯恐不及。宜蘭名醫陳五福（一九一八年生）曾回憶說，戰時學生「立即禁穿西裝，一律穿著卡其色的『國民服』」。現在望著台灣滿街的西裝來來去去，很難想像西裝竟還有被禁穿的一頁歷史。人說服飾是政治的寒暖計，看來所言不誣。

第九部

兩性關係

男女授受不親

二〇〇四年，台灣最頂尖的兩所中學男校和女校籃球比賽，轟動全台，報紙頭版放了激烈賽況的大照片，還形容這場籃賽是建中和北一女創校「百年來第一戰」。

男、女生可以在運動場如此近距離接觸，兩校啦啦隊可以共聚一個體育館的屋頂下隔空叫陣，對七、八十年前的青年學生是一個遙不可及的夢。那時候的中學生和今天無異，熱情而浪漫，但社會的道德標準把他們推開，相隔比三千里還遠。

「臺灣民報」一九二九年就有報導，臺南第二高等女學校開運動會，學生的父兄可以持「招待狀」進校，一般男子則謝絕參觀，尤其同齡的男校中學生，更是拒於千里之外。

日本統治台灣時代，有所謂臺北工業、臺中商業和嘉義農林學校三大職業學校。「嘉農」校友、前台灣省體育會理事陳文炎（一九二五年生）於《嘉農口述歷史》中回憶說，「二年級的時候，我和四年級生蔣天降一起偷偷跑去看嘉義女中運動會，那時規定男校學生不能看女校學生的運動會，我和這位學長就很好奇，想看看女學生的運動項目有那些，嘉義女中的圍牆用的是矮七里香，我們把七里香撥開鑽了進去，再爬到鳳凰木樹上偷看……。」

接下來發生的就不那麼有趣了。日籍老師跑去嘉義女中抓違反學校清規的學生，陳文炎和學長被老師瞧見了，這下事情很「大條」。陳文炎說，「為了這件事，學校開了三天的校務會議，最嚴重的處分是退學。」最後幸虧一位姓濱田的老師質疑了一句，如果男學生不能看的運動會，女學校就不應該辦，引起其他幾位老師共鳴，此事才未處分，輕淡落幕。

「嘉農」這件事大約發生於一九四〇年前後，放諸國際來看，並不特別「落伍」或「保守」。阿倫．古特曼所著《婦女體育史》中指出，現代奧林匹克運動會創始人皮耶．德．古柏坦，號召全世界年輕人參加一八九六年雅典奧運時，所謂的「年輕人」肯定不包含女性。古柏坦反對的理由是，如果女性參賽，「來這兒觀看比賽的觀眾並不是為了看比賽而來」。

整個人類穿衣的發展史看起來，人類愈穿愈多，到達高原期之後迴轉，往愈穿愈少的方向發展回來。二十世紀初，女人還被裹著層層的衣服和褲襪。運動在某種意義上，正是向既存的價值挑戰，促使女性穿著較少的衣褲，暴露肢體。這讓衛道人士對婦女參加運動比賽全身不自在。古柏坦抗拒婦女參加奧運，奮戰了三十年，一九三七年最後的晚年，他還念念不忘叮嚀：「讓婦女去參加她們想要的運動，但不要在公眾的場合！」

一九二〇年代，歐洲的媒體曾形容巴黎舉辦的大型國際女子運動會，現場兩萬名觀眾，主要是男性，這些人只對裸露的雙腿和大腿感到興趣。《婦女體育史》一書還指出，一九一三年德國天主教會的主教曾集會，強烈譴責在光天化日之下舉行體操比賽。十四年後，他們還取消一項女子體操節，因為擔憂招引男性來觀看。而據該書表示，「與法國、義大利和波蘭的教士相比，德國的天主教徒們已算是相當寬容了。」

男女授受不親的道德約束在台灣早期社會是全面性的，不只在運動場上。台灣第一位女醫生蔡阿信（一八九六年生）十九歲考入東京女子醫專，四年級時因患嚴重的氣喘病，返回台灣，休學一學期，但她擔憂課業拖延，會遲延畢業，特別去總督府醫學校請見校長，希望能准予旁聽。校長堀內次雄起初堅決拒絕，最主要原因即醫學校之前從沒有男、女學生同一教室上課。最後蔡阿信再三請求，才給予批准，意外短暫打破這項男、女分學的制度。

蔡阿信的婦產科醫院於一九二五年在台中開業，並設有助產士學校。其中一位學生楊金釗，後來嫁進台中霧峰豪族「霧峰林家」，在《中縣口述歷史第五輯》，她曾回憶豪門的規矩之一，就是不能自由行動。「我還記得奶奶生日時，我整天關在房間內不敢出來，因為不可以隨便見到男人，雖有助產婆的執照，也不敢開口說要出來執業。」

男女接觸而犯禁忌，最悲哀的莫過於新竹的一位中學生的故事。鄭翼宗（一九一三年生，日本慈惠醫大醫學博士，曾任台大熱帶醫學研究所細菌免疫血清系主任）在回憶錄《歷劫歸來話半生》中提到，就讀新竹中學三年級時的秋天，他的同學鄭秋生因送給日本女學生一封情書而遭停學。停學中，他還去女孩子家轉來轉去，學校只好退學以示處罰。與鄭秋生孤苦相依的祖母禁不起打擊過世，鄭秋生也變得精神失常。鄭翼宗說：「有一天他突然來找我，拿出名片來。一看，上面印著是鄭春生！這嚇得我一愣，脊樑都發冷了。一封情書就該受這樣的報應嗎？」

出身板橋富族的林衡道（一九一五年生，曾任台北市、台灣省文獻會主委）接受國史館訪談的回憶錄裡說，高等學校時他到朝鮮旅遊，「我很仰慕朝鮮的梨花女子專門學校，還特地到校門口『站崗』，學校放學時，我看到女學生全部穿白色的朝鮮服，頭髮向後梳得光溜溜的，每個人手上都夾著一本俄國文學作品……。」林衡道也曾在船夾板上看見一位「亭亭玉立的女子，一張瓜子臉，非常漂亮，一看皮包上的名牌就知道是台灣人。」他忍不住跟隨著她，她搭汽艇，他也搭，她進日式餐廳點了一碗親子丼，他也默默跟進，她離開餐廳，他也安靜走在後頭。

多少我們台灣的父祖，也像林衡道一般，滿腹的熱情說不出，青春在無聲中流走？

自由戀愛

「曉玲，請嫁給我」這句廣告詞曾引起台灣社會一陣騷動。結果發現它不只是廣告詞，確實男主角要向女朋友求婚。

想現代人可以這麼公開戀情，大聲在鎂光燈下說愛擁吻，不知道要羨煞多少老一輩台灣人。他們年輕時，何嘗不渴望莎士比亞筆下那種「盲目」的愛情，即使「戀人們看不見自己做的傻事」，也在所不惜。但是，「自由戀愛」在二次大戰前卻有一段千百年的長夜。

小說家吳濁流（一九〇〇年生）在回想錄《無花果》中說，他年輕的那個時代，「連『戀愛』這個詞兒都沒有。」年輕的男女不能一同行走，「只要同行一次，女人就會被視為賤貨。」吳濁流是一位溫謙的文學家，會用「賤貨」兩字來形容違背世俗道德的後果，可見男女交往將承受的道德指責有多嚴重和殘酷。

吳濁流還指出，「當時，男人想女人，馬上就會和結婚連在一起的，男女的交際不能公開，也不能相對說話。在劇場裏，男女的座位是分開的，即使年輕的夫婦，看戲時，習俗上也是不能同席的。」這幾乎仍然遵守著生於公元前五百五十一年的孔子的教訓——「男女不雜坐」、「叔嫂不通問」、「男女非有行媒，不相知名，非受幣，不交不親。」

黃武東牧師（一九〇九年生，曾任台灣長老教會總會總幹事）於一九三〇年帶著新婚太太到澎湖傳道。他在回憶錄裡說，「我們去之前，當地人男女從不敢在路上並肩同行，起初他們看我常和內人一齊出門，都以驚訝及不以為然的眼神盯著我們瞧，有的更在背後竊竊私語……。」

以前的風氣，即使已經訂婚，也不可登岳父家門。前省議員韓石泉（一九〇〇年生）苦心尋覓機會，終於約在未婚妻的朋友家；「初見，彼頗羞澀，潛摸玉手，反而瑟縮，數次探試，卒告成功，有如閃電，神魂飄蕩……。」當時連相約看劇，韓石泉的岳父都不准，也難怪拉個手，就有這麼強烈的身心反應。岳母對年輕未婚夫妻的「煎熬」並沒有太多同情。韓石泉說，訂婚近三年，有一天旗山朋友結婚，他偕未婚妻往賀，「隔宿始回，岳母頗不悅，蓋疑有曖昧也。」

如此反應也是難怪，據吳濁流說，那是「男人和女人祕密地談話就被視為通姦的時代」。

吳濁流到二十二歲，還不曾想過女人。他曾收到女學生的信，「胸口猛跳起來，渾身戰慄，不知如何是好。」「這是情書，我偷偷地看了一遍又一遍。」但又自認「做了舊習慣的奴隸」，「視不結婚的神聖的戀愛為不道德」，寫了一封信後，便以消極不作為處決了一個可能的愛情。

吳濁流的婚姻也全由父母作主，事後他很感慨：「思來想去，我對人生最

戰前已有人鼓吹戀愛結婚，但父母包辦婚姻仍是主流。（張超英提供）

重要的婚姻，也忘了原有的主張，一切聽憑命運。這也是我的軟弱的性格的弱點之一吧。」

出身中國廈門的文學大師林語堂（一八九五年生），愛上大美人C小姐，她的父親卻看中名門富戶的少爺。與C小姐無緣，林語堂悶悶不樂，他在《八十自敘》書中說：「姐妹都看出來了。半夜母親提一盞燈到我房裏來，問我有甚麼心事。我痛哭失聲，哭得好可憐。」文學家尚有一枝筆把他們的苦淚寫下來，我們那些阿公阿媽呢？他們沒有淚嗎？

一九二〇年代，台灣正值日本大正與昭和初期的開放自由時代，鼓吹「戀愛結婚」的聲音時有所聞。黃朝琴（一八九七年生，曾任台灣省議會議長十七年之久）早年留美，曾於雜誌「臺灣」談論婚姻問題，認為結婚的準備，「男女必要先行交際」之外，還要「結婚前兩人之間。必有十分的理解及愛情存在」。以現今的眼光看，這是多麼迂腐的老調，但卻是針對了當時封建社會的迂腐必要的諍言。

如同一九二一年（大正十年）七月發行的「臺灣青年」，刊登了名為〈新時代的女性和戀愛結婚〉的文章，今天看來幼稚的題目，卻是當時社會必要的雄辯。來自廣州的作者蘇儀貞說：「有多數自覺的婦人，知道不該再踏前車之轍，不甘服從強制的被動的結婚，要求真正純粹且以理性為背景之戀愛

基督禮拜堂

自由結婚。」她鼓舞女性說：「某學者說，能得著自由選擇婚姻的婦人便是新時代的改造者。」

到日本受教育的婦女愈來愈多，風氣漸開，禁忌開始被打破，有一位女醫師林翁様，嫁給同姓的林世宗，轟動一時。

日本時代敢於撞破舊式禁錮與禮教牢籠的自由戀愛故事，莫過於小說家楊逵和太太葉陶。在《阿媽的故事》書中，楊翠說她的祖母葉陶（一九〇五年生）十五歲就站上公學校的教壇，之後加入「台灣農民組合」的前身——「鳳山小作人組合」、「鳳山農民組合」，成為農運的先鋒人物，因而認識革命伴侶楊逵。一九二八年「農組」內鬥，兩人被以「戀愛墮落，從事某種陰謀」為名，剝去所有職務。他們隨後在彰化的小巷內「過著無夫妻之名的同居生活」。

本身是大學歷史系教授的楊翠指出，一九二〇年代中期，衛道人士還透過日本官方的「臺灣日日新報」，嚴厲批評戀愛結婚是「野獸苟合」的行為。葉陶和楊逵在二〇年代後期同居，既「前衛」又「大膽」。

畢竟前衛行為的勇氣只屬於極少數人所有，早期也曾發生不堪社會強大壓力的殉情。當時，除了「父母包辦婚姻」為正統外，自由戀愛婚姻全為異端。門第財富不對、同姓等等，都很難取得父母同意。日本時代另特別有台、日異族戀情遭到重重阻礙。一九三五年，苗栗苑裡青年吳左煙留學日本新潟醫科大學，是學校的橄欖球健將，在日本非常有名。他的日籍戀人舟崎小姐是辯護士（律師）的千金。其父認為台灣人是三等國民，阻止交往，他們痛苦欲死，終有一天，兩人相約在旅館殉情。

有位英國作家說：「戀愛像痲疹，我們每個人都要經歷過。」聽起來滿有道理，卻不適用幾十年前的台灣人。比起來，以前台灣人苦無戀愛的自由，現在，自由多到沒有可貴的感覺，戀愛只剩得到甜蜜或苦果的問題。當苦果來襲，往往招架能力薄弱，甚至發生流血的悲劇。回看前人艱苦的處境，不論戀愛的結果如何，對一場擁有自由的戀愛，何妨懷抱著感謝的心情？

職業婦女

興盛的台灣茶業在清、日兩代提供婦女大量工作機會。

在台灣，婦女從閨房裡解放出來，可以獨當一面，擁有一份工作，名字寫在薪水袋上，已經是十九世紀後半葉的事。

一八六〇年之前，台灣處於農業社會，經濟主力為米糖輸出，職業分化有限，女人不可能出外工作，成為家庭的經濟來源之一。一八六〇年以後，情況就不同了。

一八六〇年到一八六三年，中國因天津條約，陸續開放臺灣（台南安平）、淡水、基隆、打狗（高雄）幾個港，給西方國家作為通商口岸之後，茶業興起，超越了米糖。到一八九五年被賠割給日本為止，茶的出口總值躍居台灣經濟作物輸出的第一名，佔百分之五十三強，比糖的百分之三十六點二二還多出許多。依林滿紅《茶、糖、樟腦業與臺灣之社會經濟變遷》書中指出，開港以後，創造了許多就業機會。採收茶葉跟甘蔗不同，時間長達六至七個月，共需採七回，每回又分多次採收，所耗人力非常多，「需另聘採茶女採茶」。

清末的女人在茶香裡，找到第一個明顯的職業。據一九〇五年的統計，每年需僱用二十萬採茶女上山。除了採茶，老照片裡也常見大稻埕的女人圍著竹篩埋頭製茶的模樣，因茶業帶給女人的工作機會，當更不止於二十萬。

採茶女這個女性特有的職種一直持續到日治時期，未有衰退。一九三〇年

極其少見的女駕駛。圖為往來汐止、台北之間的「松山自動車會社」的女司機林阿芩。

元旦開始，「臺灣民報」介紹各界的職業婦女，僅僅十一類職業中，就有採茶女的介紹。報導說一年中，「各茶欉可以採十五、六回的嫩葉」；「她們年年結隊遠征」，一年有八個月在外地工作；採茶女的年齡從十二、三到五十歲都有，但妙齡女子居多。若依報導所指，採茶女平均一日工資四角來算，月收入達十二圓，已接近中下層公務員的水準。

「臺灣民報」另介紹了「看護婦（護士）」、「交換姬（電話接線生）」、「女給（女侍）」、「公車車掌」、「教員」、「菸草女工」和「織襪女工」等新興的職業婦女。雖也列了「編帽女工」和「藺草紙女工」，但性質近於家庭副業，職業婦女的色彩不強。

新興職業項目基本上是社會樣貌的一面鏡子。上述職別中，特別是電話接線生和公車車掌，完全反映社會事物的變化。一九〇〇年起，台灣開始有民用電話，雖然前頭十年成長緩慢，但電話接線生人力日漸增加，女性柔美的聲音為她們攻佔這塊新職場。「幾番呀？」電話接上線，接線女子總是如此輕聲詢問要接幾號，然後默默的、清楚的聽見雙方對話。

女車掌也是順應公車誕生而開始的新職業。一九二三年，民營公車開始現身街頭，一九三〇年，市立公營巴士加入，公車業頗為蓬勃，女車掌月薪超過二十圓，工作非常搶手。

草山
循環

右：一九三二年雜誌上的台北女車掌。
左：台北市營公車的車掌小姐。最右為台灣籍的鄭寶桂，其餘為日本人。

女車掌不似接線生，躲在遙遠的話端，只需美麗的聲音，車掌必須與乘客面對面接觸，因此「臺灣民報」指出，公車公司主事者說，求職者「不是美人，亦當有幾分的愛嬌和親切的體態，才得受採用。」女性特質是幾十年前台灣婦女能成為職場一員的重要關鍵，跟現在女男平等，只要能力相當，即使擔任飛行員，女人也可以進出任何不同職業。

女車掌需要外表條件，女給就更是百分之百需要外貌的純女性工作了。一九三〇年的「臺灣民報」說，「這幾年進入西洋菜館的臺籍女給算是不少了。」「她們的職務是在於招呼著尋快樂的逛客，於是在酒後的時候，逛客就賞給她們些酒錢，故她們的勞動大部分沒有薪水，單以酒錢為唯一收入。……她們的一聲一息，沒有不努力於使人們十分陶醉、十二分纏綿。」

「產婆」也是純粹女性的專屬職業，但不被外表等先天條件所限。現代講起「產婆」，腦海出現的形象是舊式到產婦家中燒熱水、幫忙接生的老太太，但據陳麗新研究，日治前，台灣社會並沒有「產婆」這個名詞，當時使用「拾子婆」、「拾姐」、「穩婆」等稱呼。

「產婆」一詞由日本引進台灣，指受過西式醫學訓練且領有執照的接生人員。在日本，女人不能擔任辯護士，在可以擔任的專技中，「臺灣民報」指出，「除了醫師之外、比較的具有獨立性質的職業就是產婆了」。產婆「每月最多可得百餘圓、最少也有數十圓的收入」，如此強過一般薪水階級好幾倍的所得，難怪「臺灣民報」要說它是在資本主義下找生路，台灣女子進步的一大轉機。

日本時代婦女能從事的職業雖然不多，但也非「臺灣民報」所提這幾種。從舊照可以看到，官方色彩的報紙「臺灣日日新報」任用留著髮辮的臺籍女性擔任印刷部門的採字、植字工人。前桃園的省議員黃玉嬌，一九四二年自東京的醫校藥科畢業，也進入武田藥廠做過事。也有女醫師，甚至出現許世賢（一九〇八年生，戰後曾任省議員、嘉義市長）這種博士女醫生。一九三八年也開始有空中小姐。

最特別的，又如陳杏村這種獨立創業的女性。一九一〇年生於臺北市的陳杏村，畢業於東京銀座「ファッションスクール」（即英文的「fashion school」），在台北京町（今博愛路一帶）自創洋裝店，下有職員十五人之多，是難得一見的專業服裝設計師，曾登上名人錄。

基本上，戰前婦女對自己的期許仍以家庭為重，不少婚後即放棄職業的知菁女性。朱昭陽（一九〇三年生，東京帝大畢業，戰前任日本大藏省專賣總局主計課長，是台灣人在日治時期任職最高的官員）的次子曾回憶父母的婚姻。朱昭陽在東京求學時，認識台南名門閨秀黃坤卿，一九二九年結婚。當會開汽車的台灣女性獲雜誌青睞而被訪問與報導。

新竹交通界の名花
田氏英妹孃
急進的に目醒めゆく本島婦人の間に於て一步を先んじて職業婦人として交通界に身を投じた彼女は獨學で免許證を獲ち得たと云ふ努力家である
（十二頁記事參照）

時黃坤卿在東京攻讀齒科，「專程為娘家去日本取一張牙醫師牌傳承家業」的，但朱昭陽卻要太太放棄，理由是「結婚了，還想摸人家的臉幹什麼？」

那個時代的職業婦女個性頗為鮮明，依戰後初期從中國初到台灣的陸寒波（前中央銀行總裁徐柏園的太太）所見，大陸的女子公務員「總常常遲到早退的。但這兒的女子公務員卻勤勉得很」，按時上班，「辦公時間她們還時刻婷婷娉娉的給男職員倒一杯茶……而有些不大識相的男公務員呢，更時常命令式的叫她們倒茶，但她們卻處之坦然，隨手將筆一擱，就過來提茶壺……。」

整體來說，日治時代展開的女子教育，雖側重養成好太太、好媽媽，家事課程偏多，但依然給女性進入職場提供了基本條件。像是車掌或接線生都要求公學校畢業的學歷，而具備這項資格者已經不少。陸寒波就指出，日治台灣，粗估有六成婦女受過教育，「因此無論是女招待是女店員差不多都能看看日文書、日文報，這也是常常令我們內地來人感到新奇的。」

台灣日治時期西化史名人小傳

八田與一（1886-1942）　日本石川縣人。東京帝大工科畢業。總督府土木部技手，規劃籌建桃園埤圳和烏山頭水庫，台灣農業灌溉系統大定。

下村宏（1875-1957）　日本和歌山縣人。東京帝大法科畢業，留學德國。一九一五年起歷任三任總督的民政長官，廢止鞭刑和小學教員帶劍制度，設招收台灣人的高等專門學校。返日曾任「日本放送協會」會長、國務大臣兼情報總裁，不顧軍部阻撓，攜出昭和天皇無條件投降的錄音，結束戰爭。

山口秀高（1866-1916）　東京帝大醫科畢業。一八九六年底任臺北病院院長，領導病院邁向現代化管理與經營。一八九八年首任總督府醫院醫長，後又任臺北醫院院長。

山下秀實（1848-?）　日本鹿兒島人。陸軍出身，曾任熊本縣警部長、京都府與大阪府警部長。一八九五年隨樺山資紀總督來臺，創設臺灣驛傳站。隔年六月，日人在台創辦第一份報紙「臺灣新報」，為發行人。曾任「臺灣日日新報」首任社長、帝國製糖社長、臺灣製腦社長等。

山中樵（1882-1947）　日本福井人。一九二〇年任日本新潟縣圖書館館長，一九二七年起任臺灣總督府圖書館館長，任期長達十九年，任上台灣地方圖書館蓬勃發展。

井手薰（1879-1944）　日本岐阜縣人。東京帝大建築科畢業。總督府官房營繕課長、「臺灣建築學會」首任會長。在台作品有臺北濟南路教堂、中山堂、總督府高等法院（今司法院大廈）。

水野 遵（1850-1900）　日本名古屋人。一八七一年曾到中國留學，一八七四年隨軍侵犯南台灣，返日擔任長崎英語學校校長，並在文部省和眾議院等機關任官多年。一八九五年，以眾議院書記官長轉任接收臺灣「辦理公使」。歷任前三任臺灣總督的頭號部屬「民政局長」。兩年後離台，被敕選為貴族院議員。

巴克禮（1849-1935）	英國蘇格蘭人。一八七五年來台宣教，學習台語。用羅馬字體拼福佬音，翻譯《聖經》及「教會報」，大大提高台灣人知識的境界。一八八五年發刊「臺灣府城教會報」，為台灣教會報濫觴。
巴爾頓（1856-1899） William K.Burton	英國愛丁堡人。東京帝大衛生工學教授，設計東京自來水和下水道工程。一八九七年任臺灣衛生顧問，開始考察台灣各地下水道衛生情形。隔年，總督府依其建議，決定興築台北市自來水和下水道系統。後染瘧疾，又患痢疾而離台。
石坂莊作（1870-1940）	日本群馬縣人。一八九六年來台，定居基隆，販賣度量衡器、建材、報紙。熱心公益，先創辦「基隆夜學校」，一九〇九年又以一介商人之力，創設私人圖書館「石坂文庫」。
伊澤修二（1851-1917）	日本長野縣人。一八七六年留美，跟隨電話發明人、發音生理學教授貝爾學習，回國出任東京師範學校校長。一八九五年任臺灣總督府學務部長，創辦「國語傳習所」，規劃台灣教育體制，主張台灣人應受日語教育，影響深遠。
佐久間左馬太（1844-1915）	日本長州藩人。一八九八年任大將，一九〇六年起任臺灣總督，達九年之久，積極鎮壓台灣人的抗日。任上改台灣行政區為十二廳，擴建基隆港和高雄港，並發行彩票。
李春生（1838-1924）	原籍廈門，因領洗與外國教士相處，學會英文，受雇於英商怡記洋行。來台任寶順洋行總辦，買賣茶葉。又經銷煤油，累成巨富。日治後，隨樺山總督赴東京旅遊，並攜子姪到日本，開留日風氣之先。篤信基督教，著有十餘種哲學論作，被稱為台灣第一位哲學家。
杜聰明（1893-1986）	台北淡水人。總督府醫學校畢業，入東京帝大藥理學教室，跟隨

森島庫太教授，一九二二年，獲醫學博士學位。此為日本明治維新以來第九五五號博士，也是台灣第一位醫學博士。

杉森與吉（1864-?）

日本三重縣人。一八九五年初到台灣，做提供官衙所需的工程用品，隔年開始經營日式旅館，取名「日の丸館」，有名於時。一九一四年旅館受祝融之災，化為烏有。幾年後，重新在臺北火車站前興建一千三百坪土地、五百坪兩層建築物的大旅館。一九一二年購置汽車，是台灣史上第一位車主。

松岡富雄（1870-?）

日本熊本縣人。一九〇三年來台任職臺灣糖務局，三年後，在臺中設馬尼拉式製糖場。曾任「臺灣新聞社」社長。後到南洋開發事業，從美國屬地菲律賓帶回整套高爾夫球球具，開啟台灣高爾夫球運動。

吳文秀（1873-1929）

臺北大稻埕人。出身富族，幼時即赴廈門就讀美國教會學校學海學院，會說英文。二十五歲當選「臺北茶商公會」會長。一八九九年冬，二十六歲，代表茶商前往巴黎博覽會。

林茂生（1887-1947）

臺南人。一九一六年東京帝大文學士畢業，為台灣第一位文學士。一九二九年獲美國哥倫比亞大學博士，為台灣第一位文科博士。中日戰中，被召擔任皇民奉公會動員部部長。戰後任臺大文學院院長，當選國民參政員。二二八事件爆發，被情治人員帶走遇害。

林獻堂（1881-1956）

台中霧峰人。一九二〇年被東京留學生組織「新民會」推為會長，隔年開始領導臺灣議會設置運動，請求台灣人有選舉權。後又辦「臺灣民報」，擔任社長，儼然非武力抗日派首腦。曾環遊歐美各國一年，寫成《環球遊記》二十萬字，講述異國見聞。日治末被敕選為貴族院議員。戰後以台灣人在政界第一號人物而受關注，一九四九年藉病滯日，國民黨政府屢誘不回。七年後，病逝東京。

林熊光（1897-1974）	台北板橋人。日本皇室學習院、東京帝大經濟科畢業。一九二〇年創辦「大成火災海上保險株式會社」，為台灣經營保險業第一人。
林熊徵（1888-1946）	台北板橋人。出身豪族板橋林家，為家族在日治期間的代表。日治時期台灣數一數二的實業鉅子。最主要事業有林本源製糖會社，並創辦華南銀行。日本拉攏，給予臺北廳參事、總督府評議員等政治頭銜。
兒玉源太郎（1852-1906）	日本山口縣人，留學法國士官生訓練班，返日開始軍旅。曾任陸大校長、陸軍次官，輸入德國軍事制度與戰術，影響深遠。一八九八年起為臺灣第四任總督達八年。任期後六年，兼任內閣要職，台灣政務委由後藤新平，台灣的財政、鹽和鴉片專賣、衛生等基礎建設全面展開。
近藤久次郎（1858-1926）	日本廣島人。一八八一年，進內務省地理局任事，屬於早期的東京氣象台。當時日本的氣象預測還在起步階段。一八九六年出任第一位臺北測候所所長，開始做台灣最早的每小時氣象觀測，每日發表天氣預報，並做颱風警告。
柯秋潔（1872-?）	臺北士林人。幼學漢文，日本佔台之初，入學務部長伊澤修二興辦的芝山巖學堂習日文，為第一期學生。因成績最優，一八九五年十月底隨伊澤到東京見習，十二月回，人稱「台灣最初讀日本書之第一人」。後任教於國語學校，也曾赴日擔任拓殖大學教席。
馬偕（1844-1901） George Leslie Mackay	加拿大傳教士，奉海外宣道會派到東方。一八七二年抵淡水，在台灣北部以醫療和拔牙為媒介傳播福音，廣建教會。一八八二年創辦理學堂大書院（即牛津學堂）和淡水女學堂，教授西方知識。也帶進台灣許多歐美常食的蔬菜種子，包括蘿蔔、高麗菜、蕃茄、白花菜、紅蘿蔔等等。

重田榮治（1877-?）	日本山口縣人。參與過日清戰爭，有戰功。一九〇三年來台，從事棉布貿易。多次任臺北協議會員、臺北市會員。一九三二年，投資開設菊元百貨店，為台灣第一家百貨公司。
後藤新平（1857-1929）	日本岩手縣人。一八九〇年私費留德，返國出任內務省衛生局長。一八九六年向首相提出「對臺灣阿片（鴉片）問題意見書」，旋派為臺灣總督府衛生顧問。兩年後，任兒玉總督的副手「民政局長」。兒玉有六年時間兼任內閣大臣等要職，後藤彷彿總督代理人，展開恩威並行的統治手法，一方面持續武力鎮撫抗日臺灣人，一方面展開戶口、地籍與舊慣風俗調查，建立保甲和警察新制，大量培養衛生與教育人員，並讓台灣財政獨立，不再倚賴日本內閣預算。後藤既迫使臺灣逐步進入現代化，也奠定日本殖民台灣的基礎。一九〇六年離台，歷任內務大臣、東京市長等要職。
宮本一學（1863-?）	日本埼玉縣人。中央大學法律科畢業。一八九六年來台擔任日語教師。曾任職總督府民政部總務局，擔任桃園廳總務局長。一九一九年創設「臺灣自動車株式會社」，一九二二年備有大小客車行駛市區，為台灣最早的公共汽車。但依《臺北市志》記載，「營運不佳」。昭和時期則為「臺灣日報」社長、總督府評議員。
高木友枝（1858-1943）	日本福島縣人。東京帝大醫學部畢業。曾任福井、鹿兒島縣立醫院長。一八九七年出席萬國醫事會議，考察歐洲衛生制度。五年後來台，先後擔任臺北病院院長、總督府醫學校校長、總督府研究所第一任所長，對台灣撲滅傳染病，功勞不可抹殺。一九一九年，轉任「臺灣電力株式會社」社長。任中合併小電力公司，致力統一台灣電力事業。
高松豐次郎（1872-1952）	日本福島人。年輕時因工斷臂，立志改革勞工法律。就讀明治法律學校期間，學會說書，改志透過電影推動勞運。一九〇一年來台，於各地經營八家電影館，招募臺北流氓和失業者演新劇，是

台灣電影史和新劇史上的先驅者。一九一四年，從日本進口五部汽車，做起租車生意，固定載客往返台北和北投之間，此為台灣營業車的第一頁。

黃土水（1895-1930）　臺北艋舺人。國語學校師範科畢業，經校長幫助，進東京美術學校雕塑科，再入該校研究科。為台灣學習近代雕刻的第一人。著名作品有「水牛群像」，此大型石膏浮雕，現存臺北中山堂。

黃玉階（1850-1918）　生於今臺中梧棲，後定居臺北大稻埕，懸壺行醫。霍亂蔓延之際，曾用藥治癒八百多人。一八九七年，總督府發給第一張中醫師證照。熱心教化，組織「臺北天然足會」，倡導婦女不再纏小腳。另成立「斷髮不改裝會」，鼓勵剪掉中式長辮子。

辜顯榮（1866-1937）　彰化鹿港人。一八九五年台灣割讓給日本，臺北城陷於無政府狀態，地方紳商議請日本軍進城弭亂。辜顯榮自告奮勇前往迎日軍，日後受到特別賞賜；取得食鹽專賣權，也獲得販賣樟腦、菸草、鴉片等特權，迅速大富。一九三四年，被選任為第一位台籍貴族院議員。是日治時代與日本官方親善而獲得政經利益的代表人物。

萬榮華（1886-?）
Edward Band　英國伯肯赫人。獲劍橋大學女皇學院數學學位。一九〇八年在劍橋衛斯敏特學院修畢神學課程，一九一二年抵達臺南。兩年後出任長老教中學校（長榮中學前身）校長把英式足球引進學校，為台灣足球運動埋下第一顆種子。

福島 篤（1874-?）　畢業於慶應義塾（慶應大學前身）商業部，後到澳洲墨爾本專攻英文，並進入當地旅館工作，此後一路在日本和朝鮮的西式旅館任職，為當時難得一見的專業旅館經理人。一九二一年接掌台灣唯一的洋式大飯店「鐵道飯店」。總督府後來又建台南鐵道飯店，也兼任支配人。

楊仲鯨（1897-1967）　高雄左營人。年少常向人誇耀擁有高雄第一部腳踏車。一九一三年，入福州英華書院攻讀英語，一九一六年歲因英華美國籍院長勸誘，赴美就讀中學。南達科達大學礦物科畢業。在美近十年之久，為台灣第一位留美學生。熱衷發明，有落花生脫殼機等二十多種機械發明。戰後曾當選花蓮縣長。

葉清耀（1880-1942） 臺中東勢人。臺中師範學校畢業，先任教公學校，後供職法院當書記。再赴日留學，入明治大學法科。一九一八年通過辯護士（律師）試驗，三年後返台執業，為台籍律師第一人。曾任臺中州議員、臺灣自治聯盟理事。一九三二年獲博士學位，為台灣第一位法學博士。

蔡阿信（1899-1990） 臺北人。出養給牧師做養女。東京女子醫學專門學校畢業。一九二四年在臺北日新町開設婦產科醫院，為台灣第一位女醫師。一九二七年辦產婆養成講習會，自任講師，幾年間即培育出五百多位助產士。

蔡夢熊（?-1901） 臺南市人。二十歲舉秀才。一八九七年，獲任臺南縣參事，為地方領袖。同年底，所辦台灣第一個幼稚園——關帝廟幼稚園開園。一九〇一年病逝。

幣原 坦（1870-1953） 日本大阪人。一九〇四年獲博士學位。後曾赴歐美各國考察教育，一九一三年出任廣島高等師範校長。一九二八年，台灣第一所大學「臺灣帝大」新立，擔任開校校長。

蔣渭水（1891-1931） 宜蘭人。十六歲才進公學校，但三年後，就考取臺灣醫學專門學校，一九一五年畢業，於臺北大稻埕開設大安醫院。致力政治結社，一九二一年奔走催生「臺灣文化協會」，接著籌創「臺灣民眾黨」和「臺灣地方自治聯盟」，為政治、勞工、文化啟蒙運動的領袖人物。四十歲即早逝。

篠塚初太郎（1872-?） 日本神戶人。一八九九年來台，從事土木營造事業。在蘇澳發現石材，開始製造石棉瓦，產品屢在博覽會等受獎。一九〇一年，

	率先自費募集五十名消防夫，組成消防隊。兩年後公設消防隊，即被任命臺北消防組副頭取（副隊長）。另於新公園開設台灣第一家咖啡店「獅子」（Lion Cafe）。
樺山資紀（1837-1922）	日本鹿兒島人。一八七四年，為陸軍少佐，率軍侵台，引發牡丹社事件。歷任海相，日清戰爭任海軍軍令部總長，擊敗北洋艦隊，晉升大將。一八九五年為第一任臺灣總督。任期一年間，建立殖民行政體系、設法院、組警察機構、禁鴉片、創西式學校、闢日台定期航線、開啟電話等。離台後曾任文部大臣。
賴和（1894-1943）	彰化市人。本名賴河。幼學漢文，一九一四年醫學校畢業，兩年後在彰化開業。一九二六年元旦，發表第一篇白話中文小說「鬥熱鬧」，與楊雲萍的「光臨」，同為台灣新小說的開端。主持過「臺灣民報」文藝欄，發掘多位文藝青年。
謝文達（1901-1983）	臺中豐原人。入日本千葉縣的伊藤飛行學校學習駕駛飛機，為第一位會開飛機的台灣人。曾在東京駕機散發政治傳單，配合設置臺灣議會的請願運動。
磯 永吉（1886-?）	日本廣島人。東北帝大農學科畢業，一九一二年來台，任職總督府農事試驗場。後赴歐美學習品種改良技術。歷任總督府中央研究所技師、臺北帝大教授。成功培植出蓬萊米。戰後留台任職到一九五七年。

資料來源：國史館現藏《民國人物傳記史料彙編》第十一輯 二〇〇〇年；《高雄人物評述》第一輯一九八三年；《臺灣人物誌》一九一六年；《臺灣近代名人誌》第二、五冊一九八七、一九九〇年；《臺灣列紳傳》一九一六年；《臺灣歷史人物小傳明清暨日據時期》二〇〇三年；《台灣記事》（上、下）一九八九年；《長榮中學百年史》一九九一年；《現代臺灣史》一九三四年；《大路水野遵先生》一九三〇年

主要參考資料

基本參考資料

小木清造等著《江戶東京學事典》一九八七年
大園市藏著《臺灣人物誌》大正五年
井出季和太著　郭輝編譯《日據下之臺政》一九七七年
石井研堂著《明治事物起原》大正十五年，一九二六年
台灣經世新報社編《台灣大年表》一九三八年
紀田順一郎著《近代事物起源事典》一九九二年
紀田順一郎著《日本現代化物語》二〇〇二年
《創立十週年紀念臺灣體育史》昭和八年
莊永明《台灣紀事》（上）（下）一九八九年
富田 仁《舶來事物起原事典》一九八七年
臺灣日日新報
臺灣自動車界
臺灣建築會誌
臺灣新民報編《臺灣人士鑑》昭和十二年
臺灣新報
臺灣婦人界
臺灣總督府《臺灣列紳傳》大正五年
臺灣齒科月報

各篇參考資料

第一部、飲食

一、咖啡　臺灣總督府交通局遞信部《臺北州下各局電話帖》昭和十一年；「三六九小報」第二八二、二八三號　一九三三年；邱函妮著《街道上的寫生者》二〇〇〇年；梁秋虹著《社會的下半身》二〇〇三年；許雪姬訪

問《藍敏先生訪問記錄》一九九五年；林忠勝撰述《陳逸松回憶錄》一九九四年修訂一刷；「臺灣婦人界」昭和九年九月號

二、巧克力　陳奇祿等著《從帝大到臺大》二〇〇二年；許雪姬訪問《藍敏先生訪問記錄》一九九五年；中研院近史所「口述歷史」第五期一九九四年；陳寶川口述《陳寶川先生訪談錄》一八九九年；黃武東著《黃武東回憶錄》一九八九年台灣版二刷

三、牛肉　張深切著《張深切全集卷一》一九九八年；林忠勝撰述《陳逸松回憶錄》一九九四年修訂一刷；林衡道口述《臺灣風情》一九九六年；孫寅瑞著《牛肉成為台灣漢人副食品的歷史觀察》二〇〇一年

四、自來水　《臺北自來水八十年》一九九二年；中華民國自來水協會《臺灣自來水誌》一九七七年；內政部「台灣區自來水事業視導報告」一九七八年；http:/tamsui.yam.org.tw/hubest/hbst1/hube131.htm；彭明敏口述《彭明敏回憶錄——自由的滋味》未刊出版時間；林保堯著〈台灣美術的『澱積者』——楊三郎〉《臺灣美術全集》第七冊一九九二年

第二部、日常生活用品

一、牙刷、牙膏　G.L.Mackay著《臺灣六記》一九六〇年；張雍敏、韓良俊著《台灣牙醫醫療衛生發展大事記》北縣牙醫一九九七年四月；莊永明著《臺灣醫療史》一九九八年；《萬事由來》一九九〇年；「臺灣日日新報」明治三十二年六月十一日六版、昭和十年十一月二十四日一版；郭芳齡、劉美慧合著《長榮中學百年史》一九九一年；「臺灣新報」明治二十九年六月十七日；臺灣齒科醫師會《臺灣齒科醫界史》昭和十八年

二、水泥　黃俊銘著《國定古蹟『台北賓館』調查研究》一九九九年；程月初著《漫談我國水泥工業》一九九七年；黃俊銘、李宏堅著〈日據初期鋼筋混凝土建築技術引進臺灣的歷史過程〉建築學會第六屆《建築研究成果發表會論文集》一九九三年；李乾朗著《台灣建築百年》一九九八年；吳連賞著《高雄都會區工業發展的時空過程和環境變遷》一九九五年；

林忠勝撰述《陳逸松回憶錄》一九九四年修訂一刷

三、電話　臺灣總督府交通局遞信部《臺北州下各局電話帖》昭和十一年；《臺北自動電話開局特輯號》；唐贊袞著《臺陽見聞錄》光緒十八年；臺灣總督府交通局遞信部《臺灣の通信》昭和十年

四、電燈　吳政憲著《繁星點點：近代臺灣電燈發展（1895-1945）》一九九九年；馬偕著《馬偕博士日記》一九九六年；吳德功著《吳德功先生全集——觀光日記》一九九二年；連橫著《臺灣通史》一九九二年；楊肇嘉著《楊肇嘉回憶錄（一）（二）》一九七七年四版；洪棄生著《八州遊記》一九九三年；國立嘉義農業專科學校校友會《嘉農口述歷史》一九九三年；熊秉真、江東亮訪問《魏火曜先生訪問記錄》　一九九七年再版；鍾肇政著《鍾肇政回憶錄（一）》一九九八年

五、鐘錶　黃朝琴著《我的回憶》一九八九年；辜顏碧霞著《流》一九九九年；吳德功著《吳德功先生全集——觀光日記》一九九二年；「三六九小報」一九三一年六月十三日；呂紹理著〈日治時期台灣鐘錶市場的發展〉「政大歷史學報」第十三期　一九九六年四月；黃德寬譯《天主教在臺開教記》一九九一年；馬偕著《馬偕博士日記》一九九六年；緒方武藏著《始政五十年臺灣草創史》昭和十九年；鄭翼宗著《歷劫歸來話餘生》一九九二年

六、名片　吳德功著《吳德功先生全集——觀光日記》一九九二年；李春生著《東遊六十四日隨筆》一九七八年文海版；葉榮鐘《半壁書齋隨筆（上）》二〇〇〇年；許雪姬《霧峰林家相關人物訪談紀錄頂厝篇》一九九八年；「臺灣日日新報」明治三十四年一月五日五版及二版、明治三十一年十月七日二版、明治三十三年一月九日五版、明治三十四年一月一日二版

七、廁所　《李建興先生紀念集》一九八二年；董宜秋著《台灣『便所』之研究（1895-1945）》一九九九年；李伯友著〈衛生設備的歷史觀〉「和成季刊」

一九八四年七月；「臺灣建築會誌」第一輯第一號　昭和四年三月；陳修兀著《台灣地區住宅的浴廁空間、設備、使用行為沿革及使用現況調查研究》一九九〇年；許佩賢譯《攻台見聞》一九九五年

第三部、社會生活

一、旅館　臺北市役所《台北》昭和十七年；大園市藏著《現代臺灣史》昭和九年；王景弘譯《帝國飯店八十年》一九七〇年；林衡道口述《臺灣風情》一九九六年；陳三井訪問《熊丸先生訪問紀錄》一九九八年；馬偕著《馬偕博士日記》一九九六年

二、百貨公司　邱函妮著《街道上的寫生者》二〇〇〇年；「臺灣日日新報」一九三二年十二月四日一版

三、耶誕節　鄭仰恩著《宣教心・台灣情》二〇〇一年；陳宗璀著《士林官邸三十年》一九九六年；「中央日報」民國三十八年十二月二十五日第四版、三十九年十二月二十五日第一版；四十年十二月二十六日第五版；黃德寬譯《天主教在臺開教記》一九九一年；陶德著《北台封鎖記》二〇〇二年

四、氣象預報　周明德著《台灣風雨歲月》一九九二年；曾健洲著《台灣日治時期測候所建築之研究》二〇〇一年；臺灣總督府《國語教育農業讀本卷下》大正二年；朱瑪瓏《近代颱風知識的轉變》二〇〇〇年

五、報紙　小野秀雄著《中外報業史》一九六六年；「臺灣日日新報」明治三十三年五月二日三版；照史著《高雄人物評述第一輯》一九八三年

六、彩券　《臺灣富籤彩票案內》明治四十年；《臺灣彩票案內》明治四十年；《臺灣總督府彩票局事務報告》明治四十年；吳文星著〈日據時期台灣彩票制度之探討〉「師大學報」三十三期一九八七年六月；「臺灣日日新報」明治四十年三月一日一版

七、西曆　楊聯陞著《國史探微》一九八三年；「臺灣民報」昭和十二月二十三

日；黃德寬譯《天主教在臺開教記》一九九一年；黃武東著《黃武東回憶錄》一九八九年台灣版二刷

第四部、公共事物

一、銅像　　邱函妮著《街道上的寫生者》二〇〇〇年；周婉窈著《海行兮的年代》二〇〇三年；周明德著〈追蹤馬偕博士銅像〉「臺灣風物」四十四卷一期一九九四年三月；《大路水野遵先生》昭和五年；http://www.newtenka.com/daming/03/rbshi/18.htm

二、公園　　黃躍雯著《築夢荒野》二〇〇一年，http://museum.city.fukuoka.jp/je/html/195/195_01.html；井出季和太著《日據下之臺政》第一冊昭和十一年；「臺灣國立公園委員會議事錄」昭和十一年

三、法院　　王泰升著《台灣日治時期的法律改革》一九九九年；蔡培火等著《臺灣近代民族運動史》一九七一年；黃德寬譯《天主教在臺開教記》一九九一年

四、監獄　　張秀哲著《『勿忘台灣』落花夢》一九四七年；大園市藏著《現代臺灣史》昭和九年；李謁政著《權力場域的三個空間向度之建構》二〇〇三年；林秀蓉著《日治時期醫事作家及其作品研究》二〇〇二年

五、選舉　　蔡培火等著《臺灣近代民族運動史》一九七一年；李筱峰著《台灣史100件大事（上）》一九九九年；林忠勝撰述《陳逸松回憶錄》一九九四年修訂一刷；楊肇嘉著《楊肇嘉回憶錄（一）（二）》一九七七年四版

第五部、交通工具

一、汽車　　緒方武歲著《始政五十年臺灣草創史》一九四四年；東洋自動車講習所《臺北州自動車取締規則》一九三七年；「臺灣自動車界」一九三二年（昭和七年）～一九三七年（昭和十二年）

二、馬路　　又吉盛清著《台灣今昔之旅》一九九七年；葉倫會著《中山北路百年話

滄桑》二〇〇二年；李詩偉著《日治時期台灣縱貫道路之研究》二〇〇三年；陳俊著《臺灣道路發展史》一九八七年；邱函妮著《街道上的寫生者》二〇〇〇年；楊肇嘉 著《楊肇嘉回憶錄（一）（二）》一九七七年四版

三、飛機　大竹文輔著《臺灣航空發達史》昭和十四年；照史著《高雄人物評述第一輯》一九八三年；許伯埏著《許丙・許伯埏回想錄》一九九六年；「臺灣日日新報」昭和九年七月二十八日二版

四、輪船　《臺灣之交通》大正十四年；總督府交通局遞信部《臺灣の海運》昭和十年；楊肇嘉著《楊肇嘉回憶錄（一）（二）》一九七七年四版；林忠勝撰述《陳逸松回憶錄》一九九四年修訂一刷；林語堂著《八十自敘》一九八〇年；史明著《台灣人四百年史》；林衡道口述《臺灣風情》一九九六年

第六部、體育活動

一、開始運動　阿倫・古特曼著《婦女體育史》二〇〇二年；《嚴前總統家淦先生哀思錄》一九九四年；蔣夢麟《西潮》一九七九年；國立嘉義農業專科學校校友會《嘉農口述歷史》一九九三年；杜聰明著《杜聰明回憶錄》二〇〇一年；陳三井、許雪姬《林衡道先生訪問紀錄》一九九二年；謝東閔著《歸返》一九八八年三印；鄭翼宗著《歷劫歸來話餘生》一九九二年；楊基銓著《楊基銓回憶錄》一九九六年

二、網球　臺灣體育協會《創立十週年紀念臺灣體育史》昭和八年；蔡福仁著《台灣軟式網球的歷史性考察》二〇〇四年；戶水昇著《一官吏の生活から》大正十三年

三、游泳　臺灣體育協會《創立十週年紀念臺灣體育史》昭和八年；李登輝著《台灣的主張》一九九九年；「臺灣日日新報」大正十五年七月二日五版；彭明敏著《自由的滋味》未刊出版時間

四、高爾夫球　臺灣體育協會《創立十週年紀念臺灣體育史》昭和八年；《財團法人臺灣高爾夫俱樂部建場80週年紀念特刊》一九九九年；石井光次郎著《回想八十八年》昭和五十一年；「花蓮港廳要覽」昭和十四年；原幹洲著《自治制度改正十周年紀念人物史》昭和六年

五、足球　郭芳齡、劉美慧著《長榮中學百年史》一九九一年；中研院近史所《日據時期台灣人赴大陸經驗》「口述歷史」第六期一九九五年

第七部、教育

一、鋼琴　王子妙著《台灣音樂發展史》二〇〇二年；張守真主訪《葉石濤先生訪問記錄》　二〇〇二年；黃武東著《黃武東回憶錄》一九八九年台灣版二刷；中研院近史所《日據時期台灣人赴大陸經驗》「口述歷史」第五期一九九四年；「臺灣日日新報」明治三十一年五月二十日四版

二、西畫　顏娟英著《臺灣近代美術大事年表》一九九八年；楊孟哲著《日治時代臺灣美術教育》一九九九年；白雪蘭著《臺灣西洋美術思想起》一九九八年再版；顏娟英著〈勇者的畫像——陳澄波〉《臺灣美術全集》第一冊一九九二年；林惺嶽著〈跨越時代鴻溝的彩虹——論廖繼春的生涯及藝術〉《臺灣美術全集》第四冊一九九二年；王耀庭著〈林玉山的生平與藝事〉《臺灣美術全集》第三冊一九九二年；黃光男〈李澤藩水彩藝術研究〉《臺灣美術全集》第十三冊一九九二年；莊素娥著〈純藝術的反叛者——顏水龍〉《臺灣美術全集》第六冊一九九二年

三、英語　謝東閔著《歸返》一九八八年三印；黃德寬譯《天主教在臺開教記》一九九一年；戚嘉林著《臺灣史》第三冊；郭芳齡、劉美慧著《長榮中學百年史》一九九一年；杜聰明著《杜聰明回憶錄》二〇〇一年

四、圖書館　《私立石坂文庫年報》明治四十三年～大正三年；半仙著〈東京の文明〉「臺灣」第三年一號一九二二年四月號；「臺灣日日新報」明治三十四年一月二十七日八版；「臺灣日日新報」明治四十二年十月一日八版；張圍東著《台灣總督府圖書館之研究》一九九三年；石井敦著《圖書館

史》一九八九年；郭冠麟著《台灣總督府館藏政策之研究》二〇〇一年

五、幼稚園　臺灣教育會《臺灣教育沿革誌》昭和十四年；翁麗芳著〈『幼稚園』探源〉「臺北師院學報」第八期一九九五年六月；洪福財著《幼兒教育史——臺灣觀點》二〇〇二年；許雪姬《柯台山先生訪問紀錄》一九九七年；林衡道口述《林衡道先生訪談錄》一九九六年；吳三連口述、吳豐山撰《吳三連回憶錄》一九九一年

六、畢業典禮　謝東閔著《歸返》一九八八年三印；講談社《日本事典》二〇〇三年

第八部、裝扮

一、鬍子　李廷璧主修《彰化縣誌》清道光十六年；杜聰明著《杜聰明回憶錄》二〇〇一年；楊基銓著《楊基銓回憶錄》一九九六年；楊肇嘉著《楊肇嘉回憶錄（一）（二）》一九七七年四版；葉榮鐘著《臺灣人物群像》一九八五年；《黃杰上將紀念集》一九九六年；黃德寬譯《天主教在臺開教記》一九九一年

二、西服　李春生著《東遊六十四日隨筆》一九七八年；張文義整理記錄《回首來時路——陳五福醫師回憶錄》一九九六年；蔣夢麟著《西潮》一九七九年；黃天才、黃肇珩合著《辜振甫人生紀實》二〇〇五年；井出季和太著《興味の臺灣史話》一九三五年

第九部、兩性關係

一、男女授受不親　吳濁流著《無花果》一九八九年台灣版三刷；《嘉農口述歷史》一九九三年；「臺灣民報」昭和四年十一月二十四日十一版；鄭翼宗著《歷劫歸來話餘生》一九九二年；林衡道口述《林衡道先生訪談錄》一九九六年

二、自由戀愛　吳濁流著《無花果》一九八九年台灣版三刷；黃朝琴著〈男女共學與婚姻問題〉「臺灣」第三年九號一九二二年十二月號；蘇儀貞著〈新時代

的婦女與戀愛結婚〉「臺灣青年」三卷一號大正十年七月；江文瑜編《阿媽的故事》一九九五年；韓石泉著《六十回憶》一九六六年；黃武東著《黃武東回憶錄》一九八九年台灣版二刷

三、職業婦女　朱衣編《民國女子》二〇〇四年；傅素芬著《螢光曲》二〇〇三年；「臺灣民報」第二九四～三〇一號昭和五年一月一日～二月二十二日；陳麗新著《日本統治時代台灣產婆之教育與職能研究》二〇〇一年；林滿紅《茶、糖、樟腦業與臺灣之社會經濟變遷》一九九七年

圖片來源

大路水野遵先生〈昭和五年〉………… 149下左
三六九小報〈一九三三年〉………… 23
公學校圖畫帖兒童用第四學年〈大正十年〉………… 255下
日本地理大系第三卷大東京篇〈昭和五年〉………… 91,100下,199
日本地理大系第十一卷臺灣篇〈昭和五年〉………… 39,80,203,204下
日本地理風俗大系第二卷〈昭和六年〉………… 24
日本地理風俗大系第十五卷〈昭和六年〉………… 39,73,146,189上,209,292,306
台北大東亞共榮圈的中心地〈昭和十七年〉………… 104
私立石坂文庫第七年報〈大正四～五年〉………… 264上下,265右
私立淡水中學第二回卒業寫真帖〈一九四一年〉………… 53
林方一君追想錄〈昭和八年〉………… 112上下
青雲〈昭和十四年〉………… 278
明治文化版畫大鑑(1)明治開化篇〈昭和七年〉………… 74
便所の話〈昭和五年〉………… 95
記念博物館寫真帖〈大正四年〉………… 149下右
泰東哲學家李公小傳〈明治四十一年〉………… 291右
現代臺灣史〈昭和九年〉………… 149上, 231右
專賣通信〈昭和三～九年〉………… 140,213,244
國語教育農業讀本〈大正二年〉………… 124
基隆市日新尋常小學校「本校健康教育の實際」〈昭和十二年〉………… 54上
基隆築港沿革〈大正二年〉………… 125下
張超英提供………… 83,118,269,273,303
陳中和翁傳〈昭和六年〉………… 251
陳柔縉拍攝………… 64,147,252
創立十週年紀念臺灣體育史〈昭和八年〉………… 155,189下,219,221下,225右,226,239
創立滿三十年記念誌〈昭和十年〉………… 212,216,275下
臺灣稅務月報〈明治四十四年～昭和十八年〉………… 222
辜顯榮翁傳〈昭和十四年〉………… 291左

註：阿拉伯數字為圖片所在頁碼。明治元年為一八六八年；大正元年為一九一二年；昭和元年為一九二六年。

人間閱讀16

台灣西方文明初體驗

作者・陳柔縉
責任編輯・蕭秀琴
設計・A+design
發行人・涂玉雲
出版・麥田出版
台北市信義路二段二一三號十一樓
電話・(02) 2351-7776　傳真・(02) 2351-9179
發行・英屬蓋曼群島商家庭傳媒股份有限公司城邦分公司
一〇四台北市中山區民生東路二段一四一號二樓
電話・(02) 2500-0888　傳真・(02) 2500-1938
網址・www.cite.com.tw Email : service@cite.com.tw
郵撥帳號・18966004
戶名・英屬蓋曼群島商家庭傳媒股份有限公司城邦分公司
香港發行所・城邦（香港）出版集團有限公司
香港北角英皇道310號雲華大廈4/F, 504室
電話・(852) 2508-6231　傳真・(852) 2578-9337
馬新發行所・城邦（馬新）出版集團
Cite (M) Sdn. Bhd. (458372U)
11, Jalan 30D / 146, Desa Tasik, Sungai Besi,
57000 Kuala Lumpur, Malaysia.
電話・(603) 9056-3833　傳真・(603) 9056-2833
印刷・中原造像股份有限公司
初版・二〇〇五年七月　二刷二〇〇五年八月
售價・三六〇元
ISBN・986-7252-50-0

國家圖書館出版品預行編目

台灣西方文明初體驗／陳柔縉作. -- 初版. --
臺北市；麥田出版；家庭傳媒城邦分公司發行,
2005〔民94〕
面；公分. --（人間閱讀；16）
參考書目；面
ISBN 986-7252-50-0（精裝）
1. 文化史 -- 臺灣 -- 日治時期（1895-1945）
673.228 94011363